Hermes
Hand
Lexikon

ETB

Große Entdecker und Forschungsreisende

Hermes Hand Lexikon

Eine Geschichte der Weltentdeckung
von der Antike bis zum 20. Jahrhundert
in Biographien

Von Siegfried Schmitz

ECON Taschenbuch Verlag

Hermes Handlexikon

1. Auflage 1983

Bildredaktion: Angelica Pöppel
Umschlagdesign: Ludwig Kaiser
Satz: Bauer & Bökeler Filmsatz GmbH, Denkendorf
Reproduktion: Kodweiß & Fröhlich, München
Druck und Bindung: Georg Appl, Wemding
Printed in Germany
ISBN 3-612-10008-4

Die Reihe »Hermes Handlexikon«
wurde von Bodo Harenberg begründet

Inhalt

Einführung

Der Drang des Menschen, unbekannte Regionen der Erde zu erkunden, zu erobern und sich nutzbar zu machen, ist sicherlich so alt wie die Menschheit selbst. Schon die Vor- und Frühmenschen zogen auf der Suche nach Nahrung und Unterkunft unablässig in ihrem engeren Lebensraum umher, kaum anders als die Tiere, die mit ihnen dieselbe Umwelt bewohnten. Diese Phase des eher ziellosen »instinktgesteuerten« Wanderns und Erkundens dauerte Jahrmillionen lang, bis in die letzten vorchristlichen Jahrtausende, als von Ägypten über Vorderasien bis China die ersten Hochkulturen entstanden. Durchorganisierte große Gemeinwesen mit einer gewissen Zivilisationshöhe und mit gebündelten wirtschaftlichen, politischen und »wissenschaftlichen« Interessen scheinen eine wesentliche Voraussetzung für das zu sein, was wir unter Erforschung und Entdeckung der Welt verstehen.

Die Anfänge der Entdeckungsgeschichte im 3. Jahrtausend v. Chr.

Die Entdeckungsgeschichte im eigentlichen Sinne beginnt im 3. Jahrtausend v. Chr., als ägyptische Seefahrer erstmals weit nach Süden in das legendäre Land Punt vordrangen und von dort Gold, Weihrauch, Affen und sogar Zwerge (Pygmäen?) mitbrachten. Daß dieses Punt in Südafrika gelegen habe, wie in manchen Geschichtsbüchern zu lesen steht, ist höchst unwahrscheinlich; vermutlich handelt es sich um eine Küstenregion im heutigen Somalia. Im 1. Jahrtausend v. Chr. holten die Schiffe des luxusliebenden Königs Salomo ebenfalls Gold und andere Kostbarkeiten aus einem noch geheimnisvolleren fernen Land im Süden, das im Alten Testament Ophir heißt und jahrhundertelang die Phantasie der Menschen beschäftigte. Unterdessen hatten die seefahrenden Minoer, Phönizier und Griechen bereits das gesamte Mittelmeer und die angrenzenden Meeresgebiete erkundet. Der Karthager Hanno, der Makedonierkönig Alexander d. Gr. und der Grieche Pytheas erweiterten im 5. und 4. vorchristlichen Jahrhundert das Weltbild der Antike beträchtlich nach Westen und Osten, nach Süden und Norden.

Entdeckungen der Antike

Alle diese Expeditionen des Altertums standen freilich nur bedingt im Dienste der aufkeimenden geographischen Wissenschaft, die von Gelehrten wie Pythagoras, Eudoxos, Aristoteles, Strabo und Ptolemäus gepflegt wurde. Nein, sie dienten primär dem Handelsaustausch oder dem Eroberungs- und Machtstreben der Herrscher. Das sollte sehr lange so bleiben, auch wenn nach und nach andere Motive hinzutraten: Abenteuerlust, Wißbegier, Ruhmsucht, missionarischer Eifer, die Erprobung neuer technischer Möglichkeiten. Erst sehr spät, eigentlich erst im 19. Jahrhundert, streifte das Entdeckertum seine imperialistischen, wirtschafts- und kolonialpolitischen Züge ab und verwandelte sich prinzipiell, aber durchaus nicht immer und überall, in eine zweckfreie wissenschaftliche Betätigung. Selbst James Cook, die vielleicht bedeutendste Entdeckerpersönlichkeit aller Zeiten, führte noch geheime machtpolitische Aufträge der britischen Admiralität aus, als er, mit ungewöhnlich humanen Methoden, den Pazifik für England und Europa erschloß. Einige Jahrzehnte nach Cook eröffnete Alexander von Humboldt mit seiner großen Südamerikaexpedition die Epoche der rein wissenschaftlichen Entdeckerarbeit.

Die Diskontinuität der Entdeckungsgeschichte

So gesehen stellt sich die gesamte Entdeckungsgeschichte als eine historische Aufwärtsentwicklung dar, als ein fortschreitender Prozeß der Weltentschleierung, Humanisierung und Verwissenschaftlichung. Doch bei genauerer Betrachtung erkennt man sehr bald, daß dieser Prozeß keineswegs so geradlinig und harmonisch verlief. Wir haben es nicht mit einem geschlossenen Kontinuum zu tun, sondern mit einer vielfach gebrochenen Kurve, die durch größere Zeitsprünge, regionale Schwerpunktverschiebungen und welchselnde geographische Zielrichtungen gekennzeichnet ist – von den moralischen Abirrungen ganz zu schweigen. Was mit letzterem gemeint ist, zeigt ein kurzer Blick auf die vorhin erwähnte Endphase der Entdeckungsgeschichte: Während Männer wie Humboldt hingebungsvoll der Wissenschaft dienten, strebte der Kolonialismus, der mit der Weltentdeckung untrennbar und unheilvoll verstrickt ist, in Erdteilen wie Südamerika und Afrika seinem Höhepunkt zu. Und was die Kolonialpolitik der imperialistischen Mächte Europas gerade in jener Zeit durch Uneinsichtigkeit, Arroganz, Gewalt und willkürliche Grenzziehungen an natürlich gewachsenen Kulturen, an Landschafts- und Lebensräumen zerstört hat, ist zu einer erschreckenden Negativbilanz aufgelaufen, deren Bereinigung den Nachfahren der Täter und der Opfer noch sehr lange zu schaffen machen wird. Auch der nach dem Zweiten Weltkrieg machtvoll einsetzenden Entkolonialisierung wird es kaum gelingen, die Schäden der zweitausendjährigen Europäisierung der Welt vollständig zu beheben.

Die Europäisierung der Welt

Europa: damit ist das entscheidende Stichwort gefallen. Es ist kein Zufall, daß das christliche Abendland, das den biblischen Auftrag »Machet euch die Erde untertan« seit jeher als Verpflichtung empfand, zum bedeutendsten, ja größtenteils einzigen Ausgangspunkt der Entdeckungsgeschichte wurde, von dem aus sich die Erkundung des Erdballs radial vollzog. Es kann nur mit der Ideologie (und natürlich mit dem raschen technischen Fortschritt) Europas zusammenhängen, daß sich gerade dieser vergleichsweise kleine Teil der Welt so dominierend in den Vordergrund drängte.

Theoretisch hätten sich allenthalben in der ziemlich gleichmäßig besiedelten Welt Zentren des Entdeckertums bilden können – wie in einem großen Teich, in den man in gleichen Abständen Steine hineinwirft, deren konzentrische Wellenringe sich ausbreiten und überschneiden, bis schließlich die ganze Wasserfläche von der Wellenbewegung erfaßt ist. Doch in Wirklichkeit ist – um im Bilde zu bleiben – mitten in diesen Teich nur ein einziger großer Stein hineingefallen, dessen mächtige Wellenringe die Wellen der vereinzelten kleineren Steine auslöschten und am Ende, das heißt in unserem Jahrhundert, auf allen Seiten das Ufer erreichten. Mit anderen Worten: Die inzwischen vollständige Entschleierung unseres Planeten und seine exakte Bestandsaufnahme sind das Werk und die Leistung des Abendlandes, das in dieser Hinsicht alle anderen Kulturen der Erde überspielte. Das ist kein Ausdruck eurozentrischen Hochmuts, sondern eine historisch belegbare Tatsache. Gewiß haben auch manche sogenannte Naturvölker, etwa im pazifischen Raum, ansehnliche Entdeckungstaten vollbracht, gewiß hat ein arabischer Globetrotter wie Ibn Battuta schon im 14. Jahrhundert die halbe Welt durchstreift, aber die hochstehenden Zivilisationen in Übersee, das alte Japan oder China, die Azteken, die Maya oder die afrikanischen Reiche, verspürten offenbar nie den Drang, Weltentdeckung in großem Stil zu betreiben.

Zeitalter Alexanders des Großen: Europa wird zum Ausgangspunkt der Entdeckungsgeschichte

Spätestens seit Alexander dem Großen verlagerte sich der Schwerpunkt der Entdeckungsgeschichte endgültig nach Europa, wo jedoch zunächst eine jahrhundertelange Pause eintrat. Die alten Römer dehnten zwar ihr Imperium nach allen Seiten aus und erweiterten dadurch auch das geographische Erdbild beträchtlich, doch Entdecker im heutigen Sinne waren sie sicherlich nicht; dazu fehlte es ihnen an Phantasie, Neugier und Forschungsstreben, Eigenschaften also, die zum Wesen des Entdeckers zu gehören scheinen. Und die christianisierten Staatswesen, die auf den Trümmern des Römischen Reiches entstanden, waren bis zum Hochmittelalter noch zu sehr mit sich selbst und mit der Abwehr innerer und äußerer Feinde beschäftigt, um sich für die unbekannten Weltgegenden jenseits der abendländischen Grenzen zu interessieren. Nur an der Peripherie geschah einiges, das freilich im Kerngebiet Europas kaum oder überhaupt nicht wahrgenommen wurde: Im 7. und 8. Jahrhundert drangen Mönche aus Irland zu den Färöer-Inseln und sogar bis Island vor, und um die Jahrtausendwende entdeckten kühne Wikinger nacheinander Grönland und das nordamerikanische Festland.

Hauptmotive: Mission und politisch-kommerzielle Interessen

Erst als das christliche Abendland seine Macht gefestigt hatte und sein Überlegenheits- und Sendungsbewußtsein erwachten, setzte im 13. Jahrhundert der erste größere Schub in der neueren Entdeckungsgeschichte ein. Die Schubkräfte waren Missionseifer und, wie stets, politische und ökonomische Interessen. Selbst die Gelehrten jener Zeit hatten nur eine sehr unvollkommene, mit Fabelphantasien und religiösen Vorurteilen behaftete Vorstellung von der Welt außerhalb des geschlossenen christlichen Erdkreises. Diese Vorstellung wurde teilweise korrigiert, teilweise noch verworrener durch die Berichte, die die frommen Mönchsdiplomaten, wie Pian Carpini und Wilhelm von Rubruk, und die unternehmungslustigen Kaufleute, wie Marco Polo, von ihren Reisen mitbrachten. Sie drangen auf dem Landweg weit nach Osten vor und erzählten Wunderdinge von den fernen Ländern und Völkern, die sie besucht hatten.

Die Seefahrer und das alte Weltbild

Die Seefahrer hielten sich vorerst noch zurück, was sich nicht nur mit der Unzulänglichkeit ihrer Schiffe, sondern auch mit einer abergläubischen Furcht vor den unbekannten Weiten des Ozeans erklärt. Man stellte sich ja die Welt noch immer als eine Scheibe vor, an deren meergesäumten Rändern der Untergang, das Chaos drohte. Die schon von altgriechischen Mathematikern bewiesene Erkenntnis, daß die Erde eine Kugel sei, war in Vergessenheit geraten.

Bis zum Ende des 15. Jahrhunderts blieb die europäische Seefahrt fast ausschließlich Küstenschiffahrt, während beispielsweise polynesische Ausleger- und Doppelboote oder arabische Dhaus schon längst die offenen Meere befuhren. Der Handel mit den reichen »Gewürzländern« des Fernen Ostens, die neben den besonders begehrten Gewürzen auch noch viele andere exotische Waren lieferten, wurde immer noch von ebendiesen schlichten, aber seetüchtigen arabischen Frachtsegelschiffen abgewickelt.

Der Seeweg nach Indien

Das Bestreben, die arabischen Zwischenhändler auszuschalten und direkte Handelsverbindungen mit Ostindien anzuknüpfen, löste im 15. Jahrhundert die nächste Entdeckungswelle aus. Die Erkundung des Seewegs nach Calicut, der Handelsmetropole an der indischen Malabarküste, stand jetzt auf dem Programm, das der portugiesische Infant Heinrich der Seefahrer zielstrebig in Angriff nahm. Begünstigt wurde das Vorhaben durch einen neuen Schiffstyp, die schlankere, schnellere und wendigere Karavelle, und durch die ständige Verbesserung der Portolane, der alten portugiesischen Seekarten, in denen der Verlauf der Küstenlinien und die bekannten Anlaufhäfen mit erstaunlicher Zuverlässigkeit eingezeichnet waren.

Von Heinrich dem Seefahrer zu Vasco da Gama

Der Weg nach Indien mußte, soviel war klar, über die Südspitze des noch weithin unbekannten afrikanischen Kontinents führen, und so schickte Heinrich seine Kapitäne Jahr für Jahr nach Süden aus. Schrittweise wurden die westafrikanischen Küsten und Gewässer erforscht und die jeweiligen Endpunkte der immer weiteren Vorstöße durch wappen- und kreuzgeschmückte Steinsäulen, sogenannte *Padrãos*, markiert. Doch erst 1488, fast 30 Jahre nach Heinrichs Tod, konnte Bartolomeu Diaz ein Padrão östlich des Kaps der Guten Hoffnung aufrichten. Damit war die Bahn frei für Vasco da Gama, der 1498 in Calicut landete. Das war die erste Großtat im »Zeitalter der Entdeckungen«, welches Heinrich der Seefahrer, der *Spiritus rector* der portugiesischen Vorherrschaft auf den (damals bekannten) Weltmeeren, eingeläutet hatte.

Aufbruchsstimmung im Zeitalter der Renaissance

Diese erste Blütezeit der europäischen Entdekkungsgeschichte verdankt ihre Entstehung freilich nicht nur der Initiative eines einzelnen weitblickenden Organisators und dem Tatendrang der ihm unterstehenden Seefahrer, sondern auch einer kulturellen Gesamtentwicklung: dem Übergang vom Mittelalter zur Neuzeit, den wir Renaissance nennen. Seine Kennzeichen waren die allmähliche Lockerung der starren theologischen Denktraditionen, ein bis dahin unbekanntes Streben nach unmittelbarer Natur- und Welterkenntnis und die ersten Ansätze zu einer modernen wissenschaftlichen Methodik.

Das ganze Abendland wurde, von Süden nach Norden übergreifend, von einer Umbruchs- und Aufbruchsstimmung erfaßt, die auch die Entdecker beflügelte. Die Portugiesen machten zwar den Anfang, aber sie blieben nicht lange allein. In Spanien, dem anderen Staat der Iberischen Halbinsel, die jetzt eindeutig zum Zentrum der Weltentdeckung geworden war, erwuchs ihnen ein mächtiger Konkurrent. Bereits 1492 entsandte die spanische Krone den wahrscheinlich aus Genua stammenden Christoph Columbus über den Atlantik, damit er auf dieser westlichen Route einen neuen Seeweg nach Indien ausfindig mache.

Das neue Weltbild: die Erde wird als Kugel begriffen

Da man inzwischen die Erde nicht mehr als Scheibe, sondern als Kugel zu begreifen begann – den ältesten erhaltenen Erdglobus (= Erdkugel) fertigte Martin Behaim kurz nach 1490 an –, mußte es möglich sein, das ergiebige Gewürzland Indien auch auf einem der portugiesischen Kap-Route entgegengesetzten Kurs zu erreichen. Daß Columbus nicht im Westen Indiens, sondern in »Westindien« vor dem amerikanischen Festland landete, wollte er offenbar bis zu seinem Tod nicht glauben. Erst die weitere Erkundung der Neuen Welt in den folgenden Jahrzehnten, insbesondere die erste Weltumsegelung des in spanischen Diensten stehenden Portugiesen Magellan und seines Nachfolgers del Cano (1519–1522) erbrachten den endgültigen, praktischen Beweis für die Kugelgestalt und den (bislang weit unterschätzten) Umfang der Erde sowie für die Existenz eines riesigen, langgestreckten Kontinents zwischen Europa und Asien.

Die Teilung der Erde im Vertrag von Tordesillas

Die führenden See- und Handelsmächte Portugal und Spanien rivalisierten um den Besitz der entdeckten und noch zu entdeckenden fernen Weltregionen, deren Ausdehnung und wirtschaftliche Bedeutung man vielfach nur erahnen konnte. Schon gegen Ende des 15. Jahrhunderts versuchten die beiden Staaten, ihre überseeischen Besitzansprüche vertraglich abzusichern. Nach langwierigen Verhandlungen kam am 7. Juni 1494 gemäß einem Schiedsspruch des Papstes Alexander VI. der Vertrag von Tordesillas zustande: Portugal wurden die Gebiete zwischen zwei Längengraden zugesprochen, die auf einer modernen Weltkarte durch Grönland und Ostbrasilien (45°–50° W), beziehungsweise durch Ostasien und Australien (130°–135° O) verlaufen würden, während Spanien alle Entdeckungen östlich und westlich dieser Demarkationslinien mit Beschlag belegen durfte.

Die Einschaltung der päpstlichen Autorität in die sehr weltlichen Belange konkurrierender Großmächte war ein Anachronismus, ein Rückfall in das schematische Denken des Mittelalters. Da der Tordesillas-Vertrag auf höchst ungesicherten materiellen Voraussetzungen basierte und zudem die Interessen der anderen aufstrebenden Staaten Europas kurzerhand ignorierte, konnte er nicht lange Bestand haben. Die vermeintlich friedliche Aufteilung der Welt führte schon im 16. Jahrhundert zu erbitterten Rivalitäten zwischen Spaniern und Portugiesen sowie Niederländern, Engländern, Franzosen und sogar Deutschen, die im Auftrag des mächtigen Augsburger Handelshauses der Welser in Venezuela aktiv wurden.

Die Conquista: Eroberung Mittel- und Südamerikas

Dieses neue Jahrhundert stand im Zeichen der *Conquista*, der Eroberung Mittel- und Südamerikas, die vor allem von Spanien betrieben wurde. Mit einer seltsamen Mischung aus Militarismus, Nationalismus, religiösem Fanatismus und Brutalität richteten spanische und andere Konquistadoren die alten Hochkulturen der Azteken, Inka und Maya zugrunde, stets auf der Suche nach dem sagenhaften Goldland Eldorado, das sich bei jedem neuen Vorstoß ins Unbekannte wie ein Phantom in nichts auflöste. Gleichwohl wurden in Mexiko, Peru und anderswo Gold- und Silberschätze in unvorstellbaren Mengen erbeutet, eingeschmolzen und nach Europa verschifft. Die Ursache dieses grausamen Raubzuges ist allerdings nicht nur in der privaten Habgier von Cortés, Pizarro und Konsorten zu suchen, sondern auch in übergeordneten wirtschaftlichen Zwängen: Die Handelsbilanz mit den an Rohstoffen und Luxusgütern reichen Ländern des Fernen Ostens war seit Jahrhunderten stets negativ, und der dadurch bedingte Währungsverfall in Europa konnte nur durch immer neue Edelmetallfunde ein wenig abgemildert werden.

Die Conquista ist zweifellos das blutigste Kapitel im Buch der Entdeckungsgeschichte, und eine ihrer schlimmsten Folgeerscheinungen war der ständig anwachsende Sklavenhandel, der sich zwischen der afrikanischen Westküste und den europäischen Besitzungen in der Neuen Welt entwickelte: Schätzungsweise 10–11 Millionen Negersklaven wurden zwischen 1520 und 1850 nach Amerika deportiert.

Aber auch in anderen Weltteilen, in Nordamerika, in Sibirien und in Südostasien, überall dort, wo sich der europäische Expansionismus ausbreitete, ging es nicht gerade friedfertig zu. Die Entdecker, die fast ausnahmslos als Eroberer, Unterdrücker und Zwangsbekehrer auftraten, waren von ihrer zivilisatorischen und religiös motivierten Überlegenheit so sehr durchdrungen, daß sie auf die altüberlieferten Kulturen und Lebensformen der Eingeborenenvölker kaum jemals Rücksicht nahmen. Selbst fromme Missionare wie der später heiliggesprochene Franz Xaver, der 1549 bis nach Japan gelangte, begegnete den »Heiden« und »Götzendienern« nur selten mit christlicher Demut.

Die Suche nach den nördlichen Durchfahrten

Immerhin war dank dem allseitigen europäischen Vordringen bereits um die Mitte des 16. Jahrhunderts ungefähr ein Drittel des Erdballs entschleiert. Mit verbesserten Segelschiffen wagten sich die Seefahrer in immer extremere Breiten vor, zumal im hohen Norden. Schon gegen Ende des Jahrhunderts begann die beschwerliche Suche nach anderen, kürzeren Seewegen zu den Exportländern Indien und China – die Suche nach der Nordwestpassage (längs der Nordküste des amerikanischen Kontinents) und nach der Nordostpassage (nördlich von Eurasien). Daran beteiligten sich vor allem Niederländer, Engländer und Franzosen, die Alternativen zu den von Spanien und Portugal beherrschten Routen um das Kap der Guten Hoffnung und durch die Magellan-Straße zu finden hofften. Rund drei Jahrhunderte lang ließ die mit unsäglichen Opfern und Strapazen erkaufte Bezwingung der nördlichen Durchfahrten auf sich warten, die am Ende dann doch nichts einbrachten: Die labyrinthischen, vom Eis blockierten Meeresstraßen in den Polargewässern erwiesen sich als völlig ungeeignet für die normale Schiffahrt – und seit 1869 stand die Abkürzung durch den neuerbauten Suez-Kanal zur Verfügung, seit 1914 zudem der Panama-Kanal.

Das 17. Jahrhundert verlief ohne spektakuläre Ereignisse. Man widmete sich der entdeckerischen Kleinarbeit, der Konsolidierung der im vorausgehenden stürmischen Jahrhundert eroberten Besitzungen und der Auswertung von Forschungsergebnissen. In Südamerika kehrte nach dem Erlahmen des portugiesischen und spanischen Entdeckungs- und Eroberungseifers weitgehend Ruhe ein; Sibirien wurde vom europäischen Rußland aus schrittweise und fast unbemerkt erschlossen; Australien und kurioserweise auch der afrikanische Kontinent, der doch unmittelbar vor der Haustür Europas lag, blieben im allgemeinen unberührt, von einer Erforschung der Peripherie und vereinzelten Vorstößen ins Innere abgesehen; die Nordpolarzone und die Antarktis entzogen sich zunächst noch dem Zugriff der unzureichend ausgerüsteten Entdeckerschiffe.

Die Erschließung Nordamerikas

Nur in Nordamerika bahnten sich große Veränderungen an: Nach den Expeditionen von de Soto, Coronado, Cartier und Hudson in den östlichen Küstenregionen drang der Franzose Samuel de Champlain in den ersten Jahrzehnten des 17. Jahrhunderts tief ins Binnenland vor, gründete Quebec und legte den Grundstein für die Kolonie Neu-Frankreich (Französisch-Kanada). Andere Franzosen, allen voran der Cavalier de La Salle, setzten die Erforschung und Erschließung Nordamerikas bis hinunter zur Mündung des Mississippi fort, an dessen Unterlauf La Salle ein weites Gebiet unter dem Namen Louisiana für König Ludwig XIV. in Besitz nahm.

Ungefähr gleichzeitig mit der französischen Durchdringung Nordamerikas ließen sich englische Siedler an der südlicheren Ostküste nieder – 1607 wurde Jamestown in Virginia gegründet, 1620 landeten die Pilgerväter der *Mayflower* in Massachusetts –, und von dort aus begann der viele Jahrzehnte andauernde Vorstoß nach Westen, zur Pazifikküste. Der Konflikt zwischen Franzosen und Briten (und der durchweg als *Quantité négligeable* beiseite gedrängten indianischen Urbevölkerung) war unvermeidlich und wurde schon bald zugunsten Großbritanniens entschieden. Aber auch die englische Vormachtstellung ging mit dem Unabhängigkeitskrieg (1775–1783), der den Kolonien die Freiheit brachte, zu Ende.

Das Rätsel des »Südlands«

Um 1800 war die Neue Welt bis auf einige weiße Flecken in unzugänglichen Regionen vollständig erforscht. Ähnliches gilt für den riesigen asiatischen Raum. Dagegen blieb das Innere Afrikas und »Neu-Hollands« (Australien) dem europäischen Entdeckerdrang noch immer weitgehend verschlossen. Hier lagen große Aufgaben, die erst im 19. Jahrhundert gelöst werden sollten. Vordringlicher erschien den Staaten Europas aus wirtschaftlichen und politischen Gründen ein anderes geographisches Problem: die Erforschung der *Terra australis incognita*, also des hypothetischen »Südlands«, das man irgendwo im weiten

Südpazifik und Südatlantik vermutete. Seit langem schon träumte man von diesem südlichen Superkontinent, der auf den Weltkarten seit dem 16. Jahrhundert fast die Hälfte der Südhalbkugel einnimmt. Existierte das Südland tatsächlich, oder war es nur ein Phantasieprodukt erfindungsreicher Schreibstubengelehrter und Kartographen, die eine solche ausgedehnte Landmasse als »Gegengewicht« zur festlandsreichen nördlichen Hemisphäre kurzerhand postulierten?

Die Antwort gab erst James Cook, der durch seine drei Weltreisen zwischen 1768 und 1779 und durch seine kühnen Vorstöße in die südpolaren Gewässer den Beweis lieferte, daß es im tiefen Süden des Globus allenfalls ein unwirtliches, eisstarrendes kleines Festland geben konnte, das er freilich nicht zu Gesicht bekam. Die *Terra australis* verlor ihr Geheimnis, schrumpfte zum nicht sonderlich einladenden Kontinent Australien zusammen.

James Cook, ein neuer Entdeckertypus

Captain Cook, dessen größtes Verdienst die Entschleierung des schier unermeßlichen, von zahllosen Inseln übersäten Pazifischen Ozeans ist, verkörpert den Übergang zu einem neuen Entdeckertypus. Obgleich er eine geopolitische Aufgabe im Dienste der Seemacht England zu erfüllen hatte, trat er nicht mehr als Eroberer und Zerstörer fremder Kulturen auf, sondern als nüchterner und zugleich engagierter Betrachter exotischer Landschaften und Lebensweisen. Daß ausgerechnet er, der eine menschenfreundlichere Gesittung in die »christliche« Seefahrt und die bis dahin insgesamt so inhumane Entdeckungsgeschichte einführte, von hawaiianischen Eingeborenen umgebracht wurde, ist ein tragisches Symbol für die Irrungen und Wirrungen der europäisch-überseeischen Begegnung, die mit seinem Tod leider noch keineswegs zu Ende waren.

Europäischer Kolonialismus: die Aufteilung Afrikas

Dies wird in der nächsten entdeckungsgeschichtlichen Epoche offenkundig, in der – endlich – das zur Alten Welt gehörende Afrika in den Vordergrund rückte. Der Norden und Nordosten sowie die Küstenränder des Dunklen Kontinents waren zwar schon seit langem einigermaßen bekannt, aber Innerafrika wurde erst jetzt auf die Tagesordnung gesetzt, hauptsächlich aus unausrottbaren machtpolitischen Gründen: Die europäischen Nationen strebten nach Kolonien! Das gilt insbesondere für England und Frankreich, die Ersatz für ihre verlorengegangenen nordamerikanischen Besitzungen verlangten. Aber auch Belgien, Holland, Spanien, Portugal, Italien und nicht zuletzt das Deutsche Reich beteiligten sich an dem häßlichen Streit um den afrikanischen Kuchen, der gleichsam nur am Rande angeknabbert war und griffbereit auf dem Präsentierteller lag.

Die selbstlosen Entdecker, die häufig unter unmenschlichen Entbehrungen die Geographie und Ethnographie Innerafrikas erforschten, leisteten wieder einmal Schrittmacherdienste für die Kolonialherren, die anschließend den gesamten Erdteil an sich rissen, untereinander aufteilten und seinen traditionsreichen Kern irreparabel schädigten. Den Anstoß gab England. Die *African Association*, 1788 in London gegründet, verfolgte gewiß idealistische, wissenschaftliche Ziele, aber der imperialistische Hintergrund ließ sich nicht verleugnen. Diese bedeutende Institution, an deren Entstehung der einstige Cook-Begleiter Sir Joseph Banks maßgeblich beteiligt war, übernahm die Initiative für die Erschließung Afrikas, die von den großen Strömen Niger, Sambesi und Kongo (heute Zaire) ausging und zunächst vorwiegend von Engländern vorangetrieben wurde, von Männern wie Mungo Park, Hugh Clapperton, Richard Lander, David Livingstone und Henry Morton Stanley. Andere englische Forscher, Richard Burton, Samuel Baker, James Bruce und John Hanning Speke, nahmen sich indessen des vierten afrikanischen Hauptstroms an, des Nils, dessen Quellen und genauer Verlauf seit dem Altertum den Geographen ein Rätsel aufgegeben hatten. Das Nil- und Seenproblem wurde um die Mitte des vorigen Jahrhunderts zu einem Schwerpunkt und Prestigeobjekt der Afrikaforschung, und als Speke 1863 verkünden konnte: »*The Nile ist settled*«, feierte man diesen Erfolg in Europa als einen Triumph systematischer, unermüdlicher Entdeckertätigkeit.

Die Rolle Großbritanniens

Europäer erforschen den afrikanischen Kontinent

Nach den Engländern und teilweise schon gleichzeitig mit ihnen traten wagemutige Afrikaforscher aus anderen europäischen Ländern auf den Plan. Erstmals konnte jetzt auch eine ganze Gruppe von deutschen Entdeckungsreisenden internationales Ansehen erringen, nachdem der Südamerikaforscher Alexander von Humboldt schon zu Beginn des Jahrhunderts zu einem weltberühmten Vorbild unabhängigen Entdekkertums geworden war. Friedrich Konrad Hornemann, Heinrich Barth, Gustav Nachtigal, Gerhard Rohlfs, Georg Schweinfurth, Wilhelm Junker und andere erkundeten sehr gründlich und erfreulicherweise (fast) ohne kolonialpolitische Hintergedanken die nördliche Hälfte Afrikas, vor allem die Sahara und den Sudan. Zweitrangigen Forschungsreisenden wie Eduard Schnitzer (Emin Pascha), Hermann Wissmann und Carl Peters möchte man solche politisch-moralische Unbedenklichkeit nicht so ohne weiteres bescheinigen.

Die Erschließung Australiens

Auf einem Nebenschauplatz der Entdeckungsgeschichte, im fernen Australien, gediehen die Ruhmeslorbeeren ebenso spärlich wie die Vegetation dieses kargen Erdteils, der zum größten Teil aus ausgedörrten Wüsten und Steppen besteht. Seit seiner Erstentdeckung um 1600 blieb der Inselkontinent fast unbeachtet, weil er keinen wirtschaftlichen Profit versprach und allenfalls als britische Sträflingskolonie taugte. Zu Beginn des 19. Jahrhunderts waren lediglich die leidlich fruchtbaren Küstenstreifen erschlossen und sporadisch von Weißen besiedelt worden, und erst um die Jahrhundertmitte, während ganz Europa gebannt auf die spektakulären Taten von Barth, Livingstone, Stanley und anderen Afrikaforschern starrte, wagten sich todesmutige Einzelgänger, teils von wissenschaftlichem, teils von sportlichem Ehrgeiz getrieben, in die Hölle Inneraustraliens vor. In den folgenden Jahrzehnten verschwanden dann nach und nach fast alle weißen Flecken von der Landkarte des kleinsten Erdteils.

Die letzten weißen Flecken

Diese Feststellung trifft nicht nur auf Australien, sondern auch auf die übrigen Weltgegenden zu. An der Wende vom 19. zum 20. Jahrhundert war die Erdoberfläche zu rund 95 Prozent bekannt – die Meere fast zu 98 und die Festlandsmassen zu etwa 90 Prozent. Neben einigen größeren, schwer zugänglichen Regionen in Zentralasien und Grönland, die in den ersten Jahrzehnten des 20. Jahrhunderts von Forschern wie Sven Hedin und Wilhelm Filchner, beziehungsweise Mylius-Erichsen, Knud Rasmussen und Alfred Wegener ergründet wurden, wies die Weltkarte kaum noch weiße Flecken auf – wenn man von den unbewohnbaren Eiswüsten der Nord- und Südpolarzone absieht. Allein der nur an seinen Rändern erforschte Kontinent Antarktika machte den weitaus größten Teil jener zehn Prozent aus, die um 1900 an der vollständigen Entschleierung der Landoberfläche noch fehlten.

Der Vorstoß in die Polregionen

Schon seit dem Ende des 16. Jahrhunderts, seit Frobisher und Barents, erkämpften sich europäische Seefahrer in der Arktis einen Breitengrad um den anderen, vor allem auf der Suche nach den nördlichen Durchfahrten. Die Erforschung der geographischen Verhältnisse im äußersten Süden begann dagegen erst knapp 200 Jahre später mit Cooks Antarktisumsegelung. Zwar drangen kühne Forscher mit Schiffen und Hundeschlitten vereinzelt tief in die extremen Polarregionen ein, aber der endgültige Durchbruch gelang erst im 20. Jahrhundert. 1909 eroberte der Amerikaner Robert Edwin Peary den Nordpol, 1911 der Norweger Roald Amundsen den Südpol. Diese Polbezwinger und ihre tragisch gescheiterten Konkurrenten vollbrachten mit ihren vergleichsweise primitiven technischen Hilfsmitteln einmalige physische Leistungen, trugen jedoch nur punktuell zur Polarforschung bei. Die umfassende wissenschaftliche Erschließung und Kartierung der Hocharktis und zumal des antarktischen Kontinents wurden erst durch moderne Technik (eisfeste Spezialschiffe, Eisbrecher, Motorschlitten, Raupenfahrzeuge, Flugzeuge, Unterseeboote und Funkanlagen) und internationale Zusammenarbeit möglich.

Der Aufschwung der Meereskunde

Das gleiche läßt sich von der immer systematischer betriebenen Bestandsaufnahme der Weltmeere sagen. Nach den bedeutenden ozeanographischen Forschungsunternehmen des vorigen Jahrhunderts, etwa der *Beagle*-Reise unter Kapitän Fitzroy (1831–1836) und der bahnbrechenden *Challenger*-Expedition (1872–1876), erlebte die Meereskunde in unserem Jahrhundert einen gewaltigen Aufschwung. William Beebe und die beiden Piccards stießen als erste in große und größte Tiefen vor, und mehrere vielköpfige und international verflochtene Expeditionen mit »anonymen« wissenschaftlichen Teams haben mittlerweile die Temperatur- und Strömungsverhältnisse und die chemischen und physikalischen Eigenschaften des Meerwassers sowie die Topographie des Meeresbodens so weit ergründet, daß auch die riesigen Ozeane, die fast drei Viertel der Erdoberfläche bedecken, ihre Geheimnisse preisgeben mußten.

Wandel der Forschungsaufgaben

Auch wenn noch nicht jeder Gipfel bestiegen, nicht jeder Quadratmeter Urwald, Wüste oder Meeresgrund exakt vermessen ist, so können wir doch am Ende des zweiten Jahrtausends feststellen, daß unser Planet erforscht ist. Was bleibt, ist wissenschaftliche Nachlese, langwierige, nie endende Detailarbeit. »*Die extensive Forschung ist abgeschlossen, die intensive beginnt erst und wird niemals völlig zu Ende geführt sein*«, so der 1955 verstorbene deutsche Geograph und Neuguinea-Forscher Walter E. Behrmann.

Entdeckungsgeschichte ist die Geschichte der Entdecker

Die Entdeckungsgeschichte wurde, mehr als jede andere Geschichte, von Männern gemacht, von Gelehrten und Abenteurern, von Kaufleuten und Glücksrittern, von Missionaren und Soldaten, von Menschenfreunden und Unterdrückern. Ihre Motive lassen sich nicht auf einen Nenner bringen, denn sie waren sehr unterschiedlich geartete Kinder ihrer Zeit, und sie handelten so, wie es ihrem individuellen Charakter und dem jeweiligen Zeitgeist entsprach. Wer die Geschichte der Weltentdeckung kennenlernen will, muß sich also mit den einzelnen Entdeckerpersönlichkeiten befassen, deren historische Bedingungen, Schicksale, Leistungen, Erfolge und Mißerfolge sich zu einem chronologischen Gesamtbild zusammenschließen.

Dazu möchte das vorliegende Buch beitragen, das die in der Einführung skizzierte geschichtliche Übersicht biographisch auffächert und dadurch mit Leben erfüllt. Die im lexikalischen Hauptteil erfaßten Entdeckernamen und -taten können keinen Anspruch auf Vollständigkeit erheben, die ohnehin ein Ding der Unmöglichkeit wäre, wohl aber darauf, exemplarisch und repräsentativ zu sein. Und wenn sich jemand eingehender mit bestimmten Gestalten, Regionen oder Problemen der Entdeckungsgeschichte beschäftigen will, so findet er am Schluß des Bandes eine ausführliche Bibliographie, die neben einigen älteren Standardwerken vor allem neuere und leicht zugängliche Literatur verzeichnet. Aus praktischen Erwägungen erschien es wenig sinnvoll, die meist vielbändigen Expeditionsberichte vergangener Jahrhunderte in die Bibliographie einzubeziehen. Diese kostbaren Originalausgaben, die kaum jemals komplett neugedruckt worden sind, können nur in großen wissenschaftlichen Bibliotheken eingesehen werden oder tauchen gelegentlich – zu schier unerschwinglichen Preisen – in modernen Antiquariatskatalogen auf. Als einschlägige erste Orientierungshilfe sei das im Literaturverzeichnis angeführte *Lexikon der Seefahrer und Entdecker* von F. Salentiny genannt, das zumindest einen großen Teil der älteren Primärquellen erfaßt.

NOVUS
ATLAS
ABSOLUTISSIMUS,
Das ist/
Generale
Welt-Beschreibung/ mit allerley schönen
und neuen Land-Carten gezieret.
Daß Erste Theil/
begreiffet
Die Länder/ unter dem Nord-
polo gelegen/ alß Norwegen/ Den-
nemarck/ Schweden/ Rußland/ Mosco-
vien/ Pohlen/ &c.
AMSTELODAMI,
Apud
Ioannem Ianßonium
ANNO CIↃ IↃCLVIII.

Lexikon der Entdecker

Michel Adanson

* 7. März 1727 Aix-en-Provence; † 3. August 1806 Paris
Französischer Botaniker und Afrikaforscher

Der Abkömmling einer englischen Familie, die aus religiösen Gründen nach Frankreich ausgewandert war, studierte in Montpellier Botanik und befaßte sich vorwiegend mit der exotischen Pflanzenwelt. Er unternahm 1749–1753 eine fünfjährige Forschungsreise im Senegal, von der er eine reiche botanische und zoologische Sammlung heimbrachte. Unter anderem entdeckte er in Afrika den Affenbrotbaum *(Baobab)* und die Gummiakazie. Von seiner großangelegten Naturgeschichte des Senegal erschien nur der Band über die *Coquillages* (Muscheln und Schnecken), denen sein besonderes Interesse galt.

Gegenüberliegende Seite:

Titelblatt des Novus Atlas absolutissimus *von Joannes Janssonius aus dem Jahre 1658. Bei diesem 11bändigen Werk handelt es sich um eine Sammlung bereits zuvor gedruckter Karten. Jeder Band besitzt ein eigenes Titelblatt.*

Affonso de Albuquerque

* um 1453 Alhandra bei Lissabon; † 1515 Goa
Portugiesischer Seefahrer und Eroberer; zuletzt Statthalter und Vizekönig in Ostindien

Am Hof von Alfons V. erzogen, begann Albuquerque unter Johann II. seine steile Karriere in der portugiesischen Marine, deren wichtigstes Operationsgebiet der Stille Ozean war, die Basis des lukrativen Gewürzhandels. Es gelang Albuquerque, den Einfluß der arabischen Handelsmächte auf diesem Markt zurückzudrängen und den Seeweg nach Indien für die Portugiesen freizuhalten. Mittels eines systematisch erzwungenen Räubersolds z.B., von dem nur portugiesische Schiffe verschont blieben, sicherte er seinem Land für lange Zeit das Gewürzmonopol.

1510 eroberte Albuquerque die Stadt Goa an der Westküste Indiens, die er zum bedeutendsten militärischen und wirtschaftlichen Zentrum der portugiesischen Besitzungen in Asien ausbaute, anschließend Malakka (1511). Von Goa und Malakka aus entsandte er Expeditionen nach Siam, Burma, Sumatra, Java, Bali und Kotschinchina. Portugal verdankte Albuquerque seine Vorrangstellung als Seemacht, Europa verdankte ihm wesentliche neue geographische Informationen über den südasiatischen Raum.

Affonso de Albuquerque, ein ebenso tatkräftiger wie strategisch begabter Mann, zählte zu den Begründern der portugiesischen Seemacht. Er kämpfte für sein Land die Handelswege zu den Gewürzländern in Südasien frei.

Alexander der Große

* 356 v.Chr. Pella; † 13. Juni 323 v.Chr. Babylon
König von Makedonien, Feldherr und Eroberer

Alexander, der ehrgeizige Sohn Philipps II. und naturwissenschaftlich-geographisch gebildete Schüler des Aristoteles, war schon früh fasziniert von der ge-

Alexander der Große. Ausschnitt aus der »Alexanderschlacht«, einem Fußbodenmosaik in der Casa del Fauno in Pompeji aus der zweiten Hälfte des 2. Jahrhunderts v. Chr.

heimnisumgebenen Welt Asiens, die im damaligen Griechenland allenfalls durch Sagen und Fabelerzählungen bekannt war. Als junger König und Oberbefehlshaber des makedonischen Heeres eröffnete er 334 v. Chr. den Feldzug gegen das riesige Perserreich, dessen Herrscher Darius III. er 333 v. Chr. bei Issos am Golf von Iskenderun (in der heutigen Türkei) besiegte und in die Flucht schlug. Auf dem Umweg über Syrien gelangte er nach Ägypten, das den Griechen schon längst einigermaßen vertraut war, und kehrte auf fast dem gleichen Weg nach Vorderasien zurück. 331 v. Chr. schlug er Darius bei Gaugamela am Tigris zum zweitenmal, eroberte im darauffolgenden Jahr Babylon, Susa und Persepolis und stand wenig später südlich des Kaspischen Meeres.

Auf dem anschließenden Feldzug nach Osten, der in bis dahin unerschlossene Regionen führte und eher einer Massenexpedition als einem ausschließlich militärischen Unternehmen glich, stieß Alexander über Herat und Kandahar bis Kabul vor und überstieg noch im Winter 330 v. Chr. das gewaltige Gebirgsmassiv des Hindukusch.

In den beiden folgenden Jahren eroberte er Baktrien und die Stadt Samarkand und drang 327 v. Chr. über den Indus nach Indien vor, bis zum Indus-Nebenfluß Hydaspes (heute Jhelum). Der König und die ihn begleitenden Gelehrten hielten die asiatischen Ströme merkwürdigerweise für Quellflüsse des Nils, weil in ihnen Krokodile lebten, die man nur von Ägypten her kannte! Und man glaubte, auf diesen Wasserstraßen mühelos zum Nil und in die ferne Heimat zurückgelangen zu können.

Alexander befahl deshalb seinem Admiral →*Nearchos*, eine Flotte zu bauen; er selbst wollte unterdessen mit seinem Heer noch weiter nach Osten und Süden bis zum Ganges vorstoßen. Er überschritt den Ravi und kam in das Gebiet des heutigen Pandschab am Fuß des Himalajas. Doch jetzt versagten die makedonischen Soldaten ihrem Oberbefehlshaber den Dienst: Heimweh, unsägliche Strapazen, Tropenregen, unwegsame Dschungel und die Angst vor dem Unbekannten, vor dem gefährlichen »Rand der Welt« trieben sie zur Meuterei. Alexander hatte keine andere Wahl, als den Rückweg anzutreten: zunächst auf den von Nearchos gebauten Schiffen den Hydaspes und Indus stromabwärts bis zum Indischen Ozean, von dem man inzwischen wußte, daß er mit dem Mittelmeer nichts zu tun hatte, sondern ein bis dahin unbekanntes großes Meer war. Dort angekommen, erhielt Nearchos von Alexander den Auftrag, mit seiner Flotte längs der Küste den Seeweg bis zur Tigris-Mündung im Persischen Golf zu erkunden, während der König mit dem Gros seines Heeres auf dem Landweg nach Westen marschierte, in Richtung Heimat. Er selbst kam jedoch nur bis Babylon, wo er 323 v. Chr. plötzlich an Malaria starb.

Das von Alexander geschaffene Riesenreich, das fast die gesamte damals bekannte Erde von Griechenland und Ägypten bis Indien umfaßte, zerfiel sehr bald wieder, aber die während der zehnjährigen Expedition gewonnenen Erkenntnisse über fremde Länder,

Das Reich Alexanders des Großen. In der kurzen Zeit zwischen 334 und 323 v. Chr. erreichte es eine Ausdehnung bis an den Indus im Osten und im Westen bis in die Libysche Wüste.

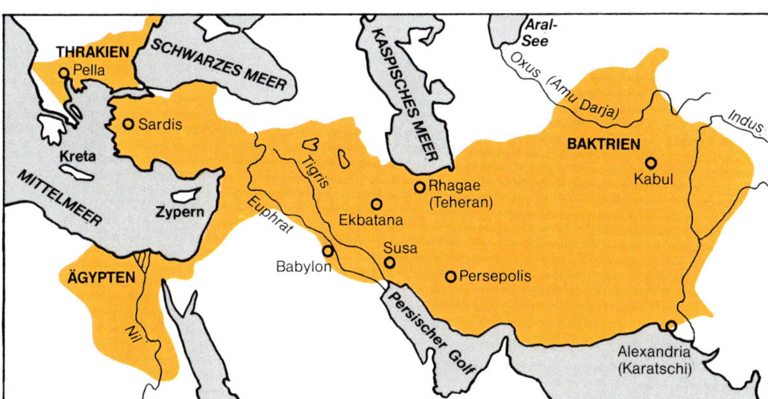

Völkerschaften, Religionen (Buddhismus), Tiere (Wale, Seeschlangen, Papageien usw.) und Pflanzen (Reis, Zuckerrohr, Banane usw.) erweiterten erheblich den Welthorizont der abendländischen Kultur, deren Zentrum Griechenland war.

Pedro de Alvarado

*um 1485 Badajoz; † 1541 Guadalajara/Mexiko
Spanischer Konquistador

1517 segelte Alvarado mit einer spanischen Expedition von Kuba aus nach Westen und landete auf der Halbinsel Yucatán, wo die Eingeborenen von riesigen Gold- und Silberschätzen im Binnenland berichteten. Nach der Rückkehr rüsteten die Spanier sogleich eine neue Flotte aus, die am 18. Februar 1519 unter Leitung von →*Hernán Cortés* und dessen Stellvertreter Alvarado auslief, um Mexiko, das Reich der Azteken, zu erobern. Als Cortés ein Jahr später die besetzte Hauptstadt Tenochtitlán verlassen mußte, ließ er Alvarado dort als »Stadtkommandanten« zurück. Durch sein rücksichtsloses Vorgehen brachte dieser die Azteken gegen sich auf, die schließlich die spanischen Besetzer aus der Stadt vertrieben.

Nachdem Cortés Tenochtitlán zurückerobert und das Aztekenreich unterworfen hatte, entsandte er 1523 seinen Freund Alvarado von Mexiko aus nach Südosten, in das Gebiet der heutigen Länder Guatemala, El Salvador und Honduras. Alvarado gründete eine Siedlung in der Nähe der jetzigen Hauptstadt Santiago de Guatemala und erforschte und eroberte von dort aus bis 1527 die gesamte Region. 1530, nach einem gewonnenen Prozeß gegen seine Rivalen, wurde er von Karl V. zum Gouverneur von Guatemala bestellt. 1534 segelte er längs der Küste nach Süden bis Ecuador. Er wollte sich an der Ausbeutung des Inka-Reiches beteiligen, in dem er mehr Gold zu finden hoffte als in Mittelamerika. Doch er wurde von dem energischeren und brutaleren →*Francisco Pizarro* ausgeschaltet und mußte nach Norden zurückkehren. Auf einer Expedition in Südmexiko kam er 1541 ums Leben.

Roald Amundsen

*16. Juli 1872 Borge; † Juni 1928 in der Arktis
Norwegischer Polarforscher

Der Medizinstudent Amundsen gab 1899 sein Studium auf und beschloß, Polarforscher zu werden, als er die Begeisterung erlebt hatte, mit der →*Fridtjof Nansen* nach seiner Grönlanddurchquerung in Oslo empfangen wurde. 1893 fuhr er zunächst als einfacher Matrose auf einem Walfänger und nahm 1897–1899 an der Antarktisfahrt des belgischen Forschungsschiffes *Belgica* teil. 1903 trat er dann – nach einem Stu-

Gegenüberliegende Seite:
Alexander der Große hat nicht nur zu Lande, sondern auch im Wasser Eroberungen gemacht. Er soll mit einer Art Taucherglocke tief ins Meer hinabgestiegen sein, um die Unterwasserwelt zu erforschen. Der Legende zufolge beobachtete er dabei einmal ein Ungeheuer, das drei Tage brauchte, um an seinem Glaskäfig vorbeizuschwimmen. Darstellung aus einer kolorierten französischen Handschrift des 13. Jahrhunderts.

Am 15. Dezember 1911 erreichte Roald Amundsen den Südpol und hißte dort die norwegische Flagge.

dienaufenthalt in Deutschland – mit dem kleinen alten Walfangschiff *Gjöa*, das er mit Ersparnissen und Darlehen erworben hatte, seine erste eigene Entdekkungsreise an: die Umfahrung Nordamerikas vom Atlantik zum Pazifik. Drei Jahre später lief sein Schiff in den Hafen von San Francisco ein. Die Nordwestpassage war zum erstenmal vollständig geschafft worden, obwohl sich dieser Seeweg für die Schiffahrt als unbrauchbar erwies.

1909 wollte Amundsen mit der von Nansen übernommenen *Fram* zum Nordpol aufbrechen, doch als er erfuhr, daß der Amerikaner →*Robert E. Peary* den Pol bereits erreicht hatte, änderte er seine Pläne: »*Die Nachricht von der Eroberung des Nordpols war für mich wirklich ein vernichtender Schlag. Um meinen Namen als Forscher aufrechtzuerhalten, mußte ich schnellstens einen sensationellen Erfolg erringen, also beschloß ich meinerseits einen Schlag zu führen.*« *(Die Eroberung des Südpols 1910–1912)* Dieser Schlag galt nun dem Südpol. Dorthin war, wie Amundsen erfahren mußte, inzwischen bereits der Engländer →*Robert F. Scott* unterwegs, dem er unbedingt zuvorkommen wollte. Am 10. September 1910 schickte er nach längeren heimlichen Vorbereitungen seinem Rivalen ein Telegramm: »*I am going south – ich fahre nach Süden.*« Im Januar 1911 erreichte er die Wal-Bucht, wo er einen geeigneten Ankerplatz fand, den er »Framheim« nannte. Von dort aus unternahm er zunächst mehrere Vorstöße auf dem antarktischen Eis, um Stützpunkte und Vorratslager anzulegen. Am 19. Oktober 1911 brach er mit vier Begleitern und 52 Schlittenhunden von Framheim aus zum Südpol auf, den er am 15. Dezember 1911 erreichte – vier Wochen vor Scott! »*Um drei Uhr nachmittags*«, schrieb Amundsen später, »*ertönte ein gleichzeitiges ›Halt!‹ von allen Schlittenlenkern. Sie hatten ihre Meßräder fleißig untersucht, und nun standen alle auf der ausgerechneten Entfernung – auf unserem Pol nach dem Besteck. Das Ziel war erreicht und die Reise zu Ende! Ich kann nicht sagen – obgleich ich weiß, daß es eine viel großartigere Wirkung hätte –, daß ich vor dem Ziel meines Lebens stand. Das wäre doch etwas zu sehr übertrieben. Ich will lieber aufrichtig sein und geradeheraus erklären, daß wohl noch nie ein Mensch in so völligem Gegensatz zu dem Ziel seines Lebens stand wie ich bei dieser Gelegenheit. Die Gegend um den Nordpol – ach ja, zum Kuckuck –, der Nordpol selbst hatte es mir von Kindesbeinen angetan, und nun befand ich mich am Südpol!... Nachdem wir haltgemacht hatten, traten wir zusammen und beglückwünschten uns gegenseitig. Wir hatten allen Grund, uns für das, was geleistet worden war, gegenseitig zu achten, und ich glaube, gerade*

Oben: *Roald Amundsen.*

Unten: *Eines der beiden Wasserflugzeuge, ein »Dornier Wal«, mit denen Amundsen 1925 den Nordpol überfliegen wollte.*

Amundsen (Mitte) vor dem Flug zum Nordpol mit seinem »Dornier Wal«. Das Unternehmen scheiterte jedoch 250 km vor dem Ziel. Erst ein Jahr später, 1926, gelang ihm die Polüberfliegung mit einem lenkbaren Luftschiff.

dieses Gefühl drückte sich in den kräftigen und festen Händedrücken, die gewechselt wurden, aus. Nach dieser ersten Handlung schritten wir zur zweiten, der größten und feierlichsten der ganzen Fahrt – dem Aufpflanzen unserer Flagge. Liebe und Stolz leuchtete aus den fünf Augenpaaren, die die Flagge betrachteten, als sie sich bei der frischen Brise entfaltete und über dem Pol flatterte.« (Die Eroberung des Südpols 1910–1912)

Die Erstbezwingung des Südpols war Amundsens größter Erfolg, doch seine Entdeckerlaufbahn war damit noch nicht abgeschlossen. Der Traum vom Nordpol ließ ihn nicht los. 1918 versuchte er mit der *Maud*, dem größeren und stärkeren Nachfolgeschiff der *Fram*, längs der russischen Nordküste nach Osten vorzudringen und schließlich den Pol zu erreichen. Der Versuch scheiterte, ebenso ein zweiter im Jahr 1922. Am 21. Mai 1925 startete Amundsen mit zwei Wasserflugzeugen von Spitzbergen aus zur Überfliegung des Nordpols. Etwa 250 km vom Ziel entfernt wurde jedoch eine Maschine bei einer Zwischenlandung auf einer Wasserrinne so schwer beschädigt, daß man das Unternehmen aufgeben mußte. Erst nach Wochen, nach Präparierung einer Startpiste auf dem rauhen Eis, konnten die beiden Mannschaften mit dem heil gebliebenen Flugzeug den – glücklich verlaufenden – Rückflug antreten.

Ein Jahr darauf erwarb Amundsen mit Unterstützung seines Mäzens, des amerikanischen Millionärs Lincoln Ellsworth, ein von →*Umberto Nobile* in Italien erbautes lenkbares Luftschiff, das auf den Namen *Norge* getauft wurde. Mit der *Norge* gelang es ihm und seinen Begleitern Ellsworth und Nobile, den Pol am 12. Mai 1926 zu überfliegen. Allerdings war ihm diesmal der Amerikaner →*Richard E. Byrd* zuvorgekommen, der mit seiner Fokker bereits am 9. Mai den Nordpol erreicht hatte.

1928 wollte Nobile den Polflug Amundsens mit einem neuen Luftschiff, der *Italia*, wiederholen. Auf dem Rückflug mußte die *Italia* in einem schweren Sturm notlanden. Die SOS-Rufe des havarierten Luftschiffs setzten eine große Rettungsaktion in Gang. Auch Amundsen beteiligte sich daran, allerdings mit einem technisch unzureichenden Suchflugzeug, das über der Barents-See abstürzte, wo am 18. Juni 1928 Trümmer der Maschine entdeckt wurden.

Salomon August Andrée

*18. Oktober 1854 Gränna; † 1897 Insel Vitö/Spitzbergen

Schwedischer Ingenieur und Polarforscher

Im Jahr 1895 stellte der Arktisforscher →*Adolf Erik Nordenskiöld* dem erfahrenen Luftfahrtingenieur

Oben: *Salomon August Andrée.*

Links: *Der Freiballon, mit dem Andrée 1897 den Nordpol zu erreichen versuchte. Eine Taubenpost vom 13. Juli war das letzte Lebenszeichen des wagemutigen Forschers, der die Risiken einer Polarexpedition offensichtlich unterschätzt hatte.*

Gesamtansicht von Andrées Ballonbasis auf Spitzbergen.

Andrée die Frage, ob er es für möglich halte, Freiballons in der Polarforschung einzusetzen. Seit diesem Tag war Andrée besessen von der Idee, dieses Problem praktisch zu lösen. Ein erster Versuch, der im Sommer 1896 von der Dänen-Insel (Spitzbergen) aus starten sollte, mußte wegen ungünstiger Winde abgesagt werden. Erst am 11. Juli 1897 konnte der Freiballon *Oernen* (Adler) mit Andrée und seinen Begleitern Strindberg und Fränkel auf derselben Insel zum Polflug aufsteigen. Am 13. Juli ließ Andrée eine Brieftaube mit einer Botschaft fliegen, die folgendermaßen lautete: »*Am 13. Juli um 12.30 h. Die Position ist: Breite 82° 2′N, Länge 15° 5′ Ost. Gute Fahrt nach Ost 10° Süd. Alles klar an Bord. Das ist die dritte Taubenpost.*«

Diese Nachricht, die drei Tage später auf einem Walfangschiff eintraf, war das letzte Lebenszeichen der Ballonfahrer. Ihre Leichen, ihre Tagebücher und Photographien wurden erst im August 1930 auf der Insel Vitö entdeckt.

Wladimir Atlassow

* Um 1650; † 1711

Russischer Entdecker und Eroberer

Während seiner Tätigkeit als Regierungsbeamter in der Gegend von Jakutsk erhielt Atlassow Kunde von der Halbinsel Kamtschatka und den dort heimischen Korjaken, und er beschloß, diese Region dem Zarenreich einzuverleiben. Mit Zustimmung seines Gouverneurs drang er 1897 mit einer Kosakenschar bis zum Fluß Kamtschatka vor und unterwarf die eingesessenen Korjaken.

Seine gründlichen geographischen Studien und die Entdeckung der an die Kamtschatka anschließenden Inselkette der Kurilen sichern ihm einen wichtigen Platz unter den Entdeckern des asiatischen Rußland.

John James Audubon

* 26. April 1785 San Domingo/Haiti; † 27. Januar 1851 New York

Amerikanischer Naturforscher und Tiermaler französischer Abstammung

Seine Jugend verbrachte Audubon auf Haiti und in Frankreich. 1803 kam er erstmals nach Nordamerika und war dort bis 1819 als Kaufmann tätig. Von da an reiste er fast ständig in seiner neuen Heimat umher, vor allem in den noch unberührten Landschaften und unerforschten Wildnissen bis hinauf nach Labrador, um die Tierwelt im Freileben zu studieren und in zahllosen naturgetreuen Bildern mit Stift und Pinsel festzuhalten. Allein sein monumentales Hauptwerk, *The Birds of America*, enthält 500 großformatige Vogel-

Links: *Die Wandertaube, eine seit Beginn unseres Jahrhunderts ausgestorbene Vogelart, hat Audubon in* The Birds of America *lebensecht porträtiert. Damals verdunkelten noch Milliardenschwärme dieser Tauben den Himmel über Nordamerika.*

darstellungen. Audubon gilt als »Vater der amerikanischen Ornithologie« und als der eigentliche Entdecker der nordamerikanischen Natur. Seine autobiographischen Aufzeichnungen sind ein bedeutendes Dokument der Natur- und Entdeckungsgeschichte Nordamerikas.

William Baffin

*1584 (?) London; † 1622 Hormus
Englischer Seefahrer

Über Baffins Jugend ist nichts bekannt. 1612 wurde er Steuermann auf der *Patience*, die unter dem Kommando von James Hall die Insel Grönland erforschen sollte. Man erkundete die grönländische Westküste bis hinauf zum 67. Breitengrad. Da Hall von Eskimos umgebracht wurde, mußte das Schiff umkehren. Baffin verfaßte einen Expeditionsbericht, der wichtige nautische und geographische Erkenntnisse enthielt. Zwei Reisen nach Spitzbergen zur Erschließung neuer Fischgründe folgten. 1615 trat er als Steuermann in den Dienst von Kapitän Bylot, der mit der *Discovery* die Nordwestpassage zum Pazifik erzwingen wollte. Baffin segelte durch die Hudson-Straße und den Fox-Kanal, wurde aber von dem undurchdringlichen Eis zur Rückkehr gezwungen. Im folgenden Jahr stieß er in der nach ihm benannten *Baffin-Bay* bis fast 78° N

Die Karte zeigt die zweite Fahrt Baffins, die der Seefahrer auf der Suche nach der Nordwestpassage unternahm. Zwar war seine Reise – wie schon 1615 – auch diesmal nicht von Erfolg gekrönt, aber Baffin konnte die Einfahrt zum Lancastersund lokalisieren, das Tor der Durchfahrt im Osten. Erst im 19. Jahrhundert gelang es Sir Robert McClure, die lange vermutete Existenz der Passage nachzuweisen.

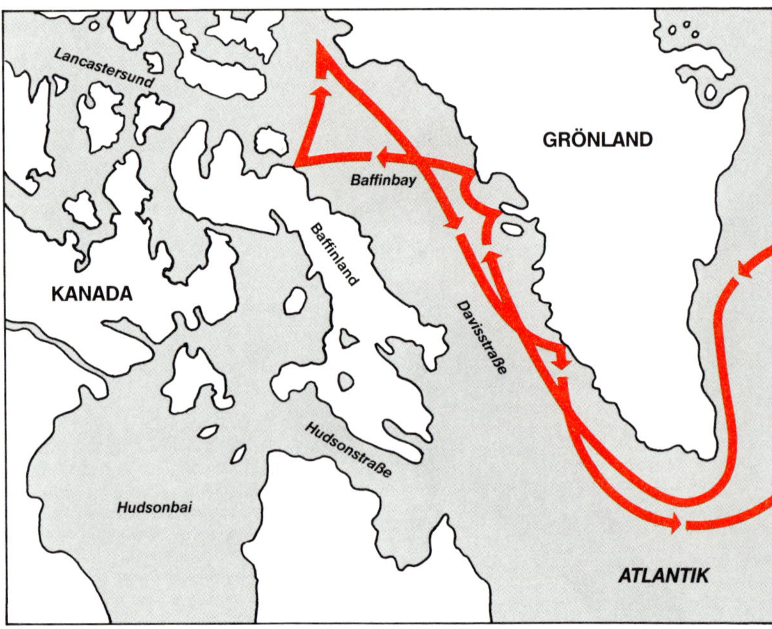

vor, konnte aber auch diesmal die Durchfahrt zum Pazifik nicht finden. Er kam daraufhin zu dem Schluß, daß es eine Nordwestpassage überhaupt nicht gebe. In den folgenden Jahren befuhr Baffin für die englische Ostindische Gesellschaft den Indischen Ozean.

Sir Samuel White Baker

* 8. Juni 1821 London; † 30. Dezember 1893 Sandford Orleigh

Englischer Weltreisender und Afrikaforscher

Nach der Teilnahme am Krimkrieg und einem längeren Aufenthalt auf Ceylon kam Baker 1861 in Begleitung seiner jungen Frau Florence, einer Siebenbürgendeutschen, nach Ägypten, um auf eigene Faust und eigene Kosten die Nilquellen zu suchen. Die beiden fuhren nilaufwärts bis Gondokoro, wo sie im Februar 1863 mit den englischen Afrikaforschern →*John H.Speke* und *James A. Grant* zusammentrafen, die soeben den Victoria-See entdeckt hatten und von einem zweiten See berichteten, von dem sie nur gerüchtweise gehört hatten. Baker beschloß, diesen See zu finden. Unter abenteuerlichen Umständen erreichte seine Karawane am 14. März 1864 den Albert-See: »*Ich taufte den See Albert-Nyanza... Es war ein großartiger Anblick, auf diesen ungeheuren Wasserbehälter des gewaltigen Nil zu schauen... Ich war im*

Ein selbstironisches Aquarell von Baker, das er folgendermaßen kommentierte: »Ugander mit Speeren und Schilden, die den auf einem Ochsen reitenden Samuel Baker umtanzen, und seine Eskorte auf dem Weg zum Albert Nyanza, 1864.«

Sir Samuel White Baker, der zusammen mit seiner schönen Frau Florence den Albert-See entdeckte. Porträtfoto um 1870.

höchsten Grade gerührt, als ich diese herrliche Szene genoß. Meine Frau, die mir mit so großer Ergebung gefolgt war, stand an meiner Seite, blaß und erschöpft. Noch kein europäischer Fuß hatte je auf den Sand getreten, und noch keines weißen Mannes Augen hatten je die ungeheure Wasserfläche gemessen. Wir waren die ersten.«

Den Abfluß des Sees konnte Baker nicht finden, und er hielt das Gewässer deshalb für einen unbedeutenden Quellsee des Nils. 1869 begab sich Baker noch einmal nach Ostafrika, um im Auftrag des Khediven Ismail den Sklavenhandel am oberen Nil auszurotten. Er blieb bis 1873, doch seiner Mission war kein großer Erfolg beschieden. Nach weiteren Reisen in den Nahen Osten, nach Indien, Japan und Amerika zog er sich auf seinen Landsitz in Yorkshire zurück, um seine Reiseberichte und Erinnerungen zu schreiben.

Vasco Nuñez de Balboa

*um 1474 Jérez de los Caballeros; † 1519 Acla/Panama

Spanischer Konquistador

Als bankrotter Glücksritter kam Balboa nach Mittelamerika, wo er sich zunächst als Pflanzer auf Haiti niederließ und wenig später an der Ostküste des heutigen Panama, am Golf von Darien, eine »Stadt« und

Am 29. September 1513 erblickten Vasco Nuñez de Balboa und seine Soldaten als erste Europäer nach einer abenteuerlichen Durchquerung des mittelamerikanischen Festlandes den Pazifischen Ozean.

eine Kolonie gründete, über die er als Generalkapitän und Gouverneur herrschte. Mit Geschick, Freundlichkeit und notfalls Härte machte er sich die indianischen Eingeborenen untertan, und er heiratete sogar die Tochter eines von ihm besiegten Häuptlings. Von den Indianern erfuhr er, daß sich auf der anderen Seite der mittelamerikanischen Landbrücke ein großes Meer erstrecke, das noch keiner der ausschließlich an der Westküste siedelnden Spanier gesehen habe.

Vasco Nuñez de Balboa erreicht nach der Durchquerung der Landenge von Panama die Südsee (Stiller Ozean). Aus der Historia General de les hechon de les Castallanos en las islas y tierra firma del mar Oceano *von Antonio de Herrera (1549–1625).*

Er beschloß, dieses Meer zu finden, und brach am 7. September 1513 mit 190 Spaniern und einer Meute Bluthunde zur Landdurchquerung auf. Nach einem äußerst strapaziösen Marsch durch den dichten Urwald erreichte er am 29. September die Küste des Pazifischen Ozeans, den er »Südmeer« *(Mar del Sur)* nannte und pauschal für die spanische Krone vereinnahmte. Mit Fischerbooten fuhr er zwar auch ein Stück aufs Meer hinaus, mußte aber einsehen, daß die Erschließung des »Südmeers« nicht so einfach war. Daher kehrte er nach Darien zurück, wo er sich bald mit dem neuernannten Gouverneur Pedro Aries de Avia zerstritt, der ihn fälschlicherweise der Verschwörung bezichtigte. Der Entdecker des Pazifiks, einer der fähigsten und mutigsten Konquistadoren, wurde 1519 zusammen mit vier angeblichen Mitverschwörern enthauptet.

Oben: *Willem Barents.*

Willem Barents (Barendsz)

* um 1550 Insel Terschelling oder Amsterdam; † 20. Juni 1597 Nowaja Semlja

Holländischer Seefahrer

Von den Generalstaaten der Niederlande erhielt Barents 1594 den Auftrag, »*die Meere des Nordens zu befahren und die Königreiche China und Cathay zu entdecken*«, mit anderen Worten: die Nordostpassage längs der asiatischen Nordküste zu suchen. Barents kreuzte in der *Barents-See*, die er gründlich erforschte, und kam bis Nowaja Semlja, dessen Nordspitze er umsegeln wollte. Hier jedoch wurde sein Schiff vom Eis eingeschlossen und blockiert und mußte die Heimreise antreten.

Zwei anderen holländischen Schiffen, die gleichzeitig ausgelaufen waren, gelang es immerhin, bis in die Kara-See vorzudringen. Dieser Teilerfolg bewog die niederländische Regierung, eine Flotte von sieben Schiffen auszurüsten, die mit Handelsgütern beladen waren – so fest war man davon überzeugt, auf der Nordostpassage die fernen Gewürzländer zu erreichen. Barents war als Obersteuermann für die Navigation zuständig. Die Schiffe kamen bis zur Jugor-Straße (zwischen der Halbinsel Jugor und der Insel Wajgatsch), wo sie von den Eismassen zur Rückkehr gezwungen wurden.

Unten: *Die Barents-Expedition strandete 1596 auf Nowaja Semlja, wo sie in einem selbstgebauten Holzhaus überwintern mußte. Kolorierter Kupferstich von 1598.*

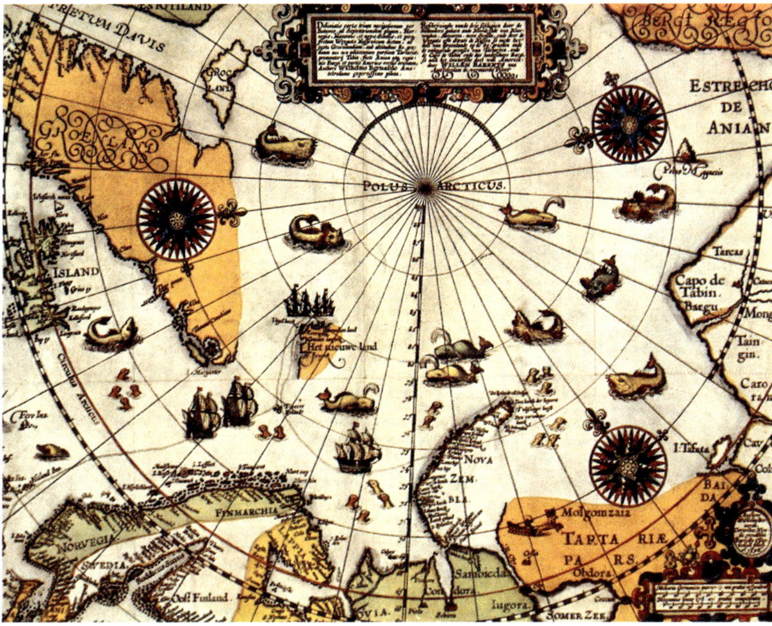

Ein dritter Versuch folgte 1596, diesmal mit drei Schiffen, die die Durchfahrt weiter nördlich zu finden hofften. Auf dieser Fahrt entdeckte Barents eine kleine schneebedeckte Insel, die er *Bären-Insel* nannte, und die Inselgruppe Spitzbergen, die er irrtümlich für Grönland hielt. Am 17. Juli 1596 kam die Westküste von Nowaja Semlja in Sicht, an der man einen Monat lang entlangsegelte. Am 15. August war die Nordspitze erreicht, und Barents begann mit der Erkundung der Ostküste. Dabei wurde das Schiff jedoch vom Eis eingeschlossen und schwer beschädigt. Barents und seine Leute konnten sich an Land retten und eine Hütte aus Treibholz errichten, in der sie den langen Polarwinter verbrachten. Bei dem Versuch der Seeleute, mit Booten die nächste menschliche Ansiedlung zu erreichen, starb der an Skorbut erkrankte und bereits vom Tod gezeichnete Barents am 20. Juni 1597. Die restliche Mannschaft wurde nach einiger Zeit von russischen Fischern aufgegriffen und kehrte nach Amsterdam zurück.

1871 entdeckten norwegische Fischer das verschneite, aber unversehrte Holzhaus der holländischen Polarfahrer, und sie fanden neben Büchern, Waffen und anderer Gebrauchsgegenständen sogar noch einen Brief, den Barents im Kamin hinterlegt hatte.

Von Willem Barents, der nicht nur ein wagemutiger Seefahrer, sondern auch ein hervorragender Kartograph war, stammt diese eindrucksvolle Darstellung der Nordpolarregion. Der Bereich der europäischen Arktis ist mit erstaunlicher Genauigkeit abgebildet – selbst Grönland erscheint bereits als Insel –, während Barents bei der Wiedergabe der asiatischen und amerikanischen Nordküsten weitgehend auf Mutmaßungen angewiesen war. Bemerkenswert ist, daß Barents den Nordpol in das Zentrum eines riesigen Meeresbeckens verlegt – eine Tatsache, die noch im 19. Jh. umstritten war.

Oben: *Heinrich Barth. Porträtfoto aus seinem Todesjahr 1865.*

Unten: *Die Wüstensiedlung Ghat. Zeichnung von Heinrich Barth.*

Heinrich Barth

*16. Februar 1821 Hamburg; † 25. November 1865 Berlin

Deutscher Afrikaforscher und Geograph

Nach einer ersten großen Reise rings um das Mittelmeer (1845–1847) schloß sich Barth, zusammen mit dem jungen Geologen Dr. Overweg, 1849 als promovierter Geograph und Philologe der Sudan-Expedition des Engländers →*James Richardson* an, der »*als Hauptzwecke die Abschaffung des Sklavenhandels und die Anknüpfung von Handelsverbindungen vor Augen hatte*«. Im Dezember 1849 trafen Barth und Overweg in Tripolis ein, Richardson folgte später nach. Im März 1850 konnte die Karawane endlich aufbrechen. Sie durchquerte die Sahara auf der Route Murzuk, Ghat, Aïr-Gebirge und Agadèz, wo sich die beiden Deutschen von Richardson trennten und zunächst nach Süden weiterzogen, nach Kano und Kuka (Kukawa) am Tschad-See. Die Erkundung und Kartierung des Sees überließ Barth seinem Kollegen, während er selbst weiter südlich bis Yola am Benue, einem Nebenfluß des Nigers, vordrang. Er kehrte nach Kuka zurück und reiste von dort aus allein – Overweg war inzwischen gestorben – in westlicher und nordwestlicher Richtung über Sokoto bis zur legendären Stadt Timbuktu am Niger, die er in der Verkleidung eines

Map of part of
AFRICA
PROGRESS OF THE EXPEDITION
MEDITERRANEAN SEA
S A H A R A
G R E A T D E S E R T
GULF OF GUINEA

Vorhergehende Seite:
Karte der Zentralsahara mit den Reisewegen der vier bedeutenden Afrikaforscher des vorigen Jahrhunderts, die sich um die Entschleierung dieser unzugänglichen Wüstenregion besonders verdient gemacht haben:
James Richardson (oben links), Adolf Overweg (oben rechts), Heinrich Barth (unten links), Eduard Vogel (unten rechts).

arabischen Gelehrten betrat und in der er sich trotz vielerlei Gefahren über ein halbes Jahr aufhielt.

Auf dem Rückweg nach Kuka erfuhr er, daß man ihn in Europa für verschollen hielt und daß eine Expedition unter →*Dr. Eduard Vogel* ihn suchen sollte. Der Zufall wollte es, daß Barth und Vogel mitten im dunkelsten Afrika zusammentrafen, im Urwald westlich von Kuka. Barth berichtet: »*Es war ein unendlich erfreuliches Ereignis. Inmitten der ungastlichen Waldung stiegen wir vom Pferde und setzten uns nieder. ... Seit länger als zwei Jahren hatte ich kein deutsches oder überhaupt europäisches Wort gehört, und es war ein unendlicher Genuß für mich, mich wieder einmal in der heimatlichen Sprache unterhalten zu können. ... Nach einer etwa zweistündigen Unterhaltung mußten wir uns wieder trennen.*«

Von Kuka aus reiste Barth auf der alten Karawanenstraße, die mitten durch das Gebiet der räuberischen Tuareg führte, zurück nach Tripolis, wo er am 27. August 1855 eintraf und sich sogleich nach London einschiffte.

Heinrich Barth, einer der größten Pioniere der Afrikaforschung, hat auf seiner sechsjährigen Expedition eine ungeheure Fülle von geographischem, topographischem, historischem und ethnologischem Material zusammengetragen, das er bis zu seinem frühen Tod gewissenhaft auswertete. Er verfaßte einen fünfbändigen Bericht über seine Reisen in Nord- und Zentralafrika und eine deutsch-englische *Sammlung und Bearbeitung zentral-afrikanischer Vokabularien.* Vor allem aber hat er durch seine gründliche Forschungsarbeit dazu beigetragen, daß viele weiße Flecken auf der Karte des Dunklen Erdteils endgültig verschwanden.

Der Ethnologe Adolf Bastian, der in der 2. Hälfte des vorigen Jahrhunderts fast die ganze Welt bereiste.

Adolf Bastian

*26. Juni 1826 Bremen; † 2. September 1905 Port of Spain/Trinidad
Deutscher Völkerkundler und Forschungsreisender

Von Beruf Schiffsarzt und aus Berufung wissenschaftlicher Weltenbummler mit ausgeprägten ethnologischen Interessen, gilt Bastian als Begründer der modernen Völkerkunde und wurde 1868 Leiter des Berliner Museums für Völkerkunde. Zuvor hatte er bereits zwei mehrjährige Reisen unternommen, die ihn um die ganze Welt führten. Die erste Reise (1851–1859) ging zunächst nach Australien und Neuseeland. Dann überquerte Bastian den Pazifik und landete in Peru, erkundete den amerikanischen Kontinent bis hinauf nach Mexiko und Kalifornien, wo er sich nach Fernost einschiffte. Er zog durch China, Hinterindien, den Malaiischen Archipel, Indien, den Mittleren und Nahen Osten bis Ägypten. Dort angekommen, fuhr er nilaufwärts und gelangte über den Jemen in das Herz Afrikas, das er über den Kongo bis zur Westküste durchstreifte.

Seine zweite Reise (1861–1865) brachte ihn nach Hinterindien, wo er sich besonders intensiv mit der Kultur, Religion und Sprache der dort lebenden Völker befaßte. Über Japan, China und Sibirien kehrte er nach Deutschland zurück. Weitere Expeditionen führten nach Afrika, Amerika, Asien, Tasmanien und Ceylon. Seine reichen Forschungsergebnisse verarbeitete Bastian in mehreren großen wissenschaftlichen Werken, u. a. in *Die Völker des östlichen Asien* (6 Bde., 1866–1871), *Die Kulturländer des Alten Amerika* (3 Bde., 1878/79) und *Indonesien* (5 Bde., 1884–1894).

Henry Walter Bates

*18. Februar 1825 Leicester; † 16. Februar 1892 London

Englischer Biologe und Südamerikaforscher

Der Amateurentomologe Bates begleitete 1848 seinen Freund →*Alfred R. Wallace* zum Mündungsgebiet des Amazonas in Pará (Nordbrasilien). Ihre Expedition wollten die beiden mit dem Fang und Verkauf seltener Insekten finanzieren. Wallace kehrte bereits vier Jahre später nach England zurück, während Bates trotz Erkrankungen noch bis 1859 das Stromgebiet des Amazonas erforschte. So lange hatte es noch kein Weißer in der »grünen Hölle« ausgehalten.

Bates versuchte, den Lauf der Amazonas-Zuflüsse zu fixieren, und sammelte unermüdlich Insekten, Vögel und Pflanzen. Er brachte ungefähr 14 000 zoologische und botanische Belege mit, von denen über 8 000 Arten der Wissenschaft bis dahin unbekannt waren. In Amazonien entdeckte er an Schmetterlingen das Phänomen der nach ihm benannten *Batesschen Mimikry* (täuschende Nachahmung ungenießbarer oder wehrhafter Tiere durch harmlose Arten).

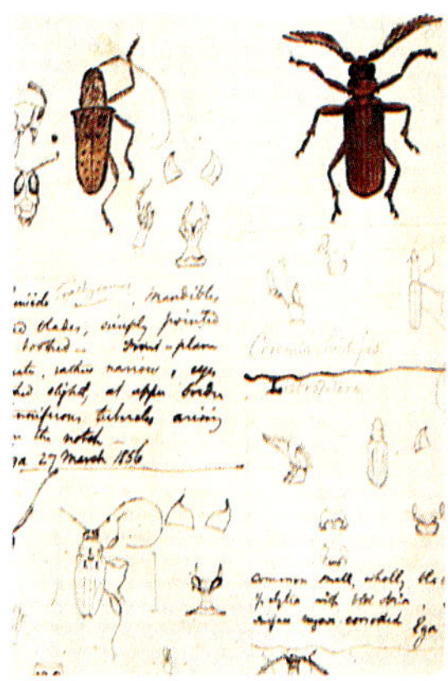

Eine Seite aus Bates' Notizbüchern, in denen er seine Beobachtungen in Wort und Bild festhielt. Sein Hauptinteresse galt der ungeheuer vielfältigen Insektenfauna des Amazonas-Stromgebiets.

Nicolas Baudin

*1754 Ile de Ré; † 1803 Port-Louis

Französischer Seefahrer und Naturforscher

Nach seinem Dienst in der französischen Handels- und Kriegsmarine und zwei Indienreisen erhielt der stark naturwissenschaftlich interessierte Baudin 1800 von der französischen Regierung den Auftrag, mit zwei Schiffen – die bezeichnenderweise *Géographe* und *Naturaliste* hießen – die Südwestküste des australischen Kontinents zu erkunden. Zusammen mit den 20 Wissenschaftlern, die sich an Bord befanden, sammelte er in den Küstenregionen Australiens riesige Mengen von Pflanzen und Mineralien.

An seine Tätigkeit erinnern noch heute zahlreiche französische Namen, die Baudin den Buchten, Kaps

Oben: *Nicolas Baudin.*

Unten: *William Beebe und sein Mitarbeiter Otis Barton werden in der Taucherkugel* Bathysphere *ins Meer vor den Bahamas hinabgelassen.*

und Erhebungen an der Westküste gab (z. B. *Kap Naturaliste, Géographe Bay).* Teilweise jedoch wurden diese Namen durch die englischen Bezeichnungen von →*Matthew Flinders* verdrängt, der ungefähr gleichzeitig diese Region erforschte.

Charles William Beebe

* 29. Juli 1877 New York; † 4. Juni 1962 Trinidad
Amerikanischer Zoologe und Tiefseeforscher

Anfang der dreißiger Jahre entwickelte Dr. Beebe zusammen mit dem Ingenieur Otis Barton ein neuartiges Tauchgerät, die 5400 Pfund schwere stählerne Tiefseekugel *Bathysphere*, die an einer Stahltrosse hing und durch eine Telefonleitung mit einem Schiff an der Oberfläche verbunden war. Nach einigen Probetauchfahrten unternahm Beebe mit Barton am 15. August 1934 bei den Bahamas den entscheidenden Vorstoß bis in eine Tiefe von 923 m, die bis dahin noch kein Mensch erreicht hatte. Die wissenschaftliche Bedeutung des kühnen Unternehmens bestand darin, daß Beebe viele bis dahin unbekannte Tiefseetiere beobachten und fotografieren konnte. Er schilderte seine Erlebnisse in dem aufsehenerregenden Buch *Half Mile Down* (1935), das unter dem Titel *923 Meter unter dem Meeresspiegel* auch in Deutschland große Verbreitung fand.

Erdglobus des deutschen Kosmographen Martin Behaim.

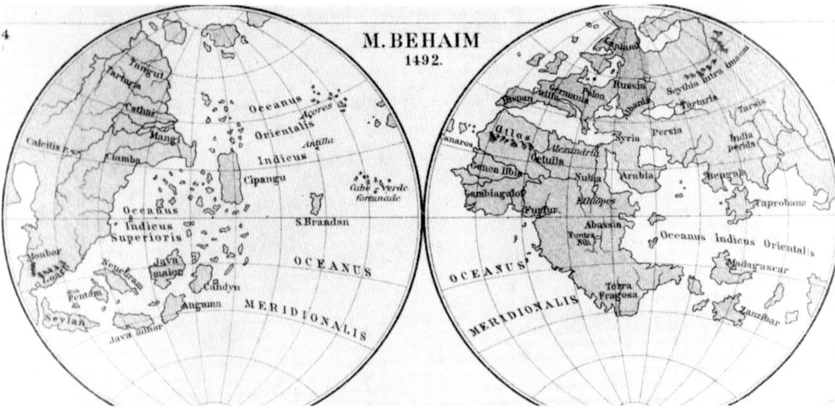

Moderne Nachzeichnung des Kartenbildes von Behaims Erdglobus.

Der Kosmograph Martin Beheim. Relief im Ehrensaal des Deutschen Museums, München.

Martin Behaim

*um 1460 Nürnberg; † 1507 Lissabon
Deutscher Kartograph und Entdeckungsreisender

Behaim ist vor allem als Schöpfer des ältesten erhaltenen Erdglobus bekannt, der heute im Germanischen Nationalmuseum in Nürnberg aufbewahrt wird. Aber das war nicht seine einzige Unternehmung im Dienst der Welterforschung. Nachdem er sich in Flandern als Kaufmann betätigt hatte, kam er um 1482 nach Lissabon, wo er schon bald Mitglied einer königlichen Geheimkommission wurde, die man als nautischen Generalstab bezeichnen könnte. Etwa zwei Jahre später begleitete er den Seefahrer Diego Cão als Navigator, Astronom und Kartograph auf einer Erkundungsreise längs der westafrikanischen Küste. Das Schiff sollte einen Seeweg um Afrika herum nach Indien ausfindig machen. Dieses Ziel wurde zwar nicht erreicht, aber immerhin entdeckte Behaim die Insel Annobón, erkundete den Golf von Guinea und die Kongo-Mündung und erreichte die Küste des heutigen Namibia. Bei 21° 50′ südlicher Breite mußte die Expedition umkehren, die insgesamt ungefähr anderthalb Jahre unterwegs war.

Auf seinem Globus, der wohl zwischen 1491 und 1492 während eines Aufenthalts in Nürnberg entstand, trug Behaim die von den Portugiesen erforschten westafrikanischen Küstenregionen mit erstaunlicher Genauigkeit ein.

Fabian Gottlieb von Bellingshausen

*20. September 1778 Ösel; † 25. Januar 1852 Kronstadt
Russischer Antarktisforscher

Der Livländer von Bellingshausen war Marineoffizier in russischen Diensten, als er 1819 von Zar Alexander I. mit einer Forschungsexpedition in die Antarktis beauftragt wurde. Er sollte dabei unbedingt weiter nach Süden vorstoßen als Kapitän →*James Cook*. Mit zwei Schiffen umsegelte er bis 1821 den antarktischen Kontinent, meist südlich des 60. Breitengrads. In dem nach ihm benannten *Bellingshausen-Meer* entdeckte er eine neue Insel, die er *Peter-I.-Insel* nannte, und das *Alexander-I.-Land*, das er für einen Teil des antarktischen Festlands hielt, obwohl es sich, streng genommen, ebenfalls nur um eine große Insel handelt. Immerhin war Bellingshausen als erster bis auf Sichtweite an Antarktika herangekommen. Den Kontinent selbst hat er allerdings nicht betreten.

Vitus Joanssen Bering
*1680 Horsens/Jütland; † 19. Dezember 1741 Bering-Insel
Dänischer Seefahrer und Arktisforscher

Der erfahrene dänische Seemann trat nach der Rückkehr von einer Ostindienreise in russische Dienste und erhielt 1725 den Auftrag, sich von St. Petersburg aus nach Kamtschatka zu begeben, dort zwei Expeditionsschiffe zu übernehmen und eine Durchfahrt zwischen der Ostspitze Asiens und Alaskas zu finden. Zwei Jahre brauchte Bering, um von St. Petersburg auf dem Landweg bis Kamtschatka zu gelangen.

Im Juli 1728 begann Bering dann seine eigentliche Expedition. Er entdeckte die St.-Lawrence-Insel, die er für Festland hielt, und stieß durch die nach ihm benannte *Bering-Straße* ins Tschuktschen-Meer vor, wo ihn bei 67°18′N heftige Stürme und rauhe See zur Umkehr zwangen.

Der kühne dänische Seefahrer Vitus Bering, dessen Name in der Bering-Straße zwischen der Ostspitze Asiens und Alaska fortlebt.

1741 konnte Bering einen zweiten Versuch unternehmen. Wiederum liefen gleichzeitig zwei Schiffe aus, von denen das eine unter Berings Kommando stand und den jungen deutschen Naturforscher Georg Wilhelm Steller an Bord hatte, der auf dieser Reise u.a. die nach ihm benannte und bald danach ausgerottete *Stellersche Seekuh* entdeckte. Das zweite Schiff unter dem russischen Kapitän Alexei Tschirikow geriet sehr bald in dichten Nebel und mußte umkehren.

Bering setzte seine Reise fort. Er konnte zwar seinen Auftrag, die Arktis zu erforschen, nicht erfüllen, jedoch näherte er sich Alaska immerhin bis in Sichtweite des Mt. Saint Elias. Doch der an Skorbut erkrankte Kapitän nahm den Anblick »*sehr gleichgültig hin und zeigte keinerlei Freude*«, wie Steller in seinem Tagebuch vermerkte. Stürmische See und die sich weiter ausbreitende Krankheit des Skorbut veranlaßten Bering zur eiligen Rückkehr nach Kamtschatka. Er selbst erreichte jedoch nur noch jene Insel des heute zu Rußland gehörenden Kommandeur-Archipels, die seinen Namen trägt: Dort starb er am 19. Dezember 1741.

Zu Berings großen Verdiensten gehören neben der Entdeckung der Bering-See, der Alëuten-Kette und weiterer kleinerer Inseln auch die sorgfältige Kartographierung der russischen Pazifikküste und nicht zuletzt die ersten Schritte zur wissenschaftlichen Erforschung Sibiriens.

Jean de Béthencourt, der sich 1402 zum König der Kanarischen Inseln ernannte.

Jean de Béthencourt (Béthancourt)

*um 1360 Grainville; † 1425

Normannischer Seefahrer und Eroberer

Die Kanarischen Inseln vor der Küste Westafrikas waren zwar schon von französischen und genuesischen Seeleuten besucht worden, aber die Erschließung durch Europäer stand noch aus. So entschloß sich Béthencourt 1402, die Inseln mit einer rund hundertköpfigen Schar von Siedlungswilligen zu kolonisieren. Er landete auf Lanzarote und nahm von dort aus auch die meisten anderen Inseln des Archipels für Frankreich in Besitz. Die kleine Kolonie hielt sich allerdings nur etwa hundert Jahre, doch durch sie erfuhr man in Europa Genaueres über die geheimnisvollen Ureinwohner der Kanaren, die *Guanschen.*

Louis Binger

*1856 Straßburg; † 1936 Isle-Adam

Französischer Afrikaforscher

Der wissenschaftlich gebildete Binger hatte bereits als junger Mann den Niger befahren, als er 1887 nach Bamako im südlichen Mali reiste, um von dort aus im Auftrag der französischen Regierung das südliche Westafrika zu erforschen.

Zwei Jahre lang durchstreifte er auf mancherlei Umwegen die noch weithin unbekannte Region der heutigen Staaten Mali, Obervolta, Ghana und Elfenbeinküste. Er entdeckte die Quellen des Volta, führte Vermessungen durch und zog wertvolle Informationen über das Leben der Eingeborenenbevölkerung ein. Seine gefahrvolle Forschungsexpedition, bei der nie eine Waffe benutzt wurde, endete 1889 in Grand-Bassam an der Elfenbeinküste. Die wenige Kilometer nördlich gelegene Stadt *Bingerville* trägt noch heute den Namen dieses bedeutenden, humanen Forschers, der 1893 zum ersten Gouverneuer der französischen Kolonie Elfenbeinküste ernannt wurde.

William Bligh

*9. September 1754 Plymouth; † 7. Dezember 1817 London

Englischer Marineoffizier, zuletzt Admiral

In den Jahren 1772–1774 nahm Bligh als Navigator an →*James Cooks* zweiter Weltumsegelung teil, in

deren Verlauf auf Otaheite (heute Tahiti) der Brotfruchtbaum entdeckt wurde. Im Dezember 1787 erhielt er daraufhin den Auftrag, mit der *Bounty* junge Brotfruchtpflanzen von Tahiti zu den Plantagen in Britisch-Westindien zu schaffen. Auf dieser Fahrt entdeckte er 1788 südlich von Neuseeland eine kleine unbewohnte Inselgruppe, der er den Namen *Bounty-Inseln* gab.

Das Schiff lag etwa ein halbes Jahr im Hafen von Tahiti. Bligh und die ihn begleitenden Naturforscher erkundeten in dieser Zeit die Insel und sammelten seltene Pflanzen, Konchylien und andere Naturobjekte, während sich die Mannschaft trotz Verbots mit den Tahitianerinnen amüsierte.

Bald nach der Abreise kam es zu der berühmt gewordenen »Meuterei auf der Bounty«, bei der Bligh am 28. April 1789 mit 18 Besatzungsmitgliedern in einem kleinen Boot auf hoher See ausgesetzt wurde. Die Meuterer liefen die Insel Pitcairn an und gründeten dort eine Kolonie. Dem überaus tüchtigen Seemann Bligh gelang es indes, mit seinem Boot die Insel Timor zu erreichen, von wo aus er nach England zurückkehrte. Er wurde rehabilitiert und forderte mit Erfolg die Bestrafung der Meuterer, von denen einige auf Pitcairn aufgespürt und in England vor Gericht gestellt wurden.

Oben: »*Die Meuterei auf der Bounty*«. *Die meuternde Mannschaft hat Kapitän und seine Getreuen in einer Barkasse ausgesetzt. An Bord der* Bounty *erkennt man zwei Brotfruchtbäume.*

Unten: *William Bligh.*

Carsten Eggeberg Borchgrevink

* 1. Dezember 1864 Oslo; † 23. April 1934 Oslo
Norwegischer Naturwissenschaftler und Südpolarforscher

Als Matrose an Bord des norwegischen Walfängers *Antarctic* gelangte Borchgrevink 1894 an die Küste der Südantarktis und betrat bei Kap Adare als erster Mensch den Kontinent Antarktika. Er konnte dabei Gesteinsproben und sogar primitive Pflanzen (Flechten) sammeln, wodurch bewiesen wurde, daß auch in der Eiswüste organisches Leben möglich war. 1898 leitete er eine englische Südpolarexpedition, die mit dem Forschungsschiff *Southern Cross* wiederum Kap Adare erreichte. Dort ging Borchgrevink mit wissenschaftlichen Mitarbeitern an Land und überwinterte auf dem Festland, um meteorologische und erdmagnetische Untersuchungen durchzuführen. Im folgenden Jahr erkundete er den Rand des Ross-Eisschelfs und entdeckte die Wal-Bucht, von der aus er mit Hundeschlitten bis 78° 50′ südlicher Breite vorstieß.

Louis Antoine de Bougainville

* 11. November 1729 Paris; † 31. August 1811 Paris
Französischer Seefahrer und Naturforscher

Nachdem sich der junge Adlige als Rechtsanwalt, Botschaftssekretär, Salonphilosoph, Gründer einer

Auf einem kleinen Felsen in der Magellan-Straße pflanzt Bougainville mit drei Offizieren die Flagge seines Schiffes auf.

Louis Antoine de Bougainville, der als erster Franzose den Erdball umsegelte. Ölgemälde von Ducreux.

französischen Kolonie auf den Falkland-Inseln und Marineoffizier einen Namen gemacht hatte, erhielt er 1766 von Ludwig XV. den Auftrag zu einer Erkundungsreise in den Stillen Ozean. An Bord der *Boudeuse*, die von der kleineren *Etoile* begleitet wurde, verließ er im Dezember desselben Jahres seine Heimat und segelte durch die Magellan-Straße in den Pazifik, den er Ende 1767 erreichte. Er nahm Kurs auf die Gesellschafts-Inseln und hielt sich längere Zeit auf Tahiti auf, das er als eine neuentdeckte Insel betrachtete und für Frankreich beanspruchte. Kurz vor Bougainville hatten jedoch bereits die Kapitäne →*Philip Carteret* und →*Samuel Wallis* Tahiti auf der Suche nach der legendären *Terra Australis* entdeckt und dort die englische Fahne gehißt.

Anschließend durchfuhr Bougainville die melanesische Inselwelt, passierte die Nordküste Neuguineas und gelangte durch die Sunda-Straße in den Indischen Ozean. Die Heimkehr nach Frankreich erfolgte über das Kap der Guten Hoffnung, Ascensión, die Kapverden und Azoren. »*Am 16. März [1769] lief ich daselbst [in Saint-Malo] ein. In den zwei Jahren und vier Monaten, die seit unserer Abreise aus Nantes vergangen waren, hatte ich nur sieben Mann verloren.*«

Damit hatte zum erstenmal ein Franzose die ganze Erde umsegelt. Doch bedeutender als dieser Erfolg

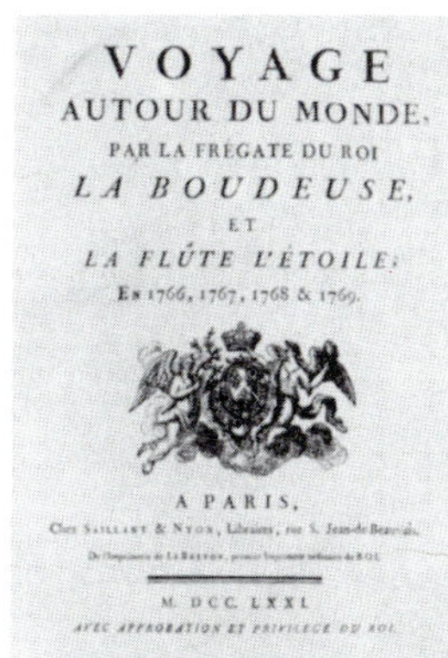

VOYAGE
AUTOUR DU MONDE,
PAR LA FRÉGATE DU ROI
LA BOUDEUSE,
ET
LA FLÛTE L'ÉTOILE;
En 1766, 1767, 1768 & 1769.
A PARIS,
M. DCC. LXXI.

Titelblatt von Bougainvilles Reisebericht Voyage autour du monde, *der 1771 in Paris erschien.*

waren die neuen Erkenntnisse, die Bougainville auf seiner Expedition sammelte und die er in seinem 1771 erschienen Reisebericht *Voyage autour du monde* ausführlich beschrieb. Er hatte mehrere Inseln und Inselgruppen im Tuamotu-Archipel neu entdeckt, die geographische Lage unzähliger wichtiger Punkte exakt vermessen, die Kultur, Sprache und Lebensgewohnheiten vor allem der Melanesier ausgiebig studiert und die Tier- und Pflanzenwelt des pazifischen Raumes genau erforscht.

Jean-Baptiste Charles Bouvet de Lozier

* 1705 Saint-Malo; † 1786 Saint-Malo
Französischer Seefahrer

Die *Compagnie des Indes* entsandte Bouvet de Lozier 1738 in den südlichen Atlantik, wo er den legendären »Südkontinent« erkunden sollte, den man damals noch in den antarktischen Gewässern vermutete. Am 1. Januar 1739 sichtete er am Rande des Südpolarmeeres eine Landmasse, die er für einen Teil des hypothetischen Kontinents hielt und mit dem Namen *Terre de la Circoncision* (Land der Beschneidung) bedachte, weil er sie am Fest Christi Beschneidung entdeckt hatte. In Wahrheit handelte es sich jedoch um eine Insel, die heute nach ihrem Entdecker *Bouvet-Insel* heißt. →*James Cook* und →*John Ross* versuchten später das »Land« wiederzufinden, doch ohne Erfolg, weil sich Bouvet de Lozier bei der Bestimmung der geographischen Länge geirrt hatte.

Pierre Savorgnan de Brazza, Begründer der Kolonie Französisch-Kongo, deren Hauptstadt Brazzaville nach ihm benannt wurde.

Pierre Savorgnan de Brazza

* 25. Januar 1852 Castel Gandolfo; † 14. September 1905 Dakar
Französischer Offizier und Afrikaforscher italienischer Abstammung

Nach dem Krieg 1870/71 und nach Annahme der französischen Staatsbürgerschaft wurde Brazza von der Regierung offiziell beauftragt, den Verlauf des Flusses Ogooué (Ogowe) im heutigen Gabun zu erforschen. Die Expedition, die er mit einigen Weißen und einem Dutzend Senegalesen unternahm, dauerte zwei Jahre und war geographisch und ethnographisch recht ergiebig, mußte aber nach einem Zusammenstoß mit dem Stamm der Apfuru vorzeitig abgebrochen werden. 1878 wurde Brazza vom belgischen König Leopold II. nach Brüssel eingeladen und ersucht, → *Henry M. Stanley* bei der Inbesitznahme des Kongo zu unterstützen. Dieses Angebot lehnte er jedoch ab, weil er die dabei angewandten brutalen Methoden verabscheute. Doch kehrte er im französischen Auftrag wenig später nach Afrika zurück, um den bislang »herrenlosen« Stanley-Pool am Unterlauf des Kongos für Frankreich zu gewinnen. Als das bekannt wurde,

Pierre Savorgnan de Brazza empfängt 1880 den Häuptling der Bateken.

schrieb Leopold II. an Stanley: »*Wir fordern Sie dringend auf, Ihre Aufmerksamkeit auf die vermutlichen Pläne des M. de Brazza zu richten, und ersuchen Sie, alle Anstrengungen zu unternehmen, damit er Ihnen nicht zuvorkommt.*« Dennoch gelang es dem stets human operierenden Brazza, durch einen Vertrag mit dem ihm freundlich gesinnten mächtigen Stammesfürsten Makoko eine französische Kongo-Kolonie zu begründen, deren Hauptstadt *Brazzaville* am Stanley-Pool wurde.

James Bruce

*14. Dezember 1730 Kinnaird; † 27. April 1794 London

Schottischer Afrikaforscher

Der ebenso exzentrische wie reiche James Bruce, der in mütterlicher Linie vom alten schottischen Königshaus abstammte, hatte es sich zum Ziel gesetzt, als »privater Gentleman« die Quellen des Nils zu entdecken. Wie alle seine Zeitgenossen betrachtete er den Blauen Nil als den eigentlichen Nil, während der Weiße Nil nur als ein unbedeutender Nebenfluß galt. Deswegen startete er seine Expedition am südlichen Westufer des Roten Meers, in der Hafenstadt Massaua. Von dort brach er am 15. November 1769 zu seiner abenteuerlichen Reise durch das kaum erschlosse-

Unten: *Der schottische Aristokrat James Bruce.*

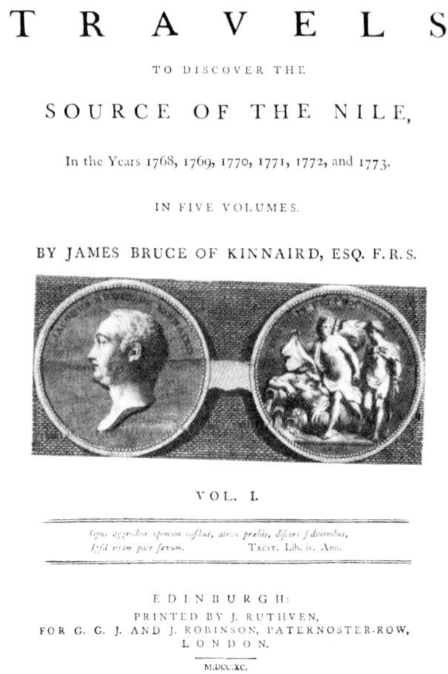
TRAVELS

TO DISCOVER THE

SOURCE OF THE NILE,

In the Years 1768, 1769, 1770, 1771, 1772, and 1773.

IN FIVE VOLUMES.

BY JAMES BRUCE OF KINNAIRD, ESQ. F. R. S.

VOL. I.

Opus aggredior opimum casibus, atrox præliis, discors seditionibus,
Ipsa etiam pace sævum. TACIT. Lib. iv. Ann.

EDINBURGH:
PRINTED BY J. RUTHVEN,
FOR G. G. J. AND J. ROBINSON, PATERNOSTER-ROW,
LONDON.
M.DCC.XC.

Titelseite des ersten Bandes von James Bruces fünfbändigem Reisebericht über seine mehrjährigen Afrikaexpeditionen. Die eigentlichen Quellen des Nils konnte er jedoch nicht finden.

ne abessinische Hochland zur Quelle des Blauen Nils auf, die er am 4. November 1770 erreichte.

Bruce »*beugte sich verzückt über die Hauptquelle*«, die nichts weiter war als »*eine sumpfige Rasenkuppe*«. Später berichtete er: »*Es läßt sich eher erahnen als beschreiben, in welcher Gemütsverfassung ich mich in diesem Augenblick befand – als ich an der Stelle stand, die fast 3000 Jahre lang den Genius, den Eifer und die Wißbegier der antiken wie der modernen Menschen herausgefordert hat.*« Bruce erlag allerdings einem doppelten Irrtum: Erstens war die von ihm beschriebene Quelle keineswegs die Hauptquelle des Nils, und zum zweiten war er nicht der Erstentdecker. Schon 1615 hatte der portugiesische Jesuit Pedro Paez die Quelle aufgesucht, eine unbestreitbare Tatsache, die Bruce aber in Zweifel zu ziehen versuchte, um seinen eigenen Ruhm zu erhöhen.

Johann Ludwig Burckhardt
* 24. November 1784 Lausanne; † 15. Oktober 1817 Kairo
Schweizer Afrikaforscher

Nach dem Studium in Deutschland kam Burckhardt 1806 nach England, wo er sich durch die intensive Beschäftigung mit naturwissenschaftlichen Fächern und arabischen Sprachen auf seine Forscherlaufbahn vorbereitete. Verkleidet als mohammedanischer Kaufmann aus Indien, zog er durch Kleinasien und den Nahen Osten, besuchte Antiochia, Aleppo, Damaskus, Baalbek, Palmyra, Tripoli und Petra und traf im September 1812 in Kairo ein. Von dort aus erforschte er das Nil-Tal, Nubien und Abessinien, überquerte das Rote Meer und gelangte über Dschidda nach Mekka. Er erhielt Zutritt zur Heiligen Stadt des Islams, nachdem zwei mohammedanische Gelehrte ihn für »rechtgläubig« befunden hatten, und konnte sich von September bis November 1814 vollkommen frei in Mekka bewegen. Das war bis dahin noch keinem Europäer gelungen. Burckhardt verdanken wir die erste präzise Beschreibung der Kaaba, des größten Heiligtums der Moslems.

Im Januar 1815 schloß er sich einer Karawane nach Medina an, um das Grab Mohammeds zu besuchen. Von dort kehrte er nach Kairo zurück, wo er seine wertvollen Reiseberichte für die *African Association* in London bearbeitete. Die Pest vertrieb den bereits kränkelnden Forscher aus Kairo. Er nutzte die Zeit für eine Expedition nach Suez und zum Sinai. Nach Kairo zurückgekehrt, hoffte er noch immer auf die Erfüllung seines langgehegten Wunsches: eine Reise zum Niger. Bevor jedoch seine Vorbereitungen dazu abgeschlossen werden konnten, starb er am 15. Oktober 1817

Um sich in den arabischen Ländern ungefährdet bewegen zu können, verkleidete sich Burckhardt als Scheich Ibrahim. Zeichnung von H. Salt.

Die Fassade eines Felsengrabs in der südjordanischen Ruinenstadt Petra, die Burckhardt 1812 besuchte. Die Zeichnung entstand nach einer Vorlage Burckhardts.

Robert O'Hara Burke.

und wurde als Hadschi Ibrahim ibn Abdallah auf dem mohammedanischen Friedhof in Kairo bestattet. Seine informativen Aufzeichnungen wurden nach seinem Tode in London veröffentlicht.

Robert O'Hara Burke
* 6.Mai 1820 St. Cleram; † 28. Juni 1861 am Cooper Creek
Irischer Australienforscher

Burke wanderte 1853 nach Australien aus. 1860 übertrug man ihm die Leitung einer Expedition, die den australischen Kontinent von Süden nach Norden durchqueren sollte. Das Unternehmen, bei dem erstmals eigens aus Indien importierte Kamele eingesetzt wurden, war von Erfolg gekrönt: Von Melbourne aus stieß Burke über den Cooper Creek bis zum Carpentaria-Golf vor. Auf dem Rückweg kam er jedoch nur bis zum Cooper Creek, wo er am 28. Juni 1861 infolge von Hunger und Erschöpfung starb.

Hermann Burmeister
* 15. Januar 1807 Stralsund; † 2. Mai 1892 Buenos Aires
Deutscher Zoologe und Südamerikaforscher

Drei große Südamerikareisen reihen Hermann Burmeister, der ab 1837 Zoologieprofessor in Halle war,

Unten: *Nach seiner Australiendurchquerung kam der erschöpfte und ausgehungerte Burke auf dem Rückweg nur bis zum Cooper Creek. Er starb im Inneren des australischen Kontinents.*

in die Kette der wichtigen naturwissenschaftlichen Forscher ein. Auf der ersten Reise, die von 1850 bis 1852 dauerte, erforschte er den Osten und Südosten Brasiliens. 1856 schloß sich eine gründliche Erkundung des bis dahin kaum bekannten Rio-de-la-Plata-Gebietes an. Drei Jahre später brach Burmeister zu einer Expedition in die Anden auf, die er auf einer noch nie von Europäern begangenen Route überquerte. Er kehrte über Panama und Kuba wohlbehalten nach Europa zurück, begab sich aber schon 1861 wieder nach Südamerika, wo er zum Begründer des Naturhistorischen Museums von Buenos Aires wurde. Sein Hauptverdienst liegt in der sorgfältigen Erforschung und Beschreibung der brasilianischen Tierwelt und Landschaft.

Hermann Burmeister, nach Alexander von Humboldt der bedeutendste deutsche Südamerikaforscher. Lithographie von R. Hoffmann.

Sir Richard Francis Burton

* 19. März 1821 Torquay; † 20. Oktober 1890 Triest
Englischer Weltreisender, Afrikaforscher und Orientalist

Burton zählt zu den farbigsten und vielseitigsten Forscherpersönlichkeiten des 19. Jh. Er bereiste Vorderasien, Indien, Amerika und vor allem Afrika und schilderte seine Erlebnisse in mehr als 80 Büchern.

1854 besuchte er, als Muselmann verkleidet, als einer der ersten Engländer Mekka und Medina, im Jahr darauf zog er durch Abessinien, und 1857 brach er zusammen mit →*John H. Speke* im Auftrag der Londoner *Royal Geographic Society* zu einer Expedition in das Innere Afrikas auf, um das riesige Binnenmeer zu erkunden, das man im Herzen des Kontinents vermutete und für das Quellgewässer des Nils hielt.

Von Babamoyo an der afrikanischen Ostküste (gegenüber der Insel Sansibar) aus traten Burton und Speke die beschwerliche Reise ins Landesinnere an. In Tabora, mitten im Hochland des heutigen Kenia gelegen, erfuhren sie von Eingeborenen, daß in Ostafrika drei große Seen existierten: Tanganjika im Westen, Nyassa im Süden und Ukerewe (Victoria) im Norden. Nach Westen vordringend, erreichten die beiden Entdecker im Februar 1858 den Tanganjika-See. Sie befuhren ihn mit Booten, kamen aber nicht bis zum Nordende und konnten somit nicht feststellen, ob er einen nördlichen Abfluß – die vermeintliche Nil-Quelle – besaß.

Während Burton auf dem Rückweg krank im Lager in Tabora zurückblieb, wagte Speke einen Vorstoß nach Norden und entdeckte den Ukerewe-See, den er Victoria-Nyanza nannte und schon damals für den Quellsee des Nils erklärte. Burton bezweifelte die Aussagen Spekes und brach bald darauf alle Beziehungen zu ihm ab, mußte ihm aber später recht geben.

Oben links: *Sir Richard Francis Burton (rechts) und John Hanning Speke (links), zwei englische Afrikaforscher, die gemeinsam die Suche nach den Nilquellen aufnahmen, sich aber später entzweiten.*

Oben rechts: *Richard Burton in arabischer Kleidung.*

Gegenüberliegende Seite:

Der Amerikaner Richard Evelyn Byrd, der 1929 als erster den Südpol überflog. Das Foto zeigt ihn am 16. Februar 1947 beim Abwurf von Flaggen der UN-Mitgliedsstaaten über dem Südpol.

Burton unternahm noch weitere Forschungsreisen in Afrika und Amerika und ließ sich später als Konsul in Damaskus und Triest nieder, wo er sich als Übersetzer einen Namen machte (*Camões' Lusiaden*, *Tausendundeine Nacht*, *Kama Sutra* und andere Werke der arabischen erotischen Literatur).

Richard Evelyn Byrd

* 25. Oktober 1888 Winchester; † 12. März 1957 Boston

Amerikanischer Marineoffizier und Polarforscher

Der erste große Erfolg des Marinefliegers Byrd war die Überfliegung des Nordpols, die ihm am 9. Mai 1926 mit einer dreimotorigen Fokkermaschine als erstem gelang – nur 48 Stunden vor →*Roald Amundsen*. Zwei Jahre später leitete er eine großangelegte Antarktis-Expedition, die an der Küste des Ross-Eisschelfs die permanente und mit modernster Technik ausgestattete Station *Little America* errichtete. Von dort aus startete Byrd am 28. November 1929 zum Südpol. Nach einem gefahrvollen Flug konnte er um 1.14 h einen Funkspruch für die Bodenstation absetzen: »*Pol soeben überflogen!*« Auch diesmal war Byrd wieder der erste.

1933 fand sich Byrd, der inzwischen zum Admiral befördert worden war, erneut in *Little America* ein.

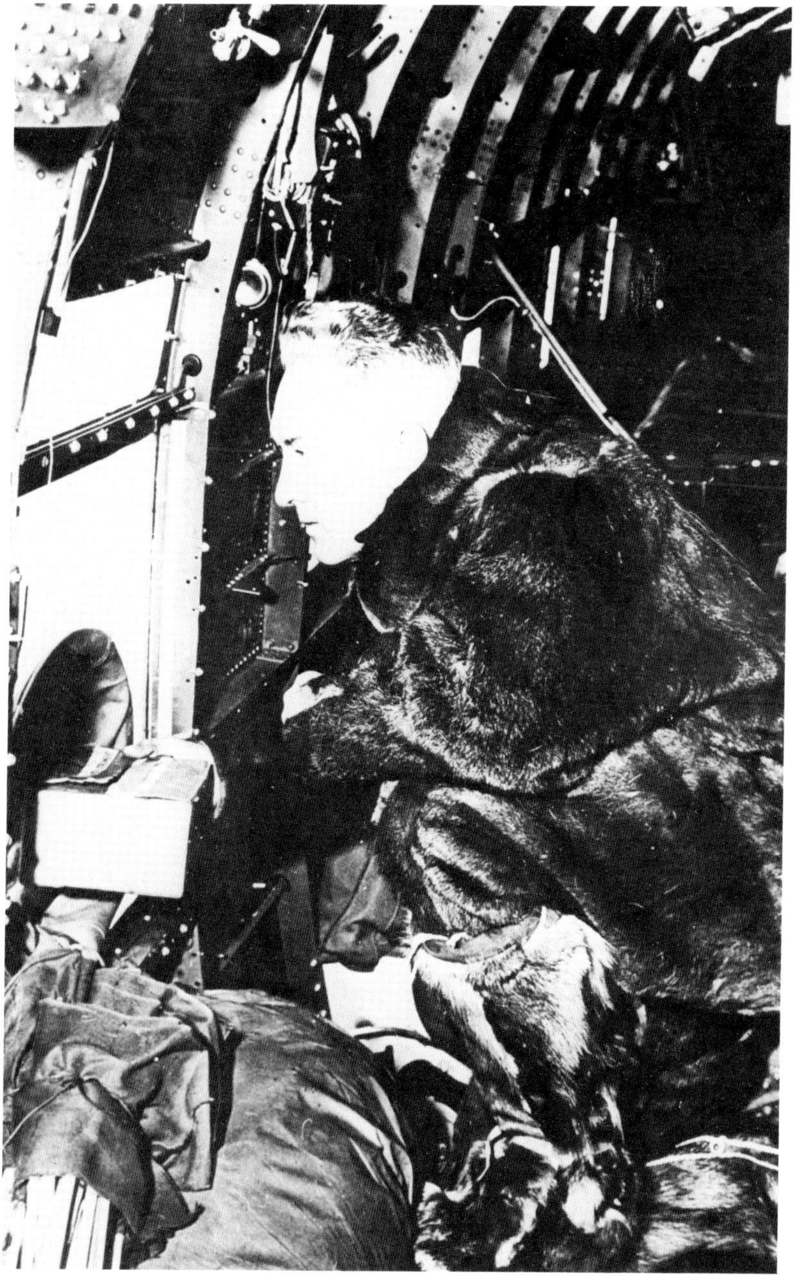

Ganz allein stieß er auf dem Landweg rund 240 km nach Süden vor, bis 80° 08′ südlicher Breite. Er baute sich eine Hütte, in der er den Polarwinter vom März bis zum August 1934 verbrachte, um meteorologische Dauerbeobachtungen durchzuführen. 1939–1941 war er als Leiter einer amerikanischen Expedition, die allerdings durch den Kriegsausbruch beeinträchtigt wurde, abermals in der Antarktis.

1946 unterstand Byrd die größte Antarktis-Expedition *(Operation Highjump)*, die es jemals gegeben hat. Sie umfaßte 4700 Mann und 13 Schiffe, die in drei Gruppen operierten und verschiedene neue Gebirge, Buchten und Inseln entdeckten. Rund 200 000 km² Landfläche wurden mit Hilfe der modernen Luftvermessung aufgenommen und fast 2500 km Küstenlinie fotografiert und kartiert. Im Internationalen Geophysikalischen Jahr 1957/58 übernahm Byrd die Leitung des amerikanischen Programms, dessen Abschluß er jedoch nicht mehr erlebte.

Gegenüberliegende Seite:

Oben: *Die von Byrd 1929 errichtete Antarktisstation* Little America, *die auch 1946 während der Operation Highjump benutzt wurde.*

Unten: *Admiral Byrd überreicht dem amerikanischen Marineminister James Forrestal am 19. April 1947 in Washington ein Mitbringsel aus der Antarktis, einen jungen Pinguin.*

John Byrons Expedition landet an der Küste Patagoniens. Man erkennt auf dieser zeitgenössischen Darstellung, daß die Eingeborenen im Vergleich zu den Engländern sehr groß, wenn auch keine »Riesen« waren.

John Byron

* 8. November 1723 Newstead Abbey; † 10. April 1786 London

Englischer Marineoffizier und Weltumsegler

John Byron, der Großvater des Dichters Lord Byron, war bereits ein erfahrener Seemann, als er 1764 von Georg III. mit einer Expedition in das »Südmeer« betraut wurde. Das Programm hatte der König selbst festgelegt: *»Es besteht Grund zu der Annahme, daß sich im Atlantischen Ozean zwischen dem Kap der Guten Hoffnung und der Magellan-Straße sehr ansehnliche Länder und Inseln finden lassen, die bisher unbekannt sind.«*

Über die Kapverdischen Inseln gelangte Byron zur Küste Patagoniens, wo er wiederholt mit den von ihm

Foul-weather Jack (›Schlechtwetter-Jack‹) wurde John Byron genannt, weil er als Seefahrer ständig vom Pech verfolgt war und das Unglück in Gestalt von Stürmen, Schiffbrüchen und Hungersnot förmlich auf sich zog. Sein Enkel, der Dichter Lord Byron, hat dies in seinem Versepos *Don Juan* auf die knappe Formel gebracht: »... denn keiner, ach,/ Litt mehr Drangsale, ohne Übertreibung,/ Als die in meines Großpapas ›Beschreibung‹.« Mit der ›Beschreibung‹ ist das 1768 erschienene Buch *A Narrative of the Honourable John Byron* gemeint, in dem J. Byron die unsäglichen Strapazen seiner Weltumsegelung geschildert hatte.

als riesenwüchsig beschriebenen Eingeborenen in Berührung kam. Anschließend besuchte er die Falkland-Inseln und fuhr durch die Magellan-Straße in den Pazifik. Auf der Fahrt nach Westen entdeckte er eine Reihe von kleineren Inseln. Über Batavia (Djakarta) und das Kap der Guten Hoffnung kehrte Byron nach England zurück, wo er nach einer Reise von 22 Monaten am 9. Mai 1766 eintraf.

John Cabot (Giovanni Caboto)

* Um 1450 Genua (?); † um 1498 Bristol/England (?)
Italienischer Seefahrer in englischen Diensten

Giovanni Caboto ließ sich vermutlich schon 1472 in Bristol nieder und trug fortan seinen anglisierten Namen. Heinrich VII. ermächtigte ihn 1496, unter englischer Flagge Entdeckungsfahrten in unbekannte Gewässer zu unternehmen und neuentdeckte Gebiete im Namen des Königs für England zu erobern. Damit setzte sich der König bewußt über den Vertrag von Tordesillas hinweg, durch den Portugal und Spanien die Welt unter sich aufgeteilt hatten.

Am 2. Mai 1497 stach Cabot mit der *Matthiew* in See und erreichte bereits am 24. Juni das nordamerikanische Festland, wahrscheinlich bei der Cape-Breton-Insel (nördlich von Neuschottland) oder an der Küste von Neufundland. Wie Columbus vertrat er die

John Cabot und sein ebenso berühmter Sohn Sebastian. Lithographie nach einem Gemälde im Dogenpalast von Venedig.

Die Region des Rio de la Plata, die Sebastian Cabot von 1526 bis 1530 erforschte und für die spanische Krone zu erobern versuchte. Karte aus einem Blaeu-Atlas, der 1658 in Amsterdam erschien.

Auffassung, man könne die Gewürzländer des Fernen Ostens in westlicher Richtung erreichen, und zwar über die Nordwestpassage. Und so glaubte auch er, in Asien gelandet zu sein. Da jedoch die von ihm entdeckte Küstenregion nicht im geringsten mit den Landschaftsbeschreibungen des →*Marco Polo* aus Asien übereinstimmte, kreuzte Cabot noch eine Zeitlang in den nordamerikanischen Küstengewässern und kehrte dann unverrichteter Dinge nach England zurück.

Cabot unternahm 1498 noch eine zweite Entdeckungsreise, über die allerdings nichts Genaueres bekannt ist. Möglicherweise erreichte er dabei über Grönland die Küste Floridas.

Sebastian Cabot (Sebastiano Caboto)
* um 1474 Bristol (?); † 1557 London (?)
Seefahrer italienischer Abstammung in englischen und spanischen Diensten

Der junge Sebastian Cabot begleitete seinen Vater →*John Cabot* auf dessen erster und zweiter Amerikafahrt. Er unternahm noch weitere Reisen im Atlantik und trat 1512 als Kapitän und Kartograph in die Dienste des spanischen Königs Ferdinand II. Im April 1526 erhielt er von Ferdinands Enkel und Thronfolger Karl V. den Auftrag zu einer Entdeckungsreise auf den

Gegenüberliegende Seite:

Brasilien auf einer alten Landkarte. Genauer beschriftet ist nur die Küstenregion, während das noch unbekannte Landesinnere im Stil der Zeit mit allerlei phantasievoll ausgeschmückten Pflanzen, Tieren und Menschen ausgefüllt wurde.

Spuren →*Ferdinand Magellans.* Er kam jedoch nur bis Südamerika, erkundete die La-Plata-Region und errichtete ein Fort in San Salvador, von wo aus er vier Jahre lang die Eroberung Südamerikas vorantreiben wollte. Der Versuch mißlang, und bei seiner Rückkehr nach Spanien (1530) wurde Cabot eingesperrt und dann nach Oran in Nordafrika verbannt. Doch schon 1533 war er wieder in Sevilla, wo er sich als Kartograph betätigte und eine berühmt gewordene Weltkarte entwarf, die 1544 erstmals gedruckt wurde.

Drei Jahre später kehrte er nach England zurück und wurde Präsident der *Merchant Adventurers* (wagemutige Kaufleute), einer Kaufmannsgilde, die ein Gegenstück der Hanse war. In dieser Eigenschaft förderte Cabot nicht nur den internationalen Handelsaustausch, sondern auch verschiedene Entdeckungsreisen.

Pedro Alvares Cabral

*um 1467 Belmonte; † 1526 Santarem
Portugiesischer Seefahrer

Nachdem →*Vasco da Gama* den Seeweg nach Ostindien entdeckt hatte, stach Cabral am 9. März 1500 mit einer Flotte von 13 gutbewaffneten Karavellen und rund 1200 Mann von Lissabon aus in See, um da Gamas Fahrt zu wiederholen und weitere ostindische Gebiete für Portugal zu erobern. Um den Kalmen und Stürmen vor der Küste Westafrikas auszuweichen, segelte Cabral aufs offene Meer hinaus. Dabei geriet er in die südäquatoriale Strömung und wurde immer weiter nach Westen abgetrieben. Bei ungefähr 20° südlicher Breite stieß er nach langer Irrfahrt am 4. April 1500 auf eine waldreiche und gebirgige Küste, an der er einige Tage entlangsegelte. Er nahm den Küstenabschnitt für Portugal in Besitz, indem er ein Kreuz aufpflanzte und das Gebiet auf den Namen *Terra da Santa Cruz* (Land des heiligen Kreuzes) taufte. Wenig später erhielt das Land den heutigen Namen Brasilien, nach dem roten Farbholz *(Brasil)*, das hier in großen Mengen gefunden wurde. Ob Cabrals Abstecher zur brasilianischen Küste Zufall oder vorausgeplant war, ist bis heute nicht geklärt. Jedenfalls sandte er sofort eines seiner Schiffe nach Portugal zurück, um dort die Neuentdeckung zu melden.

Von Südamerika aus überquerte Cabral dann den Südatlantik und gelangte über das Kap der Guten Hoffnung nach Indien, wo er nach mancherlei blutigen Auseinandersetzungen und erzwungenen Verhandlungen den portugiesischen Stützpunkt Calicut (heute Kozhikoda) an der Malabarküste festigen und ausbauen konnte. Im Juli 1501 lief der Rest seiner Flotte – nur sechs Schiffe – mit einer reichen Gewürzladung wieder in den Hafen von Lissabon ein.

Pedro Alvares Cabral, der im April 1500 die Küste Brasiliens entdeckte und für Portugal in Besitz nahm. Ob diese bedeutende Entdeckungstat auf Zufall oder Absicht beruhte, ist bis heute nicht eindeutig geklärt.

RA·BRASILIS
CLIMA
CLIMA

René Caillié, der erste Europäer, dem es gelang, die geheimnisumgebene fremdenfeindliche Stadt Timbuktu zu betreten und heil wieder zu verlassen.

René Caillié

*19. September 1799 Mauzé/Deux-Sèvres; † 17. Mai 1838 La Baderre
Französischer Afrikaforscher

Caillié, der Sohn eines trunksüchtigen Bäckers, war schon in frühester Jugend fasziniert von der Idee, ferne Länder zu erforschen und »*die Gegenden zu besuchen, die berühmten Entdeckungsreisenden zum Grab geworden waren*«. Als Sechzehnjähriger fuhr er als Schiffsjunge auf einem französischen Schiff zum Senegal, wo er sich an mehreren kleinen Expeditionen beteiligte. Sein Ziel war indes ein Besuch der ebenso geheimnisvollen wie fremdenfeindlichen Stadt Timbuktu, die bis dahin erst ein Europäer, der Engländer →*Alexander G. Laing*, betreten hatte. Dieser war jedoch auf dem Rückweg von Arabern ermordet worden. Als die *Société de géographie* in Paris eine große Geldprämie aussetzte für den, der die Stadt am Niger erreichen und heil wiederkehren würde, stand Cailliés Entschluß fest: »*Tot oder lebendig, der Preis wird mir gehören!*«

Im April 1827 begann das große Abenteuer. Fast ein Jahr brauchte er bis Djenné an einem Nebenfluß des Nigers. Von dort gelangte er mit einem Boot bis Kabara, dem Hafen von Timbuktu, und betrat nach einem zweistündigen Fußmarsch die ersehnte Stadt: »*Beim Einzug in Timbuktu … überkam mich ein unaussprechliches Gefühl der Befriedigung. Doch ich hatte mir von der Pracht und dem Reichtum dieser Stadt eine ganz falsche Vorstellung gemacht. Sie zeigte mir nur eine Ansammlung von schäbigen Lehmhäusern in einer unermeßlichen Ebene von ungewöhnlicher Trockenheit; die ganze Natur ist trist; es herrscht tiefste Stille, und man hört nicht einmal den Gesang eines einzigen Vogels.*«

Da sich Caillié als ägyptischer Kriegsgefangener Napoleons ausgegeben hatte, der auf dem Weg in seine Heimat war, konnte er sich zwei Wochen ungefährdet in Timbuktu aufhalten. Mit einer Karawane trat er am 4. Mai 1828 den sehr beschwerlichen Heimweg durch die Sahara an. In Paris wurde ihm die verdiente Geldprämie zugesprochen.

Verney Lovett Cameron

*1. Juli 1844 Radipole; † 27. März 1894 Soulsbury
Englischer Afrikaforscher

Der junge Marineleutnant Cameron war schon weit in der Welt herumgekommen, als er sich 1872 der Londoner *Geographical Society* zur Verfügung stellte, um dem schwerkranken →*David Livingstone* Hilfe zu bringen, von dem man nach dessen Zusammentreffen mit →*Henry M. Stanley* wußte, daß er zum Bangweulu-See gezogen war. Camerons kleine Expedition konnte jedoch erst im Frühjahr 1873 von Sansibar aus ins Landesinnere vorstoßen. Unterwegs erfuhr er von Livingstones Tod. Er schickte seine englischen Begleiter mit dessen Leiche zur Küste zurück und beschloß, allein mit seinen schwarzen Trägern weiter westwärts zu marschieren. Über den Tanganjika-See wollte er nach Norden zum Kongo vordringen, doch wurde er daran von feindlichen Eingeborenen gehindert.

Cameron erforschte und kartierte daraufhin das südliche Einzugsgebiet des Kongos und entdeckte die Quellflüsse des Sambesi. Unter unsäglichen Strapazen, halb verhungert und skorbutkrank, erreichte er am 28. November 1875 die kleine Hafenstadt Catumbela an der Küste Angolas, nördlich von Benguela. Er war damit der erste Europäer, der den afrikanischen Kontinent von Küste zu Küste zu Fuß durchquert hatte.

Verney Lovett Cameron, der als junger Marineoffizier als erster Europäer den ganzen afrikanische Kontinent zu Fuß durchquerte.

Philip Carteret

* unbekannt; † 21. Juli 1796 Southampton
Englischer Seefahrer

Carteret begleitete →*John Byron* auf dessen Weltumsegelung (1764–1766) und erhielt bald danach den Auftrag, die damit begonnene Erforschung des pazifischen Raums fortzuführen. Er steuerte die Magellan-Straße an, wo er sich von seinem Begleitschiff unter Kapitän →*Samuel Wallis* trennte, und segelte allein in den Pazifik. Im Juli 1767 entdeckte er die Insel Pitcairn, die 1790 von den Meuterern der *Bounty* besiedelt wurde. Auf der Fahrt durch den weiten Ozean entdeckte und benannte er noch mehrere bis dahin unbekannte kleinere Inseln sowie den St.-Georgs-Kanal zwischen New Britain und New Ireland (Neuguinea), den man bislang für eine tiefeingeschnittene Bucht gehalten hatte. Über Batavia (Djakarta) und das Kap der Guten Hoffnung kehrte Carteret nach England zurück.

Jacques Cartier

* Ende 1491 Saint-Malo; † 1. September 1557 Saint-Malo
Französischer Seefahrer

Cartier hatte vermutlich bereits den Nordatlantik bis Neufundland befahren, als er auf seinen eigenen Vorschlag hin von König Franz I. den Auftrag erhielt, die Nordwestpassage zum Fernen Osten zu suchen und *»bestimmte Inseln und Länder zu entdecken, wo es, wie man sagt, große Mengen Gold und andere Reichtümer geben soll«.*

Am 20. April 1534 nahm Cartier von Saint-Malo aus Kurs auf Neufundland, segelte an der Ostküste der Insel nach Norden und gelangte durch die Belle-Ile-Straße in den St.-Lorenz-Golf. Am Kap Gaspé ging

Jacques Cartier fuhr weit den St.-Lorenz-Strom hinauf, weil er glaubte, endlich die langgesuchte Durchfahrt zum Pazifik gefunden zu haben.

er vor Anker und errichtete auf dem Festland, umringt von zahlreichen neugierigen Indianern, ein etwa 10 m hohes Holzkreuz. Angesichts der Wassermassen, die der St.-Lorenz-Strom heranführte, glaubte Cartier, eine mögliche Durchfahrt gefunden zu haben, doch weitere Nachforschungen wurden durch den Einbruch der kalten Jahreszeit verhindert.

Cartier kehrte nach Frankreich zurück, fand sich aber im darauffolgenden Jahr wieder in derselben Küstenregion ein. Diesmal erkundete er den St.-Lorenz-Strom gründlicher und überwinterte in einem Indianerdorf gegenüber der Stelle, wo später die Stadt Quebec entstand. Mit dem kleinsten seiner drei Schiffe fuhr er stromaufwärts bis zur Indianersiedlung Hochelaga (später Montreal) und erblickte von einem Berg aus den Ottawa, der sich in den Lorenz-Strom ergießt und der, wie die Eingeborenen behaupteten, aus einem goldreichen Land stammte. Als Cartier im Juli 1536 zurückkehrte, war er überzeugt, es gebe in Kanada Gold, Silber und Gewürze im Überfluß.

Erst 1541 konnte er eine dritte Expedition unternehmen, auf der er körbeweise Gold und Edelsteine sammelte. Doch als diese Funde in Frankreich sorgfältig untersucht wurden, stellte sich heraus, daß es sich bei dem »Gold« um Kupfererz und bei den »Edelsteinen« um Schiefer mit Quarzbeimengungen handelte. Seitdem kursiert in Frankreich die Redensart: »Falsch wie ein Diamant aus Kanada.« Auch die Kolonisierung Kanadas durch die Franzosen blieb stecken und wurde erst im 17. Jh. systematisch betrieben.

Comte de Castelnau

*1812 London; † 1880 Melbourne
Französischer Naturwissenschaftler und Südamerikaforscher

Mit Unterstützung des französischen Königshauses unternahm Castelnau von 1843 bis 1847 eine große Forschungsreise in Südamerika, die ihn durch Guayana, Brasilien und Nordargentinien führte. Er entdeckte die Quellen des Paraguay im Mato Grosso und fuhr auf dem Amazonas stromabwärts bis zur Mündung. Seine botanischen, zoologischen und topographischen Forschungsergebnisse wertete er in einem 15bändigen Expeditionsbericht aus, der 1850 unter dem Titel *Expéditions dans les parties centrales de l'Amerique du Sud de Rio de Janeiro à Lima au Paraguay pendant les années 1843-1847* erschien.

Samuel de Champlain

*um 1567 Brouage; † 25. Dezember 1635 Quebec
Französischer Nordamerikaforscher und Kolonisator

Seit der ersten Reise von → *Jacques Cartier* (1534) erhob Frankreich offiziell Anspruch auf Kanada, doch

die eigentliche Erschließung und Kolonisierung dieser Region ist Champlains Werk. 1603 reiste er mit dem Kaufmann Pontgravé zum erstenmal nach Kanada, erkundete den St.-Lorenz-Strom und dessen Umgebung und knüpfte freundschaftliche Beziehungen zu den dort lebenden Huronen an. In seinem Werk *Des Sauvages* (Über die Wilden), das er nach seiner Rückkehr schrieb, schilderte er ausführlich seine Erfahrungen und stellte Ostkanada als geeignetes Siedlungsgebiet dar.

Schon 1604 waren Champlain und Pontgravé sowie 120 Mann, die dem Kommando des Vizeadmirals Pierre des Monts unterstanden, wieder in Kanada. Die Expedition ging in Neuschottland an Land, drang bis Akadien vor und gründete zwei Siedlungen. 1605 erforschten Champlain und des Monts die nordamerikanische Ostküste südlich von Cape Cod im heutigen Massachusetts. Die dritte Reise folgte 1608. Champlain gründete Quebec und stieß 1609 bis zu dem See südlich von Montreal vor, der heute seinen Namen trägt. Dabei fand er die Unterstützung der Huronen und Algonkins, die südlich des Champlain-Sees mit den feindlichen Irokesen zusammenstießen und dank der überlegenen französischen Feuerwaffen den Sieg davontrugen.

Während seiner letzten großen Forschungsreise (1615/16) drang Champlain weiter nach Westen vor. Er entdeckte den kleinen Nipissing-See, den Huron-See und erreichte schließlich den Ontario-See, wo er in einem Kampf mit den Irokesen schwer verwundet wurde.

Den Rest seines Lebens widmete er in seiner Heimat und in Übersee der Konsolidierung von *Nouvelle-France* (Neu-Frankreich) in Kanada, mußte allerdings einige Rückschläge hinnehmen. 1629 wurde »seine«

Oben: *Diese Zeichnung, die von Champlain selbst stammt, zeigt ihn mit seinen indianischen Hilfstruppen und musketenbewaffneten französischen Soldaten im Kampf mit feindlichen Irokesen.*

Unten: *Samuel de Champlain erschloß den Norden Nordamerikas für die französische Kolonisation.*

Stadt Quebec von Engländern besetzt und er selbst gefangengenommen. Vier Jahre später kehrte er jedoch nach Quebec zurück, das inzwischen wieder französisch geworden war, und hier starb er auch am Weihnachtstag 1635.

Gegenüberliegende Seite:

Oben: *Jean Charcots erste Südpolexpedition (1903–1905). Der Forscher sitzt hinten auf seinem eigens konstruierten Automobil.*

Unten: *Charcot vor seiner zweiten Antarktisexpedition (1908–1910) auf seinem Forschungsschiff* Pourquoi pas *(»Warum nicht«).*

Jean Charcot

* 15. Juli 1867 Neuilly-sur-Seine; † 16. September 1936 auf See

Französischer Polarforscher

Der Sohn des berühmten Mediziners Jean Martin Charcot wurde selbst Arzt, bevor er sich intensiv der Polarforschung zuwandte. Seine erste Expedition führte ihn 1904 in die Antarktis. Über die Süd-Shetland-Inseln drang er zu den Biscoe-Inseln und dann zur Westküste von Grahamland vor, wo er bei eisiger Kälte überwinterte. Im folgenden Jahr erforschte er Grahamland und näherte sich bis auf Sichtweite dem Alexander-I.-Land, bevor er die Heimreise antrat.

Charcot unternahm noch eine weitere Antarktisreise, aber sein Interesse galt fortan der Arktis, vor allem Grönland. 1934 setzte er *→Paul-Emile Victor* an der Ostküste Grönlands zur Erforschung des Binnenlandes ab, während er selbst weiter die Küste entlangfuhr und eine Reihe neuer Buchten entdeckte sowie hydrographische Messungen durchführte. 1936 brachte er Victor abermals nach Grönland und erkundete anschließend die Blosseville-Küste Ostgrönlands. Schlechtes Wetter vertrieb ihn nach Island. Als er am 15. September 1936 die Rückkehr nach Grönland wagte, geriet sein Schiff in einen schweren Sturm und sank. Nur ein Besatzungsmitglied konnte gerettet werden.

Hugh Clapperton

* 1788 Annan/Dumfriesshire; † 13. April 1827 bei Sokoto/Nigeria

Schottischer Afrikaforscher

Clapperton hatte als junger Marineoffizier die Weltmeere befahren, bevor er 1820 Dr. Walter Oudney kennenlernte, der ihn für Afrika interessierte. Oudney wurde wenig später zum Konsul von Bornu im Norden Nigerias ernannt. Im Auftrag des britischen Kolonialministeriums brachen die beiden, denen sich auf der ersten Etappe auch Major Dixon Denham anschloß, Anfang 1822 von Tripolis aus zu einer abenteuerlichen Expedition durch die Sahara auf. Sie erreichten nach einem Jahr Kuka, das Zentrum des alten Königreichs Bornu, und standen am 23. Februar 1823 als erste Europäer am Tschad-See. Clapperton und Oudney wandten sich von hier aus nach Westen, während Denham den See gründlich erforschte.

Hugh Clapperton in Marineuniform. Er führte die erste Expedition zum Tschad-See durch.

Als Oudney im Januar 1824 plötzlich starb, zog Clapperton allein weiter nach Kano, einer volkreichen Handels- und Festungsstadt, und bis Sokoto am Kebbi, einem Nebenfluß des Nigers. Über Kuka und Tripolis kehrte er nach England heim, wo er am 1. Juni 1825 eintraf und unverzüglich einen Reisebericht verfaßte, in dem er vor allem seine Expedition von Kuka bis Sokoto im Haussa-Reich beschrieb.

Noch im selben Jahr trat er seine zweite Reise ins Innere Westafrikas an. Von der Bucht von Benin aus erreichte er am 15. Januar 1826 die Yoruba-Hauptstadt Katunga, überquerte den Niger bei Bussa und traf im Juli in Kano ein, von wo aus er auf der ihm bereits bekannten Route bis Sokoto weitermarschierte. Von seinen drei englischen Begleitern hatte nur einer die beschwerliche Reise überstanden, nämlich →*Richard Lander*. Er kehrte auch als einziges Expeditionsmitglied 1828 nach England zurück, da Clapperton in Sokoto erkrankt war und starb.

William Clark

*1. August 1770 Virginia; † 1. September 1838 St. Louis

Nordamerikanischer Entdeckungsreisender

Der junge Offizier William Clark nahm 1804-06 an der Entdeckungsreise quer durch den nordamerikani-

Eine der vielen Kartenskizzen, die William Clark während der berühmten »Lewis and Clark Expedition« anfertigte. Sie zeigt das Mündungsgebiet des Columbia River.

schen Subkontinent teil, die →*Lewis Meriwether* im Auftrag von Präsident Jefferson durchführte und die unter dem Namen *Lewis and Clark Expedition* in die Geschichte eingegangen ist.

Ein wesentlicher Erfolg dieser zweijährigen Reise war die Anfertigung von Karten und kommentierten Skizzen durch Clark, die später vor allem den Pelzhändlern und Siedlern große Dienste leisteten. Clark war es auch, der für die Veröffentlichung der von verschiedenen Teilnehmern geführten Reisetagebücher sorgte.

Nachfolgende Doppelseite:

Columbus und seine Begleiter betreten am Morgen des 12. Oktober 1492 auf der Insel San Salvador (wahrscheinlich die heutige Watling-Insel der Bahamas) zum erstenmal den Boden der Neuen Welt. Kolorierter Kupferstich aus Das vierdte Buch von der neuwen Welt *(1594) von Theodore de Bry.*

Christoph Columbus

* um 1451 Genua (?); † 20. Mai 1506 Valladolid
Entdecker der Neuen Welt

Christoph Columbus (oder Kolumbus) ist der eingedeutschte Name eines Mannes, dessen Herkunft und Geburtsdatum nicht einwandfrei geklärt sind und der sich in Italien Christoforo (oder Cristoforo) Colombo und in Spanien Cristóval (oder Cristóbal) Colón nannte. Über seine Jugend ist nichts Zuverlässiges bekannt, doch auf jeden Fall ging er schon früh zur See. Um 1475 kam er nach Portugal, wo er 1478 die vornehme Portugiesin Felipa Perestrello y Moñiz heiratete, mit der er einige Zeit auf der Madeira-Insel Porto Santo lebte. In Portugal, dem Ausgangspunkt

Die Santa Maria, *das Flaggschiff des Columbus auf seiner ersten Entdeckungsreise in die Neue Welt. Der zeitgenössische Holzschnitt gibt eine ungefähre Vorstellung vom Aussehen des Schiffes, ist aber keine exakte Wiedergabe des Originals. Die* Santa Maria *war eine dreimastige Karavelle von etwa 100 Tonnen, mit hohem Vorder- und Hinterkastell und einer Länge von ungefähr 90 m.*

der großen Entdeckungsreisen, befaßte sich Columbus intensiv mit nautischen, geographischen und kartographischen Problemen und kam zu dem Schluß, daß Indien auf dem westlichen Seeweg über den Atlantik zu erreichen sei. Er stützte sich dabei vermutlich vor allem auf die Seekarte des florentinischen Kosmographen Toscanelli, der Asien nur 200 Meilen jenseits der westlich der Iberischen Halbinsel vermuteten Insel »Antillia« ansiedelte, ferner auf die Reiseberichte → *Marco Polos* und auf die kühnen Theorien von → *Martin Behaim*, der damals in Lissabon lebte. Nach Columbus' komplizierten, freilich von falschen Voraussetzungen ausgehenden Berechnungen mußte Asien 750 Meilen westlich von Europa liegen. Er trug seinen Plan 1483 oder 1484 dem portugiesischen König Johann II. vor, der ihm jedoch nach anfänglicher Begeisterung eine Absage erteilte.

1485 ging Columbus nach Spanien, um einen zweiten Versuch zu unternehmen. Schon Anfang 1486 konnte er das spanische Herrscherpaar Ferdinand und Isabella für sein ehrgeiziges Vorhaben gewinnen, doch die Ausführung verzögerte sich noch einige Jahre, weil zuerst die Entscheidung einer eigens eingesetzten Kommission abgewartet und die Finanzierung des kostspieligen Unternehmens gesichert werden mußten. 1492 war es endlich so weit. »*Wir fuhren am*

Gegenüberliegende Seite:

Dieses Gemälde eines italienischen Meisters des 16. Jh.s, das Sebastian del Piombo zugeschrieben wird, gilt als das beste Porträt von Christoph Columbus. Authentische zeitgenössische Columbus-Porträts haben sich nicht erhalten.

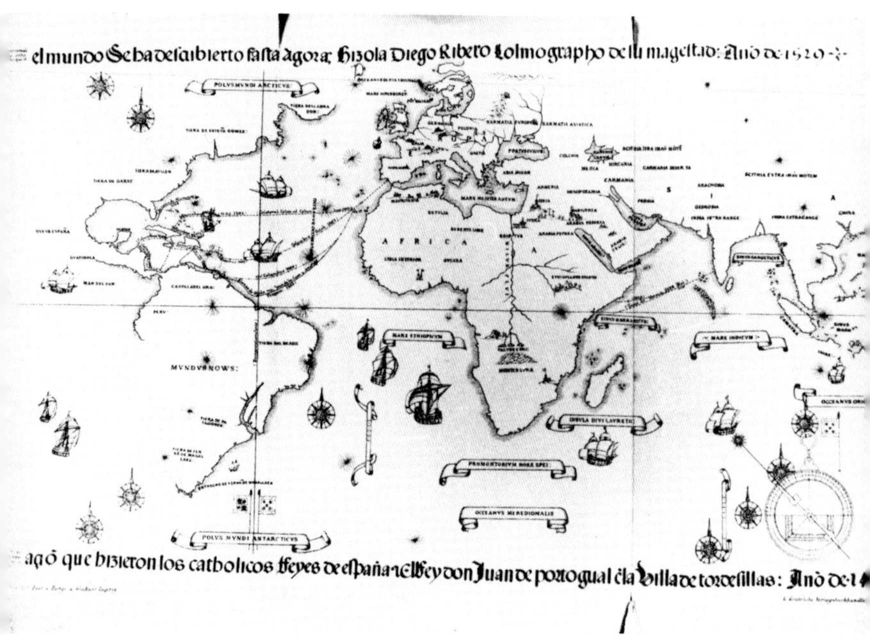

Weltkarte von 1529, auf der sowohl die Reisen des Columbus als auch die im Vertrag von Tordesillas (1494) festgelegten Demarkationslinien eingezeichnet sind (vgl. dazu die Einführung, Seite 12).

OMBVS
LYGVR
BIS
RE

Im Kloster La Rábida bei Huelva erklärt Columbus Mönchen und Besuchern seine Pläne vor der ersten Reise in die Neue Welt. Gemälde von Eduardo Cano de la Pena.

Gegenüberliegende Seite:

Auf seiner dritten Reise wird Columbus zusammen mit seinem Bruder Bartolomeo auf Veranlassung des neuernannten Gouverneurs Bobadilla 1500 in Santo Domingo verhaftet und wenig später in Ketten nach Spanien zurückgeschickt. Kolorierter Kupferstich von de Bry (die Angaben der alten Bildlegende entsprechen nicht ganz den historischen Tatsachen).

Freitag, dem 3. August 1492, um 8 Uhr morgens von der Saltes-Bank [bei Huelva in Südspanien] *ab*«, lautet die erste Eintragung im Schiffstagebuch, das Columbus gewissenhaft führte. Die drei Karavellen *Santa Maria* (das Flaggschiff), *Niña* und *Pinta*, die seinem Kommando unterstanden, machten auf den Kanarischen Inseln Station und segelten dann mit geringen Abweichungen genau nach Westen.

In der Nacht zum 12. Oktober sichtete der Ausguck der *Pinta* nach einer mehr als dreimonatigen Seereise zum erstenmal Land. Am frühen Morgen betrat Columbus eine kleine Bahama-Insel, die er für den spanischen König feierlich in Besitz nahm und auf den Namen *San Salvador* taufte.

Die entscheidende Phase wird im Schiffstagebuch sehr anschaulich geschildert: »*Und da die Karavelle Pinta am schnellsten von allen segelte und vor dem Admiral fuhr, bekam sie Land in Sicht und gab die Signale ab, die der Admiral angeordnet hatte. Als erster sah dieses Land ein Matrose namens Rodrigo de Triana; denn auch der Admiral hatte, als er um zehn Uhr nachts auf dem Hinterkastell stand, Licht gesehen, wiewohl es so undeutlich war, daß er sich nicht dafür verbürgen wollte, es handele sich um Land; doch er rief Pedro Gutiérrez, den königlichen Truchseß, und sagte ihm, er glaube Licht zu erkennen, er solle doch*

Columbus wirdt mit seinem Bruder Bartholomeo gefänglich in Hispanien geschickt. XIII.

König Ferdinandus nach dem er verstanden / das sich ein Streit vnnd Widerwillen zwischen Columbo vnnd Rolando Ximenea erhaben / hat ein neuwen Landvogt vber die Insel Hispaniola erwöhlet / nemblich Franciscum Bombadillam / vnnd schickt jn mit vollkommenem Gewalt vnd Beuelch dahin / vnnd bandt jhm eyn / das er solte nachforschen / was die Vrsach were der innerlichen Zwispaltung vnd worauß der Neidt vnd Hassz zwischen dem Columbo vnnd Rolando entsprungen. Dieser ist mit Königlichem Beuelch von dem Meerhafen Calicio im Jar 1499. außgeschiffet / vnd mit vier gerüster Carauel in Hispaniolam kommen. Wie nun der Amiral vnnd sein Bruder Bartholomeus von der zukunfft deß neuwen Landvogts höreten / seynd sie jhm mit grosser Ehrerbietung entgegen gangen / vnd jhn ehrlich entpfangen / als einen der mit Königlichem Beuelch zu jhn käme. Als sie aber in Meerhafen kommen / vnnd vermeyneten es hetten andere so treuwe vnd auffrechte Hertzen wie sie / seynd die zwen Brüder zugleich / an statt das sie freundtlich entpfangen solten worden seyn / gefangen genommen vnd in Gefängniß geworffen worden. Baldt darnach hat man sie in die Eisen geschmidt / vnd damit sie desto grösser bekümmerniß vnd Schmertzen erlitten / hat man sie beyd von einander abgesondert / vnnd mit zweyen Carauelu in Spanien geschickt / so baldt diese zwey Rennschiff in Spanien kommen / vnd man dem König zu wissen gethan / daß man diese berühmbte Männer mit Fesseln gebunden / vnd in einem elendigen vnd jämerlichen Kleid zu jhm führete / ist der König dadurch zur Barmhertzigkeit bewegt worden / vnd ohn verzug ein schnellen Postbotten biß zu dem Meerhafen Calicio abgesendet befohlen / daß man diese Männer als bald auß Gefängniß vnd den Banden solt erledigen vnd freyen / vnd sie in köstlicher vnd herrlicher Kleidung / mit sampt einem namhafften Zeug vnd stattlichen Guardien / wie solchen Männern gebürt / solten geleiden vnd zu jhm führen. Wie sie nun in den Königlichen Hoff kommen seynd / hat sie der König freundtlich auffgenommen / vnd jhnen mit fleiß zugehört. 12. Cap.

D ij Ein

auch einmal nachsehen, und dieser tat es und gewahrte das Licht. ... Nachdem der Admiral auf das Licht hingewiesen hatte, sah man es noch ein- oder zweimal, es war wie eine Wachskerze, die sich senkte und hob, und das schien wenigen von ihnen auf Land hinzudeuten. Aber der Admiral hielt es für sicher, daß man dem Land nahe sei... Um zwei Uhr früh tauchte das Land vor ihnen auf, sie waren etwa zwei Meilen davon entfernt. Sie holten alle Segel ein und behielten nur die Brefock am Mast, das ist ein Großsegel ohne Nebensegel, und drehten bei; so ließen sie die Zeit bis zum Freitag verstreichen, an dem sie eine kleine Insel der Bahamas erreichten, die in der Sprache der Indios ›Guanahani‹ genannt wurde. Bald sahen sie dort nackte Leute am Strand, und der Admiral fuhr in einem mit Waffen ausgerüsteten Boot an Land; Martín Alonso Pinzón und Vicente Anes [Yañéz], sein Bruder, der Kapitän auf der Niña war, begleiteten ihn. Der Admiral entfaltete das königliche Banner und die beiden Kapitäne zwei Fahnen mit dem grünen Kreuz. ... Als sie an Land stiegen, sahen sie sehr grüne Bäume und viele Gewässer und zahlreiche Früchte verschiedener Art. Der Admiral rief die beiden Kapitäne und die anderen, die an Land gesprungen waren, zu sich, und auch Rodrigo Descovedo, den Schreiber der Flotte, und Rodrigo Sánchez de Segovia, und sagte, die sollten getreulich

Columbus wird nach seiner Rückkehr aus der Neuen Welt von König Ferdinand und Königin Isabella empfangen. Eine romantisierende Darstellung aus späterer Zeit.

bezeugen, daß er vor aller Augen für den König und die Königin, ihre Herren, von der Insel Besitz ergriff, und so tat er es auch und gab die erforderlichen Erklärungen ab, wie es ausführlicher in den Zeugnissen enthalten ist, die dort schriftlich angefertigt wurden. Alsbald versammelten sich dortselbst zahlreiche Inselbewohner…« (Übers. R. Erb)

Damit war Amerika entdeckt oder vielmehr – nach den Nordamerikafahrten →*Eriks des Roten* und seines Sohns Leif – wiederentdeckt. Columbus wußte freilich nicht und wollte es wahrscheinlich bis zu seinem Tode nicht wahrhaben, daß er einen neuen Kontinent gefunden hatte; er glaubte, im Westen Indiens gelandet zu sein, und so heißen die karibischen Inseln bis heute Westindien und die Urbewohner der Neuen Welt Indianer oder Indios.

Zwei Wochen lang kreuzte Columbus zwischen den Bahamas, bis er am 28. Oktober Kuba und am 6. Dezember Haiti erreichte, das er *Isla Española* (Spanische Insel) nannte, woraus später Hispaniola wurde. Mit zwei Schiffen – die *Santa Maria* war inzwischen verlorengegangen – trat Columbus Anfang Januar 1493 die Rückreise an. Er segelte weiter nördlich als auf der Hinfahrt und gelangte über die Azoren und Lissabon nach Südspanien, wo die beiden Schiffe am 15. März in den Hafen von Palos einliefen.

Allegorisch überhöhte Darstellung des von antiken Göttern und Göttinnen begleiteten Christoph Columbus, der in der Bildüberschrift als »der erste Erfinder der neuwen Welt« bezeichnet wird. Kupferstich von Theodore de Bry aus Das vierdte Buch von der neuwen Welt *(1594).*

Die Frage, ob Columbus tatsächlich bis zuletzt glaubte, in Indien und nicht in einem neuen Erdteil gelandet zu sein, läßt sich heute nicht mehr eindeutig klären. Fest steht jedenfalls, daß er sich bei der Planung und Bewertung seiner entscheidenden Entdeckungsfahrt sehr stark von geographischen Spekulationen und Fiktionen leiten ließ, wie sie in seiner Zeit noch gang und gäbe waren. Ein Musterbeispiel dafür ist die Insel »Antillia« (vgl. S. 74), die auf der Weltkarte Toscanellis von 1474 als schematisch-rechteckiges Gebilde erscheint und deren Existenz Columbus offenbar für bare Münze nahm. Dabei handelt es sich hier um eine reine Fabelinsel – die realen Antillen, auf die dieser Name später übertragen wurde, waren damals ja noch völlig unbekannt. Antillia ist nichts weiter als eine theoretisch postulierte ›Gegen-Insel‹ *(Ant-Ilha)*, die der Kartograph als ›Gegengewicht‹ zur europäischen Festlandsmasse ziemlich willkürlich in den unerforschten weiten Atlantischen Ozean einsetzte.

Bereits im September 1493 stach Columbus wieder in See, diesmal mit einer Flotte von 17 Schiffen, die mindestens 1200 Menschen an Bord hatten; offensichtlich war die Gründung einer Kolonie geplant. Auf einer südlicheren Route erreichte Columbus die Antillen-Insel Dominica, und er entdeckte unter anderem Jamaica und Guadeloupe. Auf Haiti war von den 39 Männern, die Columbus auf seiner ersten Reise dort zurückgelassen hatte, keine Spur mehr zu finden, und so gründete er die neue Kolonie an der scheinbar günstigeren Nordküste der Insel. Es kam zu den ersten heftigen Auseinandersetzungen unter den Spaniern; Berichte über Mißwirtschaft und Machtmißbrauch drangen nach Spanien. Also kehrte Columbus schließlich Anfang 1496 nach Spanien zurück, um sich zu rechtfertigen. Er wurde rehabilitiert und konnte am 30. Mai 1498 abermals mit sechs Schiffen nach Westen segeln. Er drang jetzt erstmals bis zum amerikanischen Festland vor: Am 31. Juli erreichte er die Insel Trinidad vor der Orinoco-Mündung und passierte anschließend die Paria-Halbinsel. Er segelte weiter nach Haiti, wo in der spanischen Kolonie solche Mißstände aufgetreten waren, daß der König einen neuen Gouverneur namens Francisco de Bobadilla ernannte. Da Columbus die von ihm entdeckten Inseln als sein Privateigentum betrachtete, erkannte er ihn jedoch nicht an. Bobadilla ließ ihn daraufhin verhaften und schickte ihn im Oktober 1500 in Ketten nach Spanien zurück.

In den Jahren 1502–1504 durfte Columbus trotzdem noch einmal die Neue Welt besuchen, allerdings mit dem ausdrücklichen Befehl, die Insel Haiti nicht zu betreten. Auf dieser vierten und letzten Reise erkundete er die Ostküste Mittelamerikas vom Golf von Honduras bis zum Golf von Darien.

Zwei Jahre nach seiner Rückkehr starb er als enttäuschter und gebrochener Mann. Die Zeitgenossen jedoch erkannten bald die Bedeutung seiner Entdeckungen.

Frederick Albert Cook

*10. Juni 1865 Callicoon; † 5. August 1940 New Rochelle
Amerikanischer Polarforscher

Cook, der Sohn eines aus Deutschland eingewanderten Arztes namens Koch, studierte ebenfalls Medizin und praktizierte in New York. 1891 begleitete er →*Robert E. Peary* als Schiffsarzt auf dessen zweiter Grönlandfahrt. 1898/99 nahm er an einer belgischen Antarktisexpedition teil. Danach verlegte er sich auf den Alpinismus. 1906 versuchte er eine Erstbesteigung des höchsten nordamerikanischen Berges, des 6200 m hohen Mount McKinley in Alaska. Er behauptete, den Gipfel bezwungen zu haben, konnte es aber nicht beweisen.

Als er im Jahr darauf von Pearys geplanter Polarexpedition hörte, beschloß er, seinem Rivalen zuvorzukommen. Über die Sverdrup-Inseln wagte er einen direkten Vorstoß zum rund 3000 km entfernten Nordpol, den er angeblich am 21. April 1908 erreichte – fast ein Jahr vor Peary. Da er jedoch die letzte Etappe nur in Begleitung von zwei Eskimos zurücklegte und über unzureichende Meßinstrumente verfügte, konnte er keinen eindeutigen Beweis erbringen, daß er tatsächlich am Pol gestanden hatte.

Der Streit über die Frage, wer als Nordpolbezwinger anzusehen sei, zog sich über viele Jahre hin und ist bis heute nicht ganz zweifelsfrei beigelegt. Obwohl Cook neuerdings besonders in Fachkreisen wieder mehr Unterstützung findet, gilt Peary doch allgemein als der Glaubwürdigere, als der wahre Eroberer des Pols.

James Cook

* 27. Oktober 1728 Marton/Yorkshire; † 14. Februar 1779 Hawaii

Englischer Seefahrer und Weltumsegler

Cook, der Sohn eines schottischen Landarbeiters, ging mit 18 Jahren zur See und arbeitete zunächst auf

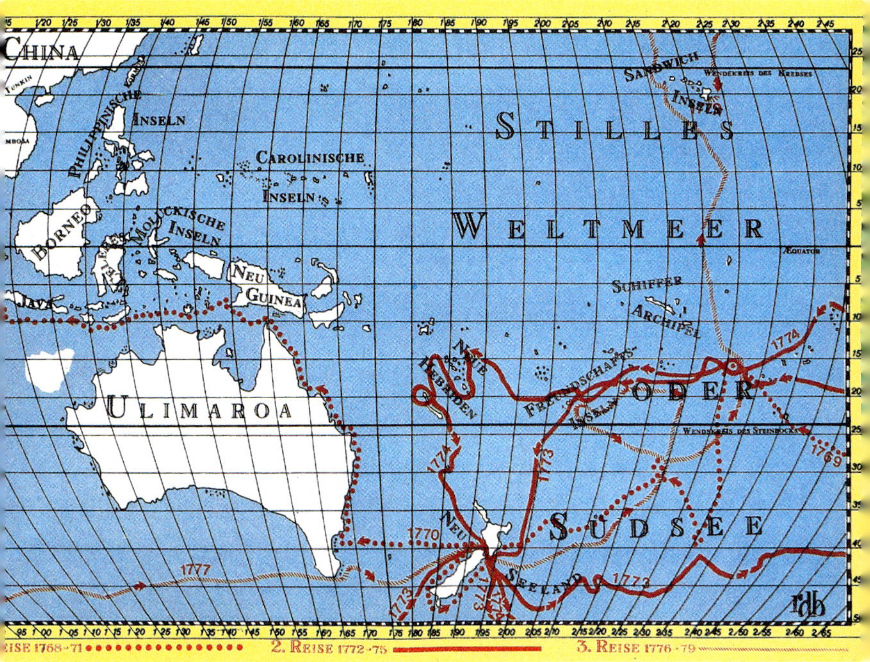

Eine Karte von Polynesien aus dem Jahre 1779, in die nachträglich die Routen der drei Südseefahrten von James Cook eingezeichnet wurden.

Gegenüberliegende Seite:

James Cook, der den Pazifischen Raum für Europa erschloß und tief in nord- und südpolare Gewässer vorstieß. Auf diesem Porträt, das Nathaniel Dance 1776 von Cook malte, hält der Entdecker eine Seekarte in der Hand, eine Pose, die ihn als hervorragenden Kartographen ausweisen soll.

Vorratsliste für Cooks Schiff Endeavour, *mit dem er seine erste große Reise unternahm. Das »Sour Krout« (Sauerkraut), von dem allein 7060 Pfund an Bord genommen wurden, diente der Vorbeugung der damals auf vielen Schiffen grassierenden Skorbutkrankheit.*

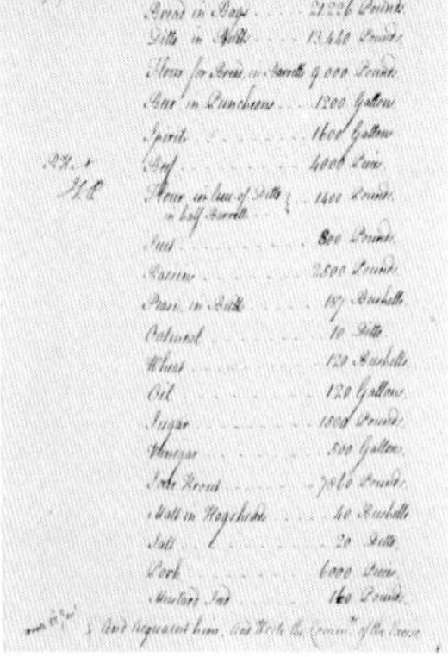

James Cook
Endeavour Bark
Deptford
Let the following Provisions be sent ... the said Bark as desired

Bread in Bags	21226 Pounds
Ditto in Bulk	13440 Pounds
Flour for Bread in Barrels	9,000 Pounds
Beer in Puncheons	1200 Gallons
Spirits	1600 Gallons
Beef	4000 Pieces
Flour in lieu of Ditto in half Barrels	1400 Pounds
Suet	800 Pounds
Raisins	2500 Pounds
Pease in Bulk	187 Bushells
Oatmeal	10 Ditto
Wheat	120 Bushells
Oil	120 Gallons
Sugar	1500 Pounds
Vinegar	500 Gallons
Sour Krout	7860 Pounds
Malt in Hogsheads	40 Bushells
Salt	20 Ditto
Pork	6000 Pieces
Mustard Seed	160 Pounds

Kohlenfrachtern und Handelsschiffen. 1755 trat er als einfacher Matrose in die Royal Navy ein und wurde wenig später zum Maat befördert. Seine Freizeit nutzte er dazu, seine nautischen, geographischen und mathematischen Kenntnisse zu verbessern. Während des siebenjährigen Kolonialkriegs zwischen England und Frankreich zeichnete er sich in Ostkanada als Navigator und Kartograph gleichermaßen aus und war somit prädestiniert für größere Aufgaben.

1768 erhielt er das Kommando auf einem englischen Expeditionsschiff, einem umgebauten plumpen Kohlenfrachter, den er sich als für seine Zwecke besonders geeignet selbst ausgesucht hatte und der auf den Namen *Endeavour* umgetauft wurde. Die Expedition hatte einen doppelten Auftrag: Sie sollte für die *Royal Society* auf der neuentdeckten Insel Tahiti astronomische Beobachtungen durchführen und auf Betreiben der Admiralität zum noch unbekannten Südkontinent, der *Terra australis incognita*, vorstoßen, um den Besitzstand der aufstrebenden Seemacht England zu mehren. An Bord der *Endeavour* befand sich neben der etwa achtzigköpfigen Besatzung eine Gruppe von elf Zivilisten, deren Chef der reiche junge Joseph Banks war, Mitglied der *Royal Geographical Society* und ein begeisterter Naturforscher. Er und seine Mitarbeiter gewannen auf der Reise eine Vielzahl wichtiger neuer Erkenntnisse und brachten naturhistorisch interessante Objekte in großer Fülle mit nach England.

Am 26. August 1768 stach Cook von Plymouth aus in See. Über Madeira, Rio de Janeiro und Kap Hoorn gelangte er in den Pazifik. Im April 1769 war das erste Hauptziel, Tahiti, erreicht. Die Insel war ein Paradies für die Naturforscher. Drei Monate lang sammelten sie hier Pflanzen und Tiere und studierten das Leben der Eingeborenen, die auf Anweisung Cooks *mit aller erdenklichen Menschlichkeit* behandelt wurden. Die *Endeavour* besuchte noch mehrere Nachbarinseln des Archipels, den Cook zu Ehren seines Auftraggebers, der *Royal Geographical Society*, auf den Namen *Society Islands* (Gesellschafts-Inseln) taufte, und nahm dann Kurs nach Süden. Am 6. Oktober erreichte Cook die Nordinsel Neuseelands. Banks hielt sie für einen Teil des Südkontinents, doch Cook bezweifelte das und bewies die Richtigkeit seiner Ansicht, indem er die Nord- und die Südinsel umrundete und mit erstaunlicher Exaktheit kartographierte. Danach hätte er eigentlich unverzüglich nach Hause zurückkehren können, denn er war nunmehr überzeugt, daß es das hypothetische Südland gar nicht gab, jedenfalls nicht in den riesigen Dimensionen, die in den Köpfen der europäischen Geographen herumspukten. Am 31. März 1770 notierte er in seinem Tagebuch: »*Was einen*

Die Resolution, *wie die kleinere* Endeavour *ein umgerüsteter Kohlenfrachter, hatte 462 Tonnen und bewährte sich trotz einer gewissen Schwerfälligkeit und Toplastigkeit als James Cooks Flaggschiff auf der zweiten und dritten Weltreise. Aquarell von Henry Roberts.*

südlichen Kontinent anbetrifft, so glaube ich nicht daran, es sei denn in sehr hohen Breiten [also sehr weit im Süden]. *Das ist meine freie, unvoreingenommene Meinung – wobei mir die Absicht fernliegt, von künftigen Versuchen in dieser Richtung abzuschrecken. Im Gegenteil, ich würde es für sehr bedauerlich halten, wenn das, was zuzeiten ein Gegenstand des Interesses für ganze Zeitalter und Nationen war, nicht jetzt völlig aufgeklärt würde. Indessen konnte der Zustand meines Schiffes für den Versuch, mitten im tiefsten Winter hohe Breiten der Südhalbkugel aufzusuchen, keinesfalls als ausreichend gelten.*«

Cook entschied sich nicht für die Umkehr, sondern für die Fortsetzung seiner Entdeckungsfahrt in Richtung Westen. Die Weiterreise führte von Neuseeland über die noch fast unbekannte Südostküste Australiens, die Botany Bay (wo heute Sydney liegt), das Große Barriereriff und die wiederentdeckte Durchfahrt der Torres-Straße nach Batavia (Djakarta). Auf dem Weg über das Kap der Guten Hoffnung kehrte Cook nach England zurück, wo er im Juni 1771 eintraf.

Die *Endeavour* hatte zwar eine reiche wissenschaftliche Ausbeute mitgebracht, aber den Südkontinent nicht gefunden. Man bezichtigte Cook sogar, er habe ihn nicht finden wollen. Um die Zweifel zu zerstreu-

Das 2000 km lange Große Barriereriff vor der Nordostküste Australiens war selbst für den hervorragenden Seemann Cook ein gefährliches Fahrwasser, in dem die *Endeavour* trotz geschickten Lavierens am Abend des 11. Juni 1770 fast gescheitert wäre. Cook berichtet über die heikle Situation, die er am Ende doch meisterte: »Gegen elf nahm die Tiefe ganz plötzlich ab, und ehe wir noch das Lot auswerfen konnten, lief das Schiff mit einem gräßlichen Ächzen und Krachen auf... Wir saßen, acht Seemeilen von der wüsten, dürren Küste entfernt, auf einem Korallenriff fest... Das Meer donnerte mit solcher Gewalt gegen den schrägliegenden Schiffsrumpf, daß wir uns kaum auf den Beinen halten konnten. Die Pumpen wurden sofort in Betrieb genommen, aber die Endeavour rührte sich nicht eine Handbreit von der Stelle.«

en, sollte er eine zweite Reise unternehmen. Am 13. Juli 1772 lichteten zwei neue Schiffe, die *Resolution* und die *Adventure*, unter seinem Kommando die Anker. Über das Kap der Guten Hoffnung stieß Cook nach Süden vor. Am 17. Januar 1773 trug er in sein Tagebuch ein: »*Um 11 Uhr 15 überquerten wir den Südlichen Polarkreis, und wir sind zweifellos das erste und einzige Schiff, das jemals diese Linie hinter sich gelassen hat.*« Das Eis trieb die Schiffe zurück, die auf Ostkurs nach Neuseeland gelangten.

Nach einer großen Kreuzfahrt in der pazifischen Inselwelt unternahm Cook Ende 1773 einen weiteren Vorstoß in den tiefen Süden. Am 30. Januar 1774 erreichte er bei 71° 10' den südlichsten Punkt der Erde, den bis dahin ein Mensch je gesehen hatte. Auf dem Umweg über die Oster-Insel, die Marquesas, Neue Hebriden, Neukaledonien, Kap Hoorn, Südgeorgien und Kap der Guten Hoffnung kehrte Cook 1775 nach England zurück. Der Traum von einem ausbeutbaren reichen Südland hatte sich endgültig als Illusion erwiesen; der vereiste Kontinent Antarktika blieb vorerst noch unentdeckt.

Am 12. Juli 1776 stach Cook mit seinem alten Flaggschiff *Resolution* noch einmal in See. Er sollte die nordamerikanische Westküste im hohen Norden erkunden und vor allem feststellen, ob dort eine Ver-

Cooks Schiffe, die Resolution *und das kleinere Begleitschiff* Adventure, *gehen 1773 in der Matavai-Bucht von Tahiti vor Anker. Gemälde von William Hodges.*

Eine der vielen phantasievollen Versionen von Cooks Tod am 14. Februar 1779 auf den Sandwich-Inseln (Hawaii). Einblattdruck aus dem Jahre 1779.

bindung zum Atlantik, die Nordwestpassage, existierte. Für die Entdeckung einer solchen Durchfahrt hatte das Parlament schon vor vielen Jahren eine Prämie von 20000 Pfund ausgesetzt. Cook umsegelte das Kap der Guten Hoffnung und erreichte auf einer südlichen Route Neuseeland.

Das nächste Jahr verbrachte er mit Vermessungsarbeiten in der südpazifischen Inselwelt und nahm dann Kurs nach Norden. Am 18. Januar 1778 entdeckte er eine bewaldete, gebirgige Inselgruppe, der er zu Ehren des Earl of Sandwich den Namen Sandwich-Inseln gab und die heute Hawaii heißt. Auf einem Nordwestkurs stieß Cook auf die amerikanische Küste in Höhe des heutigen Staates Oregon und fuhr die Küste entlang bis hinauf nach Alaska. Durch die Bering-Straße drang er ins Nordpolarmeer ein, wurde aber durch die Eismassen an der Weiterfahrt gehindert. Am 29. August 1778 trat er die Rückreise nach Hawaii an, wo er am 26. November eintraf und sofort mit der Erkundung und Kartierung der Inselgruppe begann. Bald darauf kam es zu Unstimmigkeiten zwischen den Engländern und den zunächst so freundlichen Eingeborenen. Am Morgen des 14. Februar 1779 wurde Cook bei dem Versuch, den Streit um ein zu seinem Schiff gehörendes gestohlenes Beiboot zu regeln, von Insulanern hinterrücks erstochen.

Die historische Leistung des genialen Seefahrers hat der deutsche Naturforscher Georg Forster, der mit seinem Vater Johann Reinhold Kapitän Cook auf dessen zweiter Weltumsegelung begleitet hatte, so gewürdigt: »*Wenn man seine drei großen Reisen in Verbindung miteinander betrachtet, so machen sie ein Ganzes aus, welches alle unbekannten Regionen der Geographie, soweit sie Schiffen zugänglich waren, in sich begreift und zuverlässige Entdeckungen, die sich im Norden und im Süden über den 70. Grad erstrecken, an ihre Stelle setzt... Entdeckungen von großem Umfang können nicht mehr stattfinden, und der Erdball ist nunmehr von einem Ende zum andern bekannt. Wer einen Blick auf die Karte wirft und die Veränderung in der Erdkunde bemerkt, die eines Mannes Forschbegier bewirkte, wird der noch einen Augenblick zweifeln können, daß unser Jahrhundert sich in seiner Größe mit jedem Zeitalter messen darf?*« (*Entdeckungsreisen nach Tahiti und in die Südsee 1771-1775.* Neu hg. von H. Homann)

Francisco Vásquez de Coronado

* um 1510 Salamanca; † 1554 Mexiko (?)
Spanischer Konquistador

Als junger Offizier kam Coronado wahrscheinlich 1535 in die neue spanische Kolonie Mexiko und stieg

Eine zweifellos stark idealisierte Darstellung von Coronado und seinem Expeditionskorps. Der mit einer Halsschlinge gefesselte indianische Pfadfinder zeigt in die Richtung der geheimnisvollen Sieben Städte von Cibolá, welche die Spanier auf ihrem entbehrungsreichen Zug durch den Südwesten Nordamerikas nicht finden konnten.

Gegenüberliegende Seite:

Oben: *Die Inthronisation des Aztekenherrschers Montezuma (1502), der 1519 von Cortés entmachtet wurde. Aus Diego Duráns* Historia de los Indios.

Unten: *Alte Karte von Cortés' Operationsgebiet in Mexiko. Von Veracruz an der Küste stieß er über Tlaxcala zur Hauptstadt Tenochtitlán (hier bereits als Mexico bezeichnet) vor. Von dort aus eroberte er nach und nach das gesamte Reich der Azteken.*

bald zum Gouverneur der nordwestlichen Provinz Neu-Galicien auf. In Mexiko umgehende Gerüchte über ein Dorado im Norden, die sogenannten »sieben Städte von Cibolá«, bewogen den mexikanischen Vizekönig Mendoza, eine vielköpfige Expedition auszurüsten, die unter dem Befehl von Coronado die legendären Städte finden sollte. 1540 verließ das Expeditionskorps die Stadt Compostela unweit der mexikanischen Westküste und marschierte nach Norden und Nordosten. Coronado fand zwar nicht die ersehnten Schätze, machte aber bedeutende geographische und ethnographische Entdeckungen im Südwesten des nordamerikanischen Subkontinents: Er zog durch die Sonora-Wüste, überschritt den Colorado River und bestaunte den Grand Canyon, und schließlich entdeckte er auch im Grenzgebiet zwischen den heutigen Bundesstaaten Arizona und New Mexico die »sieben Städte von Cibolá«, bei denen es sich freilich nur um die lehmgebauten Puebla-Siedlungen der keineswegs reichen Zuñi-Indianer handelte. Auf der Suche nach Schätzen zog er weiter durch Texas, wo er als erster Weißer büffeljagende Prärie-Indianer kennenlernte, und drang vermutlich bis in das Gebiet der heutigen Stadt Salina am Kansas River vor. Dort gab er nach unendlichen Strapazen und Entbehrungen die vergebliche Suche auf und begann den Rückmarsch nach Mexiko. Dort verbrachte er den Rest seines Lebens melancholisch und von Heimweh geplagt.

Hernán Cortés, der ganz Mexiko für Spanien in Besitz nahm. Nach einem Gemälde eines unbekannten Meisters.

Hernán Cortés

*1485 Medellín; †2. Dezember 1547 Castilleja de la Cuesta

Spanischer Konquistador und Entdecker

Der dem niedrigen Adel entstammende Cortés, dessen Name häufig in der Form Hernando Cortez erscheint, kam 1504 in die Neue Welt und ließ sich zunächst als Landwirt auf der Insel Hispañola (Haiti) nieder. 1511 übersiedelte er nach Kuba, wo er zu Reichtum und Ansehen gelangte. Am 18. Februar 1519 brach er mit elf Schiffen und rund 600 Mann zum mittelamerikanischen Festland auf, um Mexiko, das Reich der Azteken, zu erobern. Das Expeditionskorps landete zuerst an der Küste von Tabasco und wenig später etwa 350 km weiter westlich, wo Cortés die Stadt Veracruz gründete, als Nachschub- und Operationsbasis für den Vorstoß in das mexikanische Hochland. Er ließ alle Schiffe zerstören, damit es für seine Männer kein Zurück mehr gab.

Im September 1519 zog er in die Stadt Tlaxcala ein, deren Größe und Wohlstand ihn nachhaltig beeindruckten. Am 8. November erreichten die Spanier kampflos die um 1370 gegründete Aztekenhauptstadt Tenochtitlán, auf deren Ruinen später Mexico City

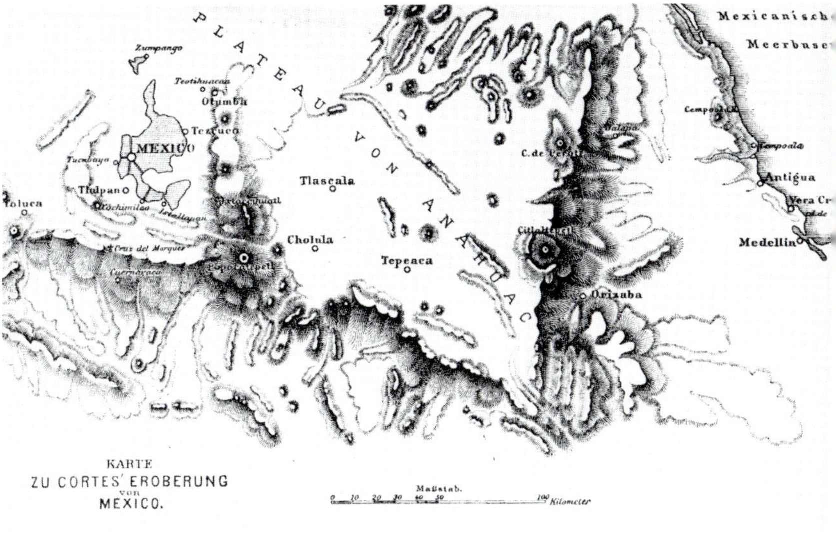
Mexicanisch
Meerbuse
PLATEAU VON ANAHUAC
Zumpango
Teotihuacan
Otumba
Tezcuco
MEXICO
Tacubaya
Tlalpan
Xochimilco
Toluca
Cruz del Marquez
Cuernavaca
Tlascala
Cholula
Tepeaca
C. de Perote
Cempoala
Antigua
Medellin
Orizaba
KARTE
ZU CORTES' EROBERUNG
von
MEXICO.
Maßstab.
0 10 20 30 40 50 100 Kilometer

Am 13. August 1521 fiel die Hauptstadt der Azteken nach heftigen Kämpfen in spanische Hand. Die Abbildung zeigt den Einzug des Siegers Cortés.

Der letzte Aztekenherrscher, Cauauhtémoc, wird von spanischen Konquistadoren gefangengenommen.

entstand. Kaiser Montezuma (Moctezuma) empfing die Eroberer als die geweissagten »weißen Götter« aus dem Osten und ließ zu, daß Cortés ihn praktisch als Gefangenen behandelte und selbst die Macht übernahm. Er dankte in einem offiziellen Staatsakt »freiwillig« ab und übertrug seine Herrschaft auf die spanische Krone.

Als Cortés im Mai 1520 erfuhr, daß sein Rivale Pánfilo de Narváez im Auftrag des hispaniolischen Gouverneurs Velázquez in Veracruz eingetroffen war, um den eigenmächtigen Eroberer zu verhaften, übertrug er seinem Freund →*Pedro de Alvarado* das Kommando in Tenochtitlán und eilte mit einer kleinen Truppe an die Küste. Mit Intrigen und der Verheißung großer Reichtümer konnte Cortés die Soldaten von Narváez auf seine Seite ziehen, und so kehrte er mit einer Streitmacht von mehr als 1300 Mann zur Hauptstadt zurück.

Dort hatten sich unterdessen die Azteken gegen die Besatzungsmacht erhoben. Die hemmungslose Plünderung der Gold- und Silberschätze, die brutale Unterdrückung des alten Götterkults, die Beseitigung der Menschenopfer, die übereilte Zwangschristianisierung und schließlich ein von Alvarado angerichtetes Blutbad während eines Tempelfestes führten zum offenen Aufstand. Es gelang dem zurückgekehrten Cortés zwar, Montezuma zu dem Versuch zu bewegen, seine rebellischen Untertanen zu besänftigen, aber die Empörung war dermaßen angewachsen, daß die Azteken ihren Herrscher steinigten. Nach tagelangen Straßenkämpfen mußten die Reste der spanischen Streitmacht in der Nacht zum 1. Juli 1520 die Stadt fluchtartig verlassen und nach Tlaxcala zurückziehen. Das Datum dieser schmählichen Niederlage ist als *Noche triste* (traurige Nacht) in die spanische Kolonialgeschichte eingegangen.

Doch der geschlagene Cortés gab nicht auf. Seine Soldaten erholten sich bei den ihnen wohlgesinnten Tlaxcalteken, von denen sich Tausende anwerben ließen, um mit Cortés gegen die Azteken der Hauptstadt zu ziehen. Im Mai 1521 eröffnete Cortés die Belagerung von Tenochtitlán, das sich nach drei Monaten ergab und fast vollständig zerstört wurde. In den folgenden Jahren unterwarf er das gesamte Aztekenreich bis hinunter nach Honduras und entsandte Expeditionen in entlegene Regionen, sogar bis Niederkalifornien.

1528 reiste Cortés nach Spanien, um am Hofe den gegen ihn erhobenen Verdächtigungen und Verleumdungen entgegenzutreten. Er wurde zum Generalkapitän von Neu-Spanien ernannt, aber schon 1535 einem Vizekönig unterstellt, während er in Mexiko sei-

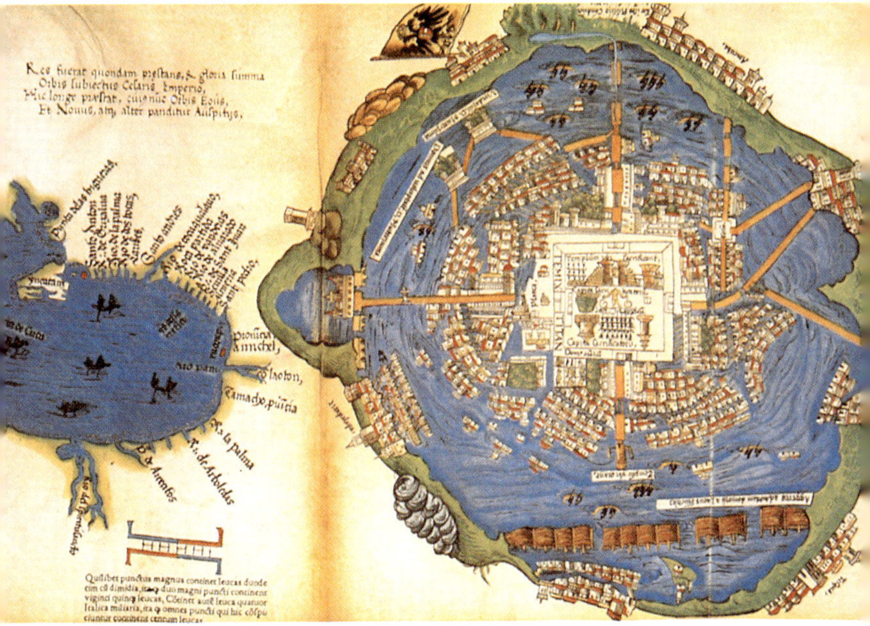

Die wasserreiche Aztekenhauptstadt Tenochtitlán, von oben betrachtet. Diese sogenannte »Cortés-Karte« ist ein kolorierter Holzschnitt aus Cortés' Werk Praeclara de Noua maris Oceani Hyspania, *erschienen in Nürnberg 1524.*

Gegenüberliegende Seite:

Die Beagle *hatte im Auftrag der englischen Admiralität zusammen mit der* Adventure *in den Jahren 1826–1830 die Küsten Südamerikas erforscht. Um verschiedene wissenschaftliche Aufgaben abzuschließen, lief sie Ende 1831 nochmals aus. An dieser zweiten Reise nahm auch Charles Darwin teil. Die Abbildung zeigt eine Rekonstruktion des Forschungsschiffes.*

ne riesigen Güter bewirtschaftete. Enttäuscht und verbittert zog er sich im Jahre 1540 endgültig nach Spanien zurück.

William Dampier

*Juni 1652 East Coker; † März 1715 London
Englischer Seefahrer und Freibeuter

Der aus einer einfachen Bauernfamilie stammende wissenschaftlich und literarisch interessierte Abenteurer ging früh zur See, betätigte sich eine Zeitlang als Pflanzer auf Jamaica und unternahm dann verschiedene Kaperfahrten, vor allem im Pazifik, die er in mehreren, vom Publikum sehr begeistert aufgenommenen Reiseberichten exakt beschrieb. Auf diesen abenteuerlichen Fahrten sammelte er darüber hinaus wichtige geographische, meteorologische und hydrographische Erkenntnisse, die lange Zeit für die Seefahrt maßgebend blieben.

1699 segelte er mit der altersschwachen *Roebuck* im Auftrag der britischen Admiralität um das Kap der Guten Hoffnung herum nach Westaustralien, erkundete die Küstengegend der Shark Bay und wandte sich aus Wassermangel wieder nach Norden. Über Timor erreichte er Neuguinea und stellte fest, daß Neubritannien – der Name stammt von ihm – nicht mit Neuguinea zusammenhing, sondern eine selbständige Insel ist. Die Durchfahrt zwischen beiden Inseln wurde nach ihm benannt.

Auf der Heimreise ging sein Schiff im Februar 1701 bei Ascensión verloren. Die Mannschaft wurde zwar gerettet, aber ein großer Teil von Dampiers unersetzlichen Aufzeichnungen und Kartenmaterial versank im Meer. Somit war der Erfolg von Dampiers Entdeckungsfahrt gering. Außerdem waren seine Führungsqualitäten so schlecht, daß er offiziell für unfähig erklärt wurde, wieder ein königliches Schiff zu kommandieren.

Dampier unternahm von 1702 bis 1707 und von 1708 bis 1711 noch zwei weitere Kaper- und Entdekkungsfahrten, die ihn jeweils rings um den Globus führten. Auf der ersten dieser beiden Reisen setzte er auf einer unbewohnten Insel der Juan-Fernández-Gruppe vor der chilenischen Küste einen schottischen Seemann namens Alexander Selkirk aus – angeblich auf dessen eigenen Wunsch. Wahrscheinlicher ist, daß Selkirk nach einem Streit einfach auf der Insel zurückgelassen wurde. Bereits vier Jahre später wurde Selkirk gerettet und nach England zurückgebracht, und zwar von Woodes Rogers, dem Leiter der letzten Expedition, die Dampier als Navigator mitmachte. Alexander Selkirk gilt als das Urbild des Robinson Crusoe in Daniel Defoes berühmt gewordenem Roman, der 1719 erschien.

William Dampier. Er setzte auf einer seiner Entdeckungsfahrten einen schottischen Matrosen auf einer einsamen Insel aus, dessen Schicksal Daniel Defoe zu seinem Roman Robinson Crusoe *anregte. Gemälde von Thomas Murray.*

Oben: *Der junge Charles Darwin nach der Heimkehr von seiner Reise um die Welt. Nach einem Aquarell von J. Richmond (1839).*

Charles Darwin

* 12. Februar 1809 Shrewsbury; † 19. April 1882 Downe bei London
Englischer Naturforscher

Nach seinem Theologiestudium nahm Darwin als junger Naturforscher an Bord des Vermessungsschiffs *Beagle* unter Kapitän →*Robert Fitzroy* an einer Weltreise teil. Dabei wurden vor allem die Küstenregionen Südamerikas bis hinunter nach Feuerland sowie die Galapagos-Inseln erforscht. Auf dieser unberührten Vulkaninsel verbrachte Darwin fast einen Monat und widmete sich dem Studium der dort lebenden Tiere. Die auf dieser Reise in großem Umfang gemachten botanischen, zoologischen, paläontologischen, topographischen und geologischen Entdeckungen bildeten später die Grundlage seines wissenschaftlichen Hauptwerks *Über die Entstehung der Arten.* Mit diesem Buch begründete Darwin nicht nur seinen Weltruhm, sondern revolutionierte das Weltbild bis in unsere Zeit. Sein Reisebericht über jene Fahrt, *Reise eines Naturforschers um die Welt*, zählt bis heute zu den Klassikern der Entdeckungsgeschichte.

In Erinnerung an diesen großen und bedeutenden Forscher benannte Kapitän Fitzroy einen steil aufragenden, über 2000 m hohen Gipfel im Süden Feuerlands als *Mount Darwin.*

Rechts: *Auf den Galapagos-Inseln sind Tier- und Pflanzenarten beheimatet, die nur auf diesem Archipel existieren. Die Abbildung zeigt einen* Amblyrhynchus demarlii, *von dem es in Darwins Reisejournal heißt, es sei »ein häßliches Tier, unten von einer gelblich orangen, oben von einer bräunlich roten Färbung: infolge seines niedrigen Gesichtswinkels hat es ein eigentümlich dummes Ansehen«.*

Alexandra David-Néel

* 24. Oktober 1868 Saint-Mandé; † 8. September 1969 Digne
Französische Asienforscherin

Nach dem Studium in Paris und längeren Aufenthalten in Asien, wo sie sich mit dem Lamaismus vertraut machte, gelang es A. David-Néel, als erste Europäerin die tibetische Hauptstadt Lhasa zu erreichen. Nach einem mehrmonatigen Marsch, auf dem sie nur von einem jungen Lama begleitet wurde, betrat sie, als Bettlerin verkleidet, unerkannt die verbotene heilige Stadt der lamaistischen Buddhisten. Ihre Erlebnisse hat sie später in dem Buch *Voyage d'une Parisienne à Lhassa* beschrieben.

John Davis (Davys)

*1550 (?) Sandridge; †Dezember 1605 bei Binten/Sumatra
Englischer Seefahrer

Nach →*Martin Frobishers* gescheiterten Versuchen, die Nordwestpassage im Norden des amerikanischen Kontinents zu finden, stieß Davis 1585 mit zwei Schiffen in die Nordpolarregion vor. Er sichtete die Ostküste Grönlands, erkundete sie in südlicher Richtung, umrundete das heutige Kap Farvel und segelte auf der Westseite durch die nach ihm benannte *Davis-Straße* nordwärts. Er entdeckte den Cumberland-Sund (Baffinland) und kehrte um, als er merkte, daß dies nicht die gesuchte Passage war.

Beim dritten Versuch, 1587, drang er bis 73° N in die Baffin-Bai vor, wurde dann aber durch das Eis zur Rückkehr gezwungen. 1591 befuhr er den Südatlantik, um hier einen Weg zum Pazifik zu finden. Nach eigener Aussage passierte er dreimal die Magellan-Straße, wurde aber jedesmal durch schlechtes Wetter wieder zurückgetrieben.

Auf seiner letzten Fahrt in Fernost wurde Davis vor der Insel Bintan (östlich von Sumatra) am 29. oder 30. Dezember von japanischen Piraten an Bord seines Schiffes erstochen.

Auf dem Heimweg von seiner dritten Expedition in nordpolare Gewässer passierte John Davis 1587 die breite Mündung der Hudson-Straße, wo sein Schiff in gefährliches Fahrwasser geriet und einem schnell dahintreibenden Eisberg begegnete. »Um Mittag näherten wir uns einem großen Kap [das von Davis benannte Kap Chidley, die Nordspitze Labradors] und gerieten in eine starke Strömung, wo eine Eisinsel mit der Geschwindigkeit einer Bark dahinflog. Das Kap bildete die Südspitze des Golfs, wo wir zu unserer großen Verwunderung das Meer mit mächtigem Sturz in den Golf fallen sahen, und die einzelnen Kreisströmungen waren wie Strudel.«

Semjon Iwanowitsch Deschnew (Deschnjow)

*um 1605; †1672 oder 1673
Russischer Seefahrer

Der unternehmungslustige Kosak Deschnew, der als Pelzhändler bis in die Kolyma-Tiefebene im Nordosten Sibiriens vorgedrungen war, fuhr 1647 mit einer kleinen Kosakenschar in Flachbooten den Kolyma stromabwärts und gelangte in die Ostsibirische See. Dicht unter der Küste nach Osten segelnd, umschiffte er das nach ihm benannte *Kap Deschnew*, die Ostspitze Sibiriens, und erreichte 1648 durch die Meerenge zwischen Asien und Amerika die Mündung des Flusses Anadyr.

Deschnew ist somit der eigentliche Entdecker jener Wasserstraße, die heute den Namen von →*Vitus Bering* trägt, der sie jedoch erst 80 Jahre später durchfuhr. Dieser historische Irrtum ist darauf zurückzuführen, daß Deschnews Expeditionsbericht unbeachtet im Archiv von Jakutsk schlummerte, bis er 1736, also acht Jahre nach Berings entscheidender Forschungsreise, von dem deutsch-russischen Historiker G. F. Müller durch Zufall entdeckt wurde.

Oben: *Das Kap der Guten Hoffnung, das Bartolomeu Díaz als erster Europäer umsegelte, auf einem alten Stich aus der Frühzeit der Kolonisation.*

Unten: *Bartolomeu Díaz.*

Bartolomeu Díaz (Dias)
* um 1450 Algarve; † Mai 1500 Kap der Guten Hoffnung
Portugiesischer Seefahrer

Der erfahrene Navigator Díaz erhielt 1486 vom portugiesischen König Johann II. den Auftrag, die Erkundung der afrikanischen Westküste fortzusetzen und möglichst die Südspitze Afrikas zu erreichen. Mit zwei Karavellen und einem Proviantschiff stach Díaz vermutlich im Sommer 1487 in See (das Jahr ist wegen der damals geübten Geheimhaltung nicht eindeutig bekannt). Dicht unter der Küste segelnd, gelangte er bis zur südwestafrikanischen Küste (heute Namibia), wo er das letzte von seinen Vorgängern gesetzte Steinkreuz vorfand. In der Walfisch-Bucht ließ er sein Versorgungsschiff vor Anker gehen.

Bei rauher See drang er weiter nach Süden vor und umschiffte, ohne es zu wissen, in weitem Bogen das südliche Ende Afrikas. In der Mossel-Bai traf er wieder auf Land und stieß dann weiter nach Osten vor, und zwar bis zur Mündung des Großen Fischflusses, wo die Küste bereits nach Nordosten verläuft. Dort zwang ihn die unter Skorbut leidende Mannschaft zur Umkehr.

Bei ruhiger See umfuhr er das Kap, das er der Überlieferung nach *Cabo tormentoso* (Sturmkap) ge-

Das Kap der Guten Hoffnung aus der Sicht eines modernen Fotografen.

nannt haben soll. Erst später habe es König Johann in *Cabo da boa esperanza* (Kap der guten Hoffnung) umgetauft, weil es die Hoffnung auf den Seeweg nach Indien eröffnete, den →*Vasco da Gama* wenig später finden sollte.

Die Umstände von Diáz' Tod sind nicht einwandfrei geklärt. Vermutlich ging er in einem Sturm mit seinem Schiff unter, das →*Pedro A. Cabral* auf dessen Fahrt nach Brasilien und von dort zum Kap der Guten Hoffnung begleitete.

Unten: *Altersporträt von Charles Montagu Doughty.*

Charles Montagu Doughty

* 19. August 1843 Theberton Hall/Suffolk; † 20. Januar 1926 Sissinghurst

Englischer Dichter und Arabienreisender

Nach seinem Studium unternahm Doughty ausgedehnte Reisen in Europa und im Nahen Osten. Im November 1876 kam er mit einer Pilgerkarawane, der er sich heimlich in Damaskus angeschlossen hatte, nach Arabien und gelangte über Tabuk nach Mada'in Salih, wo er sich vier Monate lang aufhielt und wo er als erster Europäer die Felsengräber erforschte. Von dort aus wanderte er, ganz auf sich gestellt und sich freimütig als Engländer und Christ bekennend, mit nomadisierenden Beduinen durch die Nafud-Wüste und den Westen der Arabischen Halbinsel. Nach un-

Gegenüberliegende Seite:

Sir Francis Drake, der zum größten englischen Seehelden des Elisabethanischen Zeitalters aufstieg. Miniaturporträt aus dem Jahre 1581.

säglichen Strapazen und vielen gefährlichen Abenteuern traf er im August 1878 völlig erschöpft in Dschidda am Roten Meer ein.

In den nächsten zehn Jahren beschrieb er seine Erlebnisse und seine geographischen und ethnologischen Forschungsergebnisse in dem 1100 Seiten starken Buch *Travels in Arabia Deserta* (1888), das zu einem klassischen Werk der Reiseliteratur wurde.

Sir Francis Drake

* Um 1540 Tavistock; † 28. Januar 1596 vor Portobelo/ Panama

Englischer Seefahrer und Weltumsegler

Der aus bescheidenen Verhältnissen stammende Francis Drake ging schon früh zur See und wurde, von Königin Elisabeth I. geadelt und zum Admiral befördert, der größte Seeheld des Elisabethanischen Zeitalters. Bis 1573 hatte er bereits viermal den Atlantik überquert. 1577 trat er seine große Seereise an, auf der er als erster Engländer die ganze Erde umsegelte. Mit versteckter Zustimmung und Unterstützung von Elisabeth wollte er mit seinem Flaggschiff *Pelican*, das später in *Golden Hind* (Goldene Hirschkuh) umgetauft wurde, sowie mit vier weiteren Schiffen in die südlichen Meere vorstoßen, um den Spaniern und Portugiesen Konkurrenz zu machen. Er durchquerte

Drakes Golden Hind *kapert vor der Westküste Südamerikas ein spanisches Schatzschiff.*

den südlichen Atlantik, fuhr an der Ostküste Südamerikas entlang und gelangte im September 1578 durch die Magellan-Straße in die Südsee.

Von der La-Plata-Mündung, der ersten Station, drang Drakes Flotte an der Westküste Amerikas nach Norden vor. Sie brandschatzte spanische Küstensiedlungen und kaperte eine Reihe von spanischen Schiffen. Drake stieß bis Kalifornien vor und ging in der Bucht von San Francisco vor Anker, um das Gebiet als *New Albion* für England in Besitz zu nehmen – ein freilich nur symbolischer Akt, der folgenlos blieb. Er brachte an einer Säule eine Kupferplatte an, die 1936 wiederentdeckt wurde und bewies, daß Drake am Golden Gate das Land betreten hatte. (Es sei jedoch nicht verschwiegen, daß manche Fachleute dieses Dokument für eine Fälschung halten.) Mitte 1579 entschloß er sich zur Heimreise. Über die Marianen-Inseln und die Molukken, wo er für einen Teil des erbeuteten Goldes Gewürze aufkaufte, erreichte er den Indischen Ozean und das Kap der Guten Hoffnung. Am 26. September 1580 lief seine Flotte nach einer dreijährigen Reise in den Hafen von Plymouth ein.

Auf seiner letzten Expedition, die gegen die spanischen Besitzungen in Mittelamerika gerichtet war, erkrankte Drake an der Ruhr und starb.

Erich von Drygalski war viele Jahre lang Professor an der Universität München und Direktor des Geographischen Instituts. Sein Spezialgebiet war die Gletscherkunde, die er praktisch und theoretisch betrieb.

Erich von Drygalski

* 9. Februar 1865 Königsberg; † 10. Januar 1949 München

Deutscher Geograph und Polarforscher

Nachdem Drygalski bei der Erforschung des grönländischen Inlandeises 1892/93 einschlägige Erfahrungen gesammelt hatte, wurde er 1901 mit der Leitung der deutschen Südpolarexpedition betraut. Mit dem Forschungsschiff *Gauß* stieß er 1902 über die Kerguelen und die nach ihm benannte *Drygalski-Insel* in die Davis-See vor und von dort aus weiter zu einer bis dahin unbekannten ostantarktischen Küstenregion, der er den Namen *Kaiser-Wilhelm-II.-Land* gab. Hier wurde das Schiff vom Eis eingeschlossen.

Bis die Expeditionsteilnehmer im Februar 1903 endlich die Heimreise antreten konnte, führten Drygalski und seine Mitarbeiter meteorologische und biologische Dauerbeobachtungen durch und entdeckten auf dem Festland einen erloschenen eisfreien Vulkan, der den Namen *Gauß-Berg* erhielt.

Paul Belloni Du Chaillu

* 1835 Paris; † 1903 St. Petersburg

Franko-amerikanischer Afrikaforscher und Schriftsteller

Der junge Du Chaillu unternahm von 1856 bis 1860 von der Gabun-Mündung an der westafrikanischen

Küste aus, wo sein Vater eine Handelsniederlassung besaß, eine Forschungsreise ins Landesinnere. Er entdeckte die Quellen des Ogooué (Ogowe) und die Heimat der Gorillas, von deren Existenz man bis dahin in Europa kaum etwas wußte. Fälschlicherweise beschrieb er diese Menschenaffen als »*die stärksten, wildesten und hinterlistigsten Ungeheuer des Schwarzen Erdteils*«. Zum Beweis dafür fing er zwei Jungtiere ein, die jedoch bald eingingen. Deshalb hielten viele diese Entdeckung für einen ausgemachten Schwindel.

Jules Sébastien César Dumont d'Urville

* 23. Mai 1790 Condé-sur-Noireau; † 8. Mai 1842 Meudon

Französischer Weltumsegler und Antarktisforscher

Nach dem Studium (Naturwissenschaften und Sprachen) trat Dumont d'Urville in die französische Marine ein, wo er es bis zum Rang eines Konteradmirals brachte. Er nahm 1819/20 an einer hydrographischen Expedition im Mittelmeer teil und segelte anschließend an Bord der *Coquille* um die Welt.

1826 übertrug ihm die Regierung die Leitung einer Forschungsreise nach Polynesien, wo er vor allem das Schicksal des verschollenen französischen Entdeckers →*Jean F. de Galaup, Comte de La Pérouse* aufklären sollte. Am 26. Februar 1828 entdeckte er bei der Insel

Im Januar 1840 dringt Dumont d'Urvilles Forschungsschiff Astrolabe *bis zur Eisküste von Adélie-Land vor. Gemälde von Garneray.*

Der Marineoffizier Jules Sébastien César Dumont d'Urville war zugleich ein hervorragender Wissenschaftler, der durch seine ozeanographischen und völkerkundlichen Entdeckungen zum wohl bedeutendsten französischen Pazifik- und Antarktisforscher wurde.

Vanikoro (Santa-Cruz-Gruppe) die Überreste der beiden Korvetten La Pérouses, die auf ein Riff aufgelaufen und gesunken waren. Alle Überlebenden des Schiffbruchs waren, wie er erfuhr, von den Insulanern niedergemetzelt worden. Über die Marianen, Karolinen und Molukken erreichte er Celebes und Java. Auf dem Weg um das Kap der Guten Hoffnung kehrte er nach Frankreich zurück, wo er am 25. März 1829 eintraf.

Die wissenschaftliche Ausbeute der Expedition war beträchtlich: Hydrographisches und ethnographisches Material, das die Einteilung der pazifischen Inselwelt in Polynesien, Mikronesien, Malaisien und Melanesien ermöglichte, ferner eine Dokumentation der Eingeborenensprachen sowie 1600 Pflanzenarten und rund 900 Gesteinsproben.

1837 brach Dumont d'Urville, nachdem er sich die Unterstützung des französischen Bürgerkönigs Louis-Philippe gesichert hatte, mit zwei Schiffen in die Südpolarregion auf. Über die Magellan-Straße und die Südshetlands stieß er fast bis zum 65. Breitengrad vor. Südlich der Südorkney-Inseln entdeckte er eisbedeckte Landmassen, denen er die Namen *Louis-Philippe* (wahrscheinlich die heutigen *D'Urville-Insel*) und *Joinville* (Joinville-Insel) gab. Bei einem zweiten Versuch drang er im Januar 1840 auf der Suche nach dem magnetischen Südpol durch das nach ihm benannte *D'Urville-Meer* bis zur Eisküste Antarktikas vor. Er taufte die bis dahin unbekannte Region nach seiner Frau *Adélie-Land* und die dort zahlreich vorkommenden Pinguine *Adélie-Pinguine;* beide Namen haben sich bis heute erhalten.

Henri Duveyrier

*28. Februar 1840 Paris; †1892 Sèvres
Französischer Saharaforscher

Nach dem Studium der arabischen Sprache unternahm der junge Duveyrier 1859 und 1860/61 zwei Expeditionen in die Sahara, auf denen er vor allem das Leben und die Stammesgliederung der Tuareg als erster Europäer gründlich erforschte. Gleichzeitig gewann er wesentliche Erkenntnisse über die Topographie, Geologie, Flora und Fauna der nordafrikanischen Wüstenlandschaft.

Erik der Rote

*um 940 Norwegen; †um 1010 Grönland
Wikingerfürst und Seefahrer

Um 800 begannen die in Skandinavien heimischen →*Wikinger*, mit ihren Drachenschiffen kühne Entdekkungs- und Eroberungsfahrten auf den Meeren und Flüssen Europas zu unternehmen. Sie erreichten Deutschland, England, Irland, Frankreich, Spanien,

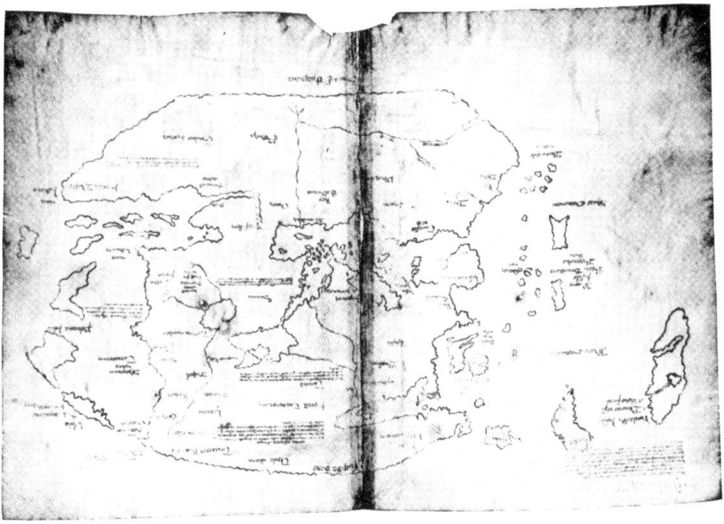

Oben: *Auf dieser inzwischen als Fälschung erwiesenen »alten« Wikingerkarte, die 1965 veröffentlicht wurde, ist oben links neben der Insel Grönland das »Vinland« (Neufundland?) zu erkennen.*

Nordafrika, Italien, den Nahen Osten und Rußland. Bereits gegen Ende des 9. Jahrhunderts eroberten und besiedelten sie auch Island, und um 930 wurde ein Wikinger namens Gunnbjörn bis in Sichtweite der Küste Grönlands verschlagen.

982 beschloß dann Erik Thorwaldsson, der wegen seines flammend roten Haars Erik der Rote genannt wurde, dieses ferne, von Gunnbjörn erwähnte Land zu suchen, nachdem er wegen eines Totschlags seine bisherige Heimat Island verlassen mußte. Er umfuhr die Südspitze Grönlands, das ihm seinen Namen (»grünes Land«) verdankt, erkundete ein Stück der Südwestküste und ließ sich schließlich in der Gegend des heutigen Ortes Brattahlid nieder. Aus Island holte er daraufhin weitere Siedler nach und gründete eine zweite Wikingerkolonie beim heutigen Godthab, einige hundert Kilometer nördlich von Brattahlid gelegen.

Da Grönland geographisch als ein Teil Nordamerikas aufgefaßt wird, gilt Erik der Rote als Erstentdekker der Neuen Welt – rund 500 Jahre vor →*Christoph Columbus.*

Erik der Rote selbst ist sehr wahrscheinlich nicht bis zum eigentlichen nordamerikanischen Festland vorgedrungen, wohl aber mit ziemlicher Sicherheit sein Sohn Leif Eriksson, der um das Jahr 1000 von Grönland aus nach Westen segelte und an drei Stellen landete: in Helluland (»Flachsteinland«, vermutlich der Süden von Baffinland), in Markland (»Waldland«, offenbar Labrador) und Vinland (»Weinland«, möglicherweise eine Küstenregion irgendwo zwischen

Unten: *Erik der Rote.*

Leif und seine Gefährten fingen den Sagas zufolge in Vinland die größten Fische, die sie je erblickt hatten. Der Holzschnitt von Olaus Magnus aus dem Jahre 1555 zeigt Wikinger beim Lachsfang.

Neufundland und Cape Cod). Leif und seine Männer überwinterten in Vinland. Nach ihrer Rückkehr, wahrscheinlich 1002, fuhr sein Bruder Thorwald ebenfalls nach Vinland und fand dort im Kampf mit Indianern den Tod.

Euthymenes von Massilia

6. Jahrhundert v. Chr.
Griechischer Seefahrer

Der aus Massilia (heute Marseille) stammende Euthymenes unternahm um 530 v. Chr. eine Entdekkungsfahrt längs der westafrikanischen Küste und soll dabei bis zur Senegal-Mündung vorgedrungen sein. Seine Theorie, die passatartigen Nordwestwinde des östlichen Mittelmeeres (Etesien) seien die Ursache für die Nilschwellen, wurde von Herodot als Kuriosum vermerkt.

Sir George Everest

* 4. Juli 1790 Gwernvale; † 1. Dezember 1866 London
Englischer Vermessungsingenieur und Geograph

Als junger Offizier kam Everest 1806 als Kadett der Ostindien-Kompanie nach Südostasien und wurde 1813 mit der gründlichen Erkundung und Vermessung der Insel Java beauftragt, eine Aufgabe, die ihn zwei Jahre in Anspruch nahm. Seine größte Leistung ist jedoch die trigonometrische Vermessung Indiens und der Himalaja-Region, die er von 1823 bis 1843 durchführte. Ihm zu Ehren wurde der höchste Berg der Erde *Mount Everest* genannt.

Edward John Eyre
* 5. August 1815 Hornsea; † 30. November 1901 Walreddon Manor bei Tavistock
Englischer Australienforscher

Der junge Eyre wanderte 1833 nach Australien aus und betätigte sich zunächst als Schafzüchter in Neusüdwales und dann am Unterlauf des Murray. 1836 begann er mit der Erkundung der Sandwüstenlandschaften im Inneren des Kontinents. Dabei entdeckte er unter anderem den Torrens-See und weiter nördlich jenen großen See, der heute seinen Namen trägt.

Am 20. Juni 1840 brach er mit einem Weißen und drei Eingeborenen von Adelaide aus in Richtung Westen auf, zu einer Durchquerung der noch unerschlossenen Regionen Südaustraliens. Nach einem unsäglich strapaziösen Marsch durch das wasserlose, lebensfeindliche Gebiet nördlich der Großen Australischen Bucht erreichte er mit nur einem Träger – die beiden anderen Eingeborenen hatten schon am Anfang der Expedition seinen weißen Begleiter ermordet und waren geflohen – die Südküste gegenüber dem Recherche-Archipel, wo er von einem dort ankernden französischen Walfänger vor dem Durst- und Hungertod gerettet wurde. Er zog weiter und traf am 13. Juli 1841 am König-George-Sund ein, wo heute die Stadt Albany liegt.

Für die erstmals geglückte Ost-West-Durchquerung Australiens wurde Eyre von der *Royal Geographical Society* ausgezeichnet. Wegen seines Geschicks im Umgang mit Eingeborenen entsandte ihn die Regierung als Verwaltungsfachmann in den Pazifik und berief ihn 1864 zum Gouverneur von Jamaica, wo er noch einmal eine allerdings traurige Berühmtheit erlangte: Bei einem Aufstand der Eingeborenen griff er so brutal durch, daß er schon 1866 seines Postens enthoben wurde.

Percy Fawcett
* 1867 Torquay; † 1925 (?) Mato Grosso
Englischer Offizier und Südamerikaforscher

In der britischen Armee bekleidete Fawcett den Rang eines Majors, als er auf Vorschlag der *Royal Geographic Society* von der bolivianischen Regierung 1906 damit beauftragt wurde, das noch unerschlossene Grenzgebiet zwischen Bolivien, Peru und Brasilien zu erkunden. Auf seiner ersten Expedition (1906/07) stieß er zu den Quellflüssen des Madeira und Purus vor und erforschte den Abuna und Acre an der bolivianischen Nordgrenze. Von 1909 bis 1911 untersuchte er den noch unbekannten Verlauf des Heath River, der die Grenze zwischen Bolivien und Peru bildet. 1913/14 stieß er auf eigene Faust bis zum Rio Verde und Paraguá vor.

Nach dem Ersten Weltkrieg setzte Fawcett seine Südamerika-Expeditionen fort. Jetzt ging es ihm vor allem um die Entdeckung untergegangener Kulturen und Städte. Eine solche Stadt vermutete er im Mato Grosso. Vom Oberlauf des Xingu aus wollte er das Hochplateau durchqueren und dann bis Salvador an der Atlantikküste vordringen. Am 20. April 1925 stieß er von Cuiabá aus in den Mato Grosso vor, von wo er nie zurückkehrte. Der letzte Brief an seine Frau stammt vom 29. Mai: »*Du brauchst keine Angst zu haben, daß etwas schiefgehen könnte*...« Dann verlor sich seine Spur im Urwald. Wahrscheinlich wurde er von feindlichen Indios erschlagen.

Von der außfart Ni-
claus Federmanns des Jünger von
Ulm/auß Hispania in Indias/vnd was jm in diser
raise begegnet/auch was Er gesehen vnnd erfaren
von Inselen/völckern/ihren sitten vnd gebräuchen/
Darbei in was leibs gefahr er mit den seinen
gestanden/vnd wie vil sie erlitten/biß
zur abnfart der statt Coro.

IM tausent
fünff hun-
dert vñ im
neün vnd
zwaintzig
sten Jar des andern tags des Monats
Octobris/ Gieng ich Niclaus Feder-
mañ der Jünger von Ulm/zů Sant Lucar Barame-
da/ ain Port des Möhrs inn Hispania der Prouintz
A iij

Erste Seite von Nikolaus Federmanns Reisebericht, der 1557 postum unter dem Titel Indianische Historia *erschien.*

Nikolaus Federmann

* um 1505 Ulm; † Februar 1542 Gent (?)
Deutscher Landsknechtsführer und Konquistador

Das Augsburger Handels- und Bankhaus der Welser, das 1528 von Kaiser Karl V. zum Ausgleich für hohe Kredite mit dem Kolonialgebiet von »Klein-Venedig« (Venezuela) belehnt worden war, entsandte 1530 den Feldhauptmann Federmann als Statthalter und Generalkapitän nach Südamerika. Von der Hafenstadt Corona aus drang Federmann nach Süden vor, wurde aber schon bald von kriegerischen Indianerstämmen wieder zur Küste zurückgetrieben. Er kehrte enttäuscht nach Europa heim, reiste jedoch bereits 1536 wieder nach Venezuela zurück.

Bei seinem zweiten Versuch, das sagenhafte Goldland Eldorado zu finden, überschritt er die Flüsse Apure, Arauca und Meta und erreichte das Tal des Rio Ariari. Dort begann der mühsame Aufstieg in die östlichen Kordilleren. Drei Jahre nach seinem Aufbruch in Europa stand Federmann 1539 zwar nicht in dem legendären Goldland, immerhin aber vor der reichen Stadt Bogotá. Dort stieß er allerdings auf zwei spanische Truppeneinheiten, die – ebenfalls auf der Suche nach Eldorado – von Norden und Süden gekommen waren. Um einen Bruderkampf zu vermeiden, einigten sich die drei Anführer und schlossen einen Kompromiß. Nach erfolgreichem Kampf gegen die Stadt zogen sie gemeinsam, reich an Beute beladen, zur Küste zurück. Bogotá wurde den beiden Spaniern zugesprochen, eine Entscheidung des spanischen Königs, die Federmann bis zu seinem Tode anzufechten versuchte. Sein Expeditionsbericht erschien 1557 unter dem Titel *Indianische Historia.*

Wilhelm Filchner

* 13. September 1877 München; † 7. Mai 1957 Zürich
Deutscher Forschungsreisender

Seine erste Expedition unternahm Filchner 1900 zum Pamir. In den Jahren 1903 bis 1905 erforschte er zusammen mit A. Tafel das Hochland von Tibet, wohin er 1926–1928 und 1934–1938 noch zweimal zurückkehrte.

Am bekanntesten wurde er jedoch durch die erfolgreiche Leitung der zweiten deutschen Südpolarexpedition 1911/12 im antarktischen Weddell-Meer, bei welcher er das *Filchner-Schelfeis* und das *Prinzregent-Luitpold-Land* entdeckte.

Von seiner letzten großen Forschungsreise, die ihn 1939-1941 nach Nepal führte, kehrte er erst nach dem Zweiten Weltkrieg (1951) nach Europa zurück. Filchner verarbeitete die wissenschaftlichen Erkenntnisse und Ergebnisse seiner Reisen in mehreren Büchern und Kartenwerken und in der Autobiographie *Ein Forscherleben* (1950).

Porträtaufnahme von Wilhelm Filchner, die um die Jahrhundertwende zur Zeit seiner ersten großen Expeditionen entstand.

Robert Fitzroy

*5. Juli 1805 Ampton Hall/Suffolk; †30. April 1865 Norwood

Englischer Marineoffizier, Meteorologe und Hydrograph

Als Leutnant wurde Fitzroy, ein erstklassiger Seemann und Hydrograph, nach Südamerika abkommandiert, wo er 1828 das Kommando auf dem Vermessungsschiff *Beagle* übernahm. Er führte in den folgenden zwei Jahren gemeinsam mit P. P. King eine sorgfältige geographische Aufnahme der Küsten Patagoniens, Feuerlands und insbesondere der Magellan-Straße durch. Die Namen *Fitzroy-Kanal* (nördlich der Magellan-Straße) und *Beagle-Kanal* (südlich davon) erinnern an diese Expedition.

Ende 1831 stach Fitzroy von Portsmouth aus mit der *Beagle* erneut in See, um die Erkundung und Vermessung der südamerikanischen Küsten fortzusetzen. An Bord befand sich diesmal der junge →*Charles Darwin*, der auf dieser Reise die entscheidenden Anregungen und Fakten für seine Evolutionstheorie sammelte. Die *Beagle* befuhr, zum Teil mehrfach, die West- und Ostküste Südamerikas und kehrte über die Galapagos-Inseln, Neuseeland, Australien und das Kap der Guten Hoffnung nach England zurück, wo sie erst im Oktober 1836 eintraf. Zusammen mit Darwin verfaßte Fitzroy einen dreibändigen Forschungsbericht.

Matthew Flinders, der den Inselcharakter von Tasmanien nachwies.

Matthew Flinders

*16. März 1774 Donington; †19. Juli 1814 London

Englischer Seefahrer und Entdeckungsreisender

Die Lektüre des *Robinson Crusoe* bewog den jungen Flinders, die ihm vorbestimmte Arztlaufbahn auszuschlagen und zur See zu gehen. Er befaßte sich intensiv mit Nautik, Mathematik und Geographie und kam 1795 nach Australien. Von Port Jackson an der

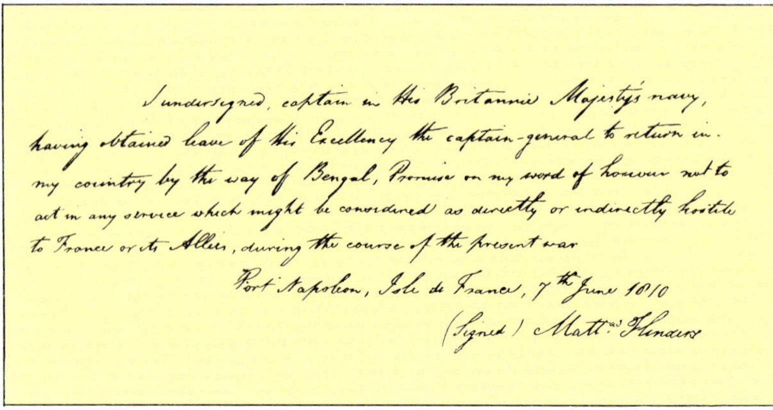
I undersigned, captain in His Britannic Majesty's navy, having obtained leave of His Excellency the captain-general to return in my country by the way of Bengal, Promise on my word of honour not to act in any service which might be considered as directly or indirectly hostile to France or its Allies, during the course of the present war

Port Napoleon, Isle de France, 7th June 1810

(Signed) Mattw Flinders

Nach seiner erfolgreichen Australienumsegelung wurde Flinders auf dem Heimweg nach England von den Franzosen auf der Ile de France (Mauritius) gefangengenommen. Erst nach fast sieben Jahren konnte er in die Heimat zurückkehren, nachdem er sich durch die oben abgebildete Erklärung verpflichtet hatte, an keinerlei Aktionen teilzunehmen, »die im Verlauf des gegenwärtigen Krieges [zwischen Frankreich und England] als direkt oder indirekt gegen Frankreich oder dessen Verbündete gerichtet betrachtet werden könnten«.

Südostküste aus erkundete er zunächst die Umgebung der Botany Bay und faßte dann den Plan, die noch kaum bekannte Südküste Australiens zu erforschen. 1798 stieß er mit der kleinen Schaluppe *Norfolk* nach Süden vor, um festzustellen, ob das Van-Diemens-Land (Tasmanien) eine Insel oder ein großer Landvorsprung an der Südküste war. Er umsegelte Tasmanien und bewies damit dessen Inselcharakter. Die Durchfahrt zwischen der Insel und dem Festland erhielt den Namen seines Begleiters: *Bass-Straße*. Dieser Erfolg brachte Flinders eine Beförderung ein und den Auftrag, ganz Australien zu umfahren.

Als Kommandant der *Investigator* bewältigte Flinders die gestellte Aufgabe in den Jahren 1801-1803. Auf der Heimreise nach England schlug sein Schiff jedoch ein Leck, so daß er gezwungen war, Mauritius anzulaufen. Dort wurde er von den Franzosen verhaftet und fast sieben Jahre lang gefangengehalten. 1810 traf er als gebrochener Mann in England ein.

Charles Eugène Vicomte de Foucauld

*15. September 1858 Straßburg; †1. Dezember 1916 Tamanrasset/Algerien

Französischer Offizier, Saharaforscher und Missionar

Foucauld war zunächst Offizier, wurde aber nach einem Aufenthalt in Algerien wegen mangelnder Härte in den einstweiligen Ruhestand versetzt und kehrte nach Paris zurück. Als 1881 im marokkanischen Bu Amama ein Aufstand ausbrach, zog er die Uniform noch einmal an und nahm an der Befriedungsaktion teil. Anschließend unternahm er, als wandernder Jude verkleidet, in den Jahren 1883-1884 eine Forschungsreise durch die Wüstenregionen Südmarokkos und Algeriens. Von Tanger aus drang er über Taza, Sefrou und Boujad in die westliche Sahara vor.

Nach seiner Rückkehr trat Foucauld in den Trappistenorden ein und wurde 1901 zum Priester geweiht. Den Rest seines Lebens verbrachte er als Eremit und Missionar unter den Tuareg im Ahaggar-Gebirge mitten in der Sahara. Dort erforschte er die Berbersprache, erarbeitete das bisher umfassendste Wörterbuch dieser Sprache und sammelte Texte und Sprichwörter der Tuareg. In seiner Einsiedelei im Oasendorf Tamanrasset wurde er 1916 von einem fanatischen Tuareg ermordet.

Sir John Franklin

* 16. April 1786 Spilsby; † 11. Juni 1847 Arktis
Englischer Seeoffizier und Arktisforscher

Schon als Fähnrich begleitete Franklin an Bord der *Investigator* →*Matthew Flinders* auf dessen Fahrt längs der australischen Südküste (1801-1803). 1805 nahm er an der Schlacht von Trafalgar teil und zeichnete sich 1812–1815 im englisch-amerikanischen Krieg aus.

1818 unternahm er seine erste Fahrt in das Nordpolarmeer, wo er die Nordostpassage zu entdecken hoffte. Nachdem er Spitzbergen umsegelt hatte, mußte er aber auf Befehl seines Vorgesetzten die weitere Suche abbrechen. Ein Jahr später erhielt Franklin von der britischen Admiralität den Auftrag, »*die Nordkü-*

Das Arctic Council *organisierte in London die Suche nach Sir John Franklin, der seit 1846 als verschollen galt. Gemälde von S. Pearce (1851).*

Erst 1859, als die Überreste der verschollenen Franklin-Expedition entdeckt wurden, erfuhr die Welt, daß die beiden Schiffe Franklins, die Erebus *und die* Terror, *den Winter 1845/46 bei den Beechey-Inseln am Eingang des Wellington-Kanals verbracht hatten. Zeitgenössischer Holzschnitt.*

ste Amerikas von der Mündung des Coppermine-Flusses [im Coronation Gulf] *nach Osten zu erforschen«.* Die Erkundung der Buchten, Seen und Flüsse Nordkanadas dauerte 16 Monate, bis Ende 1821.

In den folgenden Jahren hielt sich Franklin wieder im kanadischen Norden auf, wo er den Mackenzie River, den kleineren Peel River, den Großen Bären-See und die Küste Nordalaskas bis 149° 37′ westlicher Länge erforschte. 1845, nach einer siebenjährigen Amtszeit als Gouverneur von Tasmanien, wurde Franklin von der Admiralität mit der Suche nach der Nordwestpassage beauftragt. Mit den beiden Schiffen *Erebus* und *Terror*, die während der Antarktisexpedition von →*Sir James C. Ross* ihre Bewährungsprobe bestanden hatten, stach er am 18. Mai 1845 in See. Er hatte die Anweisung erhalten, durch den Lancaster-Sund stetig nach Westen zu segeln und durch die Bering-Straße den Seeweg zum Pazifik zu erzwingen. Am 26. Juli wurden die beiden Schiffe zum letztenmal von einem Walfänger vor der Einfahrt zum Lancaster-Sund gesehen, wo sie bei günstigem Wind westwärts segelten. Sie galten als verschollen, bis 1859 auf der King-William-Insel vor der kanadischen Nordküste die sterblichen Überreste der Franklin-Mannschaft entdeckt wurden. Aus einer schriftlichen Aufzeichnung ging hervor, daß Franklin selbst am 11. Juni 1847 gestorben war.

Wenngleich ihm der große Erfolg versagt geblieben ist, so ist es Franklin indirekt zu verdanken, daß im Anschluß an seine Expedition ein großer Teil des unbekannten Nordmeeres erforscht wurde: Auf der bis dahin umfangreichsten Suche, die je nach einem Menschen ausgelöst wurde, gelang es den Expeditionsschiffen, selbst viele der Informationen zu sammeln, die Franklin und seine Mannschaft gesucht hatten.

John Charles Frémont

* 1813 Savannah, Georgia; † 13. Juli 1890 New York
Amerikanischer Entdeckungsreisender

Frémont, der Sohn eines französischen Immigranten, begann 1838 als Assistent von J. N. Nicollet mit der Erkundung des weiten Landstrichs zwischen dem oberen Mississippi und Missouri. Zwei Jahre später erforschte er bereits selbständig den Des Moines River, einen Nebenfluß des Mississippi.

Nach seiner Rückkehr heiratete er Jessie Benton, die Tochter des einflußreichen Senators Benton, der die Expansion nach Westen forderte und seinem Schwiegersohn die Chance bot, den noch weithin unerschlossenen Wilden Westen zu erkunden. 1842 stieß Frémont auf dem Missouri und Platte River zum South Pass in den Rocky Mountains vor; damit war der Weg für die Siedlerströme nach Oregon bereitet.

1843/44 überquerte Frémont die Gebirgskette, erforschte den Großen Salzsee, drang am Snake River und Columbia bis Vancouver vor und erreichte in südlicher Richtung nach einer beschwerlichen Übersteigung der Sierra Nevada die kalifornische Küstenregion, die damals noch zu Mexiko gehörte. Einen Aufstand der amerikanischen Siedler in Kalifornien nutzte Frémont zur Einschleusung von amerikanischen Freiwilligenverbänden und Siedlergruppen. Daraus entwickelte sich der mexikanisch-amerikanische Krieg, an dessen Ende Mexiko ganz Kalifornien an die USA abtreten mußte (1848).

In den folgenden Jahren unternahm Frémont noch weitere Expeditionen im amerikanischen Westen. 1856 ließ er sich als Präsidentschaftskandidat der neuen Republikanischen Partei aufstellen. Trotz seiner Popularität als Entdecker und Eroberer Kaliforniens unterlag er. 1878 jedoch wurde er immerhin auf fünf Jahre zum Gouverneur von Arizona gewählt.

John Charles Frémont, der den Wilden Westen Nordamerikas erforschte und Kalifornien für die Vereinigten Staaten gewann.

Sir Martin Frobisher

* 1535 (?) Normanton, Yorkshire; † 1594 Plymouth
Englischer Seefahrer

Über Frobishers erste Lebenshälfte ist wenig bekannt. Wahrscheinlich befuhr er die Meere als Freibeuter. Er machte sich jedenfalls einen Namen als Navigator und wurde vom Earl of Warwick 1576 mit der Suche nach der Nordwestpassage beauftragt. Am 7. Juni 1576 stach er in Richtung Norden in See. Am 11. Juli umsegelte er Kap Farvel, die Südspitze Grönlands, und zwei Wochen später erreichte er die Einfahrt der nach ihm benannten *Frobisher-Bucht* (Baffinland). Nachdem er die Nordküste der Bucht, die er fälschlicherweise für eine nach Westen offene Meeresstraße hielt, erkundet hatte, trat er die Heimreise an.

Aufgrund seines scheinbaren Erfolges konnte er

Sir Martin Frobisher, der auf der vergeblichen Suche nach der Nordwestpassage bis zum 63. nördlichen Breitengrad vorstieß.

noch zwei weitere Versuche unternehmen. 1577 stieß er auf fast der gleichen Route wieder bis zum Baffinland vor, und im darauffolgenden Jahr fuhr er in die Hudson-Straße ein, doch die Durchfahrt zum Pazifik konnte er auch diesmal nicht finden.

Als Vizeadmiral nahm Frobisher 1585 an der Westindien-Expedition von →*Francis Drake* teil, und sein Einsatz im Kampf gegen die spanische Armada trug ihm 1588 den Adelstitel ein.

Sir Vivian Ernest Fuchs

*11. Februar 1908 Freshwater/Isle of Wight
Englischer Geologe und Antarktisforscher

Der promovierte Geologe Fuchs, der sich als Forschungsreisender in Grönland und Afrika einen Namen gemacht hatte, leitete im Rahmen des Internationalen Geophysikalischen Jahres 1957/58 die britische Trans-Antarctic Expedition, die es sich zum Ziel gesetzt hatte, den gesamten Kontinent Antarktika erstmals auf dem Landweg zu durchqueren. Zur Vorbereitung des Unternehmens, das trotz Verwendung moderner technischer Hilfsmittel (Funk, Traktoren, Flugzeuge usw.) mit großen Risiken verbunden war, legten die Engländer zwei Basislager an: das eine für Dr. Fuchs in der alten Shackleton-Basis am Rande des Weddell-Meeres, das zweite für seinen Stellvertreter, den brühmten Everest-Bezwinger Edmund Hillary, in der Scott-Basis am McMurdo-Sund (Ross-Meer). Von diesen beiden Stützpunkten aus, die fast 3000 km voneinander entfernt waren, brachen Fuchs und Hillary Ende 1957 in Richtung Südpol auf, wobei Hillary vor allem die Aufgabe hatte, Vorratsdepots zwischen der Scott-Basis und dem Pol anzulegen. Er sollte eigentlich beim Depot 700 auf Fuchs warten, doch konnte er der Anziehungskraft des Pols nicht widerstehen und marschierte weiter. Am 4. Januar 1958 erreichte er als erster den Südpol, wo am 21. Januar auch Dr. Fuchs aus der entgegengesetzten Richtung eintraf. Zusammen legten sie die ungemein beschwerliche Wegstrecke vom Pol bis zur Scott-Basis am Ross-Meer zurück. Dort wurden sie und ihre Begleiter am frühen Morgen des 2. März enthusiastisch empfangen. In genau 99 Tagen hatte Fuchs als erster die Landdurchquerung der Antarktis geschafft.

Vasco da Gama

*1469 (?) Sines; †24. Dezember 1524 Kotschin/Indien
Portugiesischer Seefahrer

Über da Gamas Jugend ist kaum etwas bekannt, doch auf jeden Fall hat er sich schon früh als tüchtiger Seemann und starke Führungspersönlichkeit bewährt. Deshalb wurde er vom portugiesischen König

Manuel I. ausersehen, das Werk von →*Bartolomeu Díaz*, der 1488 am Kap der Guten Hoffnung umkehren mußte, zu vollenden und den Seeweg nach Indien zu finden. Anderthalb Jahrtausende lang hatte der Handel mit den Gewürzen und sonstigen Waren aus dem Fernen Osten in den Händen indischer, persischer und arabischer Kaufleute gelegen, doch nun, am Ende des 15. Jh., waren die Portugiesen entschlossen, diese Zwischenhändler auszuschalten und mit den »Gewürzländern« Südasiens unmittelbar Handel zu treiben. Als wichtigstes Handelszentrum galt die Hafenstadt Calicut (heute Kozhikoda) an der indischen Malabarküste, die da Gama erreichen sollte.

Am 8. Juli 1497 stach das aus vier Karavellen bestehende Geschwader in See, angeführt von da Gamas Flaggschiff *São Gabriel*. Über die Kapverdischen Inseln, wo man acht Tage lang vor Anker ging, erreichte da Gama auf einem küstenfernen Kurs am 4. November die St.-Helena-Bai an der Westküste Südafrikas. Er umschiffte in einem großen Bogen das Kap und traf am 25. November in der Mosselbaai ein. Am 16. Dezember kam er an der Mündung des Großen Fisch-Flusses vorbei, zu der auch schon Díaz vorgestoßen war, und am 25. Dezember passierte er einen Küstenstrich, den er Natal nannte, weil er ihn am Tage von Christi Geburt gesichtet hatte. Nach einigen Zwischenaufenthalten an der ostafrikanischen Küste erreichte er am 7. April 1498 den Hafen vom Mombasa im heutigen Kenia, wo es zu einem Zusammenstoß mit den dort lebenden Moslems kam.

Da Gama konnte jedoch weiter bis Malindi segeln, seiner letzten Station in Afrika, wo er freundlich aufgenommen wurde und sogar einen Lotsen für die Überquerung des Indischen Ozeans zur Verfügung gestellt bekam. Auf einem nordöstlichen Kurs steuerten die Portugiesen die Malabarküste an. Am 20. Mai 1498 war Calicut, das Ziel der abenteuerlichen Reise, erreicht.

Nach langwierigen Verhandlungen mit dem Samurin (König) von Calicut gelang Vasco da Gama der Abschluß eines Handelsvertrages, und er durfte seine Schiffe auch mit einigen »Kostproben« der begehrten fernöstlichen Gewürze beladen. Am 29. August 1498 trat er die Heimreise an, die sich noch schwieriger gestaltete als die Hinreise. Viele Matrosen starben an Skorbut, und auch da Gamas Bruder Paulo, der eines der Schiffe befehligt hatte, sah die Heimat nicht mehr wieder. Das erste Schiff des Geschwaders, die *Berrio*, traf am 10. Juli 1499 in Lissabon ein, und am 9. September wurde Vasco da Gama, der sich wegen der tödlichen Erkrankung seines Bruders länger auf den Azoren aufgehalten hatte, in Portugal begeistert empfangen.

Zeitgenössisches Porträt von Vasco da Gama.

Vasco da Gamas Wappen, das ihn als »ersten Admiral von Indien« ausweist.

DESSERTO
SINVS
ARABICVS
MARE INDICV
CIRCVL9
CIR
CVL
VS

SINVS GANGETICVS
PEALEGVS INDICVS

Vorangehende Doppelseite:

Der Indische Ozean, den Vasco da Gama auf seinen Reisen nach Indien zweimal überquerte. Bereits Affonso de Albuquerque gelang es, den Seeweg nach Indien unter portugiesische Kontrolle zu bringen. Karte aus dem 16. Jahrhundert.

Die zweite portugiesische Indienexpedition (1500/01) leitete →*Pedro A. Cabral*, aber 1502 unternahm da Gama mit einer großen Flotte noch einmal eine Fahrt nach Calicut und baute die portugiesische Stellung an der Malabarküste aus, was nicht ohne Gewaltanwendung gelang. Im Februar 1508 segelte er mit reichbeladenen Schiffen nach Portugal zurück. 1524 wurde er, nachdem er zwei Jahrzehnte verhältnismäßig zurückgezogen in Portugal gelebt hatte, zum Vizekönig von Portugiesisch-Indien ernannt. Bereits kurz nach seiner Überfahrt starb er jedoch in Indien, das er für Portugal erschlossen hatte.

Der Begründer der portugiesischen See- und Handelsmacht wurde in seiner Heimat zum gefeierten Volkshelden, und der größte Dichter Portugals, Luís de Camões, der selbst von 1535 bis 1570 im Fernen Osten weilte, setzte ihm ein Denkmal in seinem Epos *Die Lusiaden*.

Francis Garnier

* 25. Juli 1839 St. Etienne; † 21. Dezember 1873 Hanoi
Französischer Marineoffizier und Asienforscher

Der in Indochina stationierte Offizier Garnier veröffentlichte 1864 unter dem Pseudonym G. Francis eine Broschüre, in der er die Erforschung des Mekong, dessen Quelle man irgendwo in China vermutete, überzeugend als eine politische und wirtschaftliche

Die Karte zeigt das riesige Gebiet, in welches die französische Expedition unter Dondart de Lagrée und Francis Garnier vordrang. Obwohl Garniers ehrgeizige Pläne letzten Endes nicht realisiert wurden, konnte doch diese Region exakt vermessen werden.

Francis Garniers Expedition wird 1866 auf dem Marsch durch Indochina im Palast des Königs von Mung-Yu empfangen. Zeichnung von Delaporte (1872).

Notwendigkeit darstellte. Die französische Regierung griff diese Gedanken auf, hielt aber Garnier für zu jung für die Durchführung und übertrug die Leitung der Expedition dem erfahrenen Fregattenkapitän Doudart de Lagrée.

Mit einem Kanonenboot verließen die beiden mit ihren Begleitern am 5. Juni 1866 Saigon und fuhren flußaufwärts. Von Phnom Penh aus machten sie einen Abstecher nach Angkor und setzten dann die Erforschung des Mekong mit dem Schiff und später mit kleinen Booten fort. Stromschnellen, Malariaanfälle und Zusammenstöße mit Aufständischen erschwerten das Fortkommen in der unerforschten Region, so daß die Expedition erst im Oktober 1867 die chinesische Grenze erreichte. Dort mußte sie das Mekong-Tal verlassen und zu Fuß nach Norden vordringen, bis Kunming in der Provinz Yünnan. Als die Forscher in Richtung Westen zum Mekong zurückkehren wollten, starb der Expeditionsleiter Doudart, und Garnier übernahm die Führung.

In Tali zwangen ihn Rebellen zur Umkehr und damit zur Aufgabe seines Plans, den Mekong bis zur Quelle zu verfolgen. Er schlug sich zum Jangtsekiang durch und gelangte stromabwärts im Frühjahr 1868 nach Schanghai und schließlich auf dem Seeweg wieder nach Saigon.

Alfred Grandidier

* 1836 Paris; † 1921 Paris
Französischer Geograph und Naturforscher

Nach Reisen in Südamerika und Asien kam Grandidier 1865 nach Madagaskar. In den folgenden fünf Jahren durchstreifte er die noch weitgehend unerforschte Insel in allen Richtungen, wobei er insgesamt mehr als 5000 km zurücklegte. Bei dem Studium der eigentümlichen Flora und Fauna der großen Insel stieß er u.a. auf die subfossilen Überreste des ausgestorbenen Riesenstraußes, des legendären »Vogel Rock«; er sammelte Gesteinsproben und führte exakte Messungen durch. Seine reichen Forschungsergebnisse wertete er bis zu seinem Lebensende in einem vielbändigen Werk aus, in dem die Geschichte, Naturgeschichte und Geographie Madagaskars erstmals erschöpfend und zuverlässig dargestellt wurden.

Hanno

Um 500 v. Chr.
Karthagischer Seefahrer

Aus dem griechisch geschriebenen Bericht Hannos, der sich nur im Heidelberger Codex aus dem 10. Jh. erhalten hat, und aus verschiedenen antiken Quellen geht hervor, daß dieser kühne Seefahrer von Karthago (heute Tunis) aus einen Periplus (Umsegelung Afrikas) versucht hat. »*Und er fuhr, und er führte sechzig Schiffe, jegliches mit fünfzig Ruderknechten, und eine Menge, Mann und Weib, an die dreißigtausend an der Zahl, und Korn und alle sonstige Zurüstung*« (O. Seel: *Antike Entdeckerfahrten*). Hannos Flotte stieß durch die »Säulen des Herakles« (Gibraltar) in den Atlantik vor und gelangte vermutlich bis in den Golf von Guinea.

»*Vier Tage lang weitertreibend sahen wir des Nachts das Land voll von Flammenlohe, inmitten aber war besonders ein steiles Feuer, größer als die anderen, das, so schien es, die Sterne versengte. Dies aber erschien des Tages als ein Berg, gar hoch, und ist ›der Götterwagen‹ geheißen.*« Aus dieser Textstelle kann man schließen, daß es sich bei dem »Götterwagen« um den 4070 m hohen vulkanischen Kamerunberg an der Südostküste Nigerias gehandelt haben muß, da er der einzige aktive Vulkan an der Küste Westafrikas ist.

Hanno gründete unterwegs mehrere Siedlungen, begegnete »*wilden Menschen*« und »*Mohren*« und lernte Krokodile, Flußpferde und sogar Gorillas kennen, deren Existenz erst wieder im 19. Jh. von →*Paul B. Du Chaillu* nachgewiesen werden konnte. Hannos aufschlußreicher Bericht über die Menschenaffen, die er offensichtlich nicht für Tiere, sondern für menschliche Wesen hielt, lautete folgendermaßen: »*Bei weitem die mehreren von ihnen waren Weiber, dicht behaart an den Leibern, welche die Dolmetscher ›Gorillas‹*

Neben dem ›Originalbericht‹ Hannos haben sich aus der Antike noch verschiedene andere Hinweise auf dessen Westafrika-Expedition erhalten. Der wohl wichtigste stammt von dem griechischen Schriftsteller Arrian, der im 2. Jh. n. Chr. lebte: »Der Libyer Hanno aber, der von Karthago aus fuhr, ist über die Säulen des Herakles hinaus in das äußere Meer gefahren, indem er Libyen zur Linken hatte; so fuhr er, bis sich seine Fahrt gen Sonnenaufgang wendete, insgesamt fünfunddreißig Tage lang. Als er sich jedoch wieder nach Süden kehrte, geriet er in viele Schwierigkeiten infolge von Wassermangel und glühender Hitze und durch Feuerbäche, die sich ins Meer ergossen.« Bei Martianus Capella (4. Jh. n. Chr.) heißt es sogar: »Als das punische Reich blühte, gelangte Hanno nach Umfahrung Mauretaniens und nach Ausfahrung der südlichen Biegung [also der Südspitze Afrikas] in günstiger Seefahrt zu den Grenzen Arabiens.« Das ist freilich stark übertrieben, denn daß Hanno ganz Afrika umrundet hätte, gilt als völlig ausgeschlossen.

nannten. Da wir sie nun verfolgten, vermochten wir zwar Männer nicht zu fassen, vielmehr alle entkamen...; wohl aber drei von den Weibern, welche beißend und kratzend sich nicht wollten wegführen lassen. So schlugen wir sie tot, zogen ihnen den Balg ab und nahmen ihre Felle mit zurück nach Karthago.«

Heinrich Harrer
*6. Juli 1912 Hüttenberg, Kärnten
Österreichischer Alpinist und Forschungsreisender

Abenteuerlust, Wagemut und physische Höchstleistungen haben das Leben von Heinrich Harrer geprägt. Er bezwang 1938 als erster die gefährliche Eiger-Nordwand und wurde 1939 Mitglied der deutschen Nanga-Parbat Expedition. Nach dem Kriegsausbruch in Indien interniert, gelang es ihm 1944, über zahlreiche Himalaja-Pässe nach Tibet zu entkommen. Bis März 1951 lebte er als Freund und Berater des Dalai Lama in Lhasa. Seine Abenteuer und wissenschaftlich bedeutsamen Erfahrungen beschrieb er in seinem berühmtesten Buch *Sieben Jahre in Tibet* (1952).

1962 erforschte Harrer das Innere von Neuguinea, wo er eine Reihe von Gipfeln erstmals bestieg und wichtige ethnographische Entdeckungen machte. Weitere Expeditionen führten ihn in das Amazonas-Stromgebiet (1969), in den Sudan und nach Borneo (1971). Einem breiteren Publikum bekannt wurde Harrer, der sich aus der aktiven Forschertätigkeit zurückgezogen hat, durch seine populären Bücher, Fernsehfilme und Vorträge.

Heinrich Harrer, der berühmte Tibet-Kenner und Weltreisende.

Über seine erste Begegnung mit dem jungen Dalai Lama berichtet Heinrich Harrer in seinem Buch *Sieben Jahre in Tibet:* »Jetzt kommt der große Moment: die Tore der Kathedrale öffnen sich und langsam tritt der Dalai Lama heraus, der junge Gottkönig, rechts und links gestützt auf zwei Äbte. Ehrfurchtsvoll beugt sich das Volk. Das strenge Zeremoniell würde fordern, daß man sich zu Boden wirft. Das ist hier aus Platzmangel nicht möglich. So neigen sich bei seinem Näherkommen die Rücken der Tausende wie ein Ährenfeld, über das der Wind streicht. Niemand wagt den Blick zu heben. Langsam und gemessen beginnt der Gottkönig seinen Weg um den Parkhor. ... Die Menge schweigt, von Ehrfurcht ergriffen. Nur die Musik der Mönche ist zu hören: die Oboen, Tuben, Pauken und Tschinellen. Es ist ein Bild – wie eine Vision aus einer anderen Welt, eine seltsam unwirkliche Atmosphäre, der auch wir nüchternen Europäer uns nicht ganz entziehen können.«

Samuel Hearne
*1745 London; †1792 England
Englischer Marineoffizier und Kanadaforscher

Nach seinem Dienst in der britischen Kriegsmarine erhielt Hearne 1766 eine Anstellung bei der Hudson Bay Company, in deren Auftrag er in den folgenden Jahren den kanadischen Norden erforschte. Vom Fort Prince of Wales (heute Churchill) an der Hudson-Bai aus unternahm er drei Expeditionen, deren Ziel es war, die am Coppermine River vermuteten Kupfererzvorkommen zu erkunden. Der erste Versuch (1769) schlug fehl, weil Hearne von seinen indianischen Pfadfindern im Stich gelassen wurde. 1770 konnte er immerhin bis zum Thelon vorstoßen. Auf seiner dritten Reise schließlich erreichte er im Juli 1771 den Coppermine, dessen Unterlauf er bis zur Nordküste Kanadas erforschte und kartierte. Er kehrte über den Großen Sklavensee nach Fort Prince of Wales zurück, wo er am 30. Juni 1772 eintraf.

Hearne konnte zwar keine Kupferlagerstätten finden, aber er hat den unerforschten kanadischen Nordwesten für die weißen Pelzjäger erschlossen.

Sven Hedin im Gespräch mit dem chinesischen General Tschiang Kai-schek und dessen Frau.

Sven Hedin

*19. Februar 1865 Stockholm; †26. November 1952 Stockholm

Schwedischer Asienforscher

Schon als 20jähriger kam Hedin als Hauslehrer nach Baku am Kaspischen Meer, von wo aus er seine erste Reise zum Persischen Golf, nach Bagdad und Teheran unternahm. 1889 begleitete er eine schwedische Regierungsdelegation als Dolmetscher abermals nach Teheran und reiste anschließend über Samarkand und Buchara bis zum Issyk-Kul-See.

Auf seiner ersten großen wissenschaftlichen Expedition (1893–1898) erforschte er das Tien-Schan-Gebirge und den Pamir sowie die riesige Takla-Makan-Sandwüste. Unter unsäglichen Strapazen drang er bis zum Seengebiet von Lop-nor vor, wo er die Ruinen der alten Stadt Loulan entdeckte, und erreichte 1897 Peking.

Seine nächste Expedition (1899–1902) führte ihn wiederum durch die Wüste Takla-Makan und von dort südwärts nach Tibet. Sein Versuch, als Mönch verkleidet die heilige Stadt Lhasa zu besuchen, scheiterte. Hedin zog durch das tibetische Hochland nach Westen bis Srinagar in Kaschmir und von dort südwärts nach Indien.

Von 1905 bis 1908 hielt sich Hedin erneut in Tibet

auf. Von Süden kommend erkundete er die bislang unerforschte Gebirgsregion nördlich des Tsangpo (Brahmaputra) und durchstreifte den Transhimalaja, den er erstmals zum großen Teil kartierte. Dabei entdeckte er u. a. die Quelle des Indus und des Brahmaputra. Seine letzte große Expedition, die er nach einer Pause von zwei Jahrzehnten im Auftrag der schwedischen und chinesischen Regierung mit einem vielköpfigen wissenschaftlichen Mitarbeiterstab unternahm, dauerte von 1927 bis 1935 und galt der Erforschung und Kartierung unerschlossener Gebiete der Mongolei, der Wüste Gobi und Chinesisch-Turkestans. Sven Hedin, zweifellos der bedeutendste Asienforscher des letzten Jahrhunderts, veröffentlichte eine Vielzahl von Büchern, sowohl populäre Reiseschilderungen als auch wissenschaftlich fundierte Forschungsberichte, Routenaufnahmen und Kartenwerke.

Sven Hedin. Porträtfoto aus dem Jahre 1910.

Heinrich der Seefahrer

*4. März 1394 Porto; †13. November 1460 Sagres
Portugiesischer Infant (Prinz)

Heinrich, der Sohn von König Johann I., hat zwar selbst keine einzige Entdeckungsreise unternommen, spielt aber dennoch in der Entdeckungsgeschichte eine wichtige Rolle. Er war der Planer und Organisator der portugiesischen Expeditionen in der ersten Hälfte

Der Königssohn Heinrich der Seefahrer organisierte seit 1418 die portugiesischen Entdeckungsfahrten längs der westafrikanischen Küste und legte damit den Grundstein zur Weltstellung der Seemacht Portugal im 15. und 16. Jahrhundert.

Die vielfältigen Aufgaben, die sich Heinrich der Seefahrer stellte, hat sein Chronist mit folgenden Worten umschrieben: »Entdecken, was jenseits der Kanaren und des Kaps Bojador lag; mit allen Christen Handel treiben, die in den Ländern jeweils davon leben mochten; den Umfang des mohammedanischen Herrschaftsbereiches feststellen; einen christlichen König als Helfer im Kampf gegen die Ungläubigen gewinnen; den christlichen Glauben ausbreiten; die Weissagungen seines Horoskopes erfüllen, das ihm auftrug, große und edle Eroberungen zu machen und die Entdeckung von Dingen zu versuchen, die anderen Menschen verborgen waren; Guinea finden.«

des 15. Jh.s, die das Zeitalter der Weltentdeckung einleiteten.

Nachdem Heinrich 1415 an der Erstürmung der Stadt Ceuta in Marokko teilgenommen hatte, wurde er zum Gouverneur der eroberten Region ernannt, wodurch er die Befehlsgewalt über einen Teil der portugiesischen Flotte erhielt. Endlich konnte er mit der Verwirklichung seiner Pläne beginnen, mit der Erkundung, Kolonisierung und Christianisierung Afrikas, das damals für Europa noch eine von Legenden und Gerüchten umgebene Terra incognita war.

Als Heinrich 1419 auch noch Gouverneur der Algarve wurde und sich am Kap São Vicente, der äußersten Südwestspitze Portugals, niederließ, hatte er bereits die ersten Karavellen in den Süden entsandt und die Madeira-Inseln für Portugal gewonnen. Am Kap São Vicente richtete er eine Art Seefahrtsschule ein, in der alle Fäden zusammenliefen. Hier wurden Expeditionsberichte und Routenbeschreibungen gesammelt und ständig neue Projekte geplant. Jahr für Jahr schickte Heinrich seine Kapitäne auf die Reise längs der westafrikanischen Küste, die bis dahin nur bis zum Kap Bojador bekannt war. 1434 gelangte Gil Eannes erstmals über dieses Kap hinaus. Zwei Jahre darauf erreichte Afonso Gonçalves Baldaya die Bucht von Rio de Oro, und 1442 stieß Nuño Tristão bis zum Kap Blanc vor. Ein Jahr später ließ Heinrich auf der Insel Arguin eine befestigte Handelsstation errichten, von der aus die portugiesischen Seefahrer bis zur Senegal-Mündung und schließlich bis Kap Verde vordrangen, das 1444 von Dinis Días entdeckt wurde. 1446 erreichte Tristão den Gambia, wo er und der größte Teil seiner Mannschaft von Giftpfeilen der afrikanischen Eingeborenen getötet wurden.

Noch im selben Jahr gelang es vermutlich Alvaro Fernandez, die Küste von Sierra Leone zu befahren. Damit waren die wichtigen ersten Stationen des Seeweges fixiert, auf dem die Portugiesen schrittweise bis zur Südspitze Afrikas vordrangen und auf dem →*Vasco da Gama* 1498 nach Indien gelangte.

Die Entdeckungsreisen, die Heinrich der Seefahrer organisierte, begründeten die Vorrangstellung der Seemacht Portugals im 16. Jh., hatten aber auch eine häßliche Folgeerscheinung in Form des Sklavenhandels, der von den Portugiesen in Westafrika in immer größerem Ausmaß betrieben wurde.

Friedrich Konrad Hornemann

*15. September 1772 Hildesheim; †Februar (?) 1801 Bokane/Nigeria

Deutscher Afrikaforscher

Der angehende Theologe Hornemann kam 1795 nach London und stellte sich dort der *African Asso-*

ciation zur Verfügung, die es sich zur Aufgabe gemacht hatte, den noch weitgehend unerschlossenen »dunklen« Erdteil zu erforschen. Im September 1798 brach er von Kairo aus zum Königreich Fessan in der Sahara auf, dessen Metropole Murzuk (Mursuq) er bereits am 17. November erreichte. Die feindlich gesinnten Araber zwangen ihn jedoch, nach Tripolis auszuweichen, wo er seine Reiseberichte für die Association verfaßte.

Im Dezember 1799 reiste er wieder nach Murzuk und schloß sich dort einer Karawane in Richtung Südwesten an. Sein letzter Brief stammt aus dem Jahre 1800. Vermutlich gelang es ihm, über Timbuktu bis zum Niger vorzudringen, dessen Verlauf er jedoch mit Sicherheit nicht mehr erkunden konnte. In Bokane (Bokani), etwa 50 km nördlich des Stroms, erlag er einer Krankheit, wahrscheinlich der Ruhr.

Henry Hudson

*um 1550 England; †1611 Hudson-Bai
Englischer Seefahrer

1607 taucht der Name Hudsons zum erstenmal auf: Er hatte von der englischen *Muscovy Company*, der moskowitischen Handelsgesellschaft, den Auftrag erhalten, »*den Pol zu entdecken*« und über den Pol die Nordostpassage zu den »Gewürzinseln« des Fernen

Henry Hudson betritt erstmals den Boden der Insel Manhattan, auf der 1626 die Stadt Neu-Amsterdam, das spätere New York, gegründet wurde.

Titelblatt von Hudsons Reisebericht, der 1663 in Amsterdam erschien. Seine große Expedition von 1609 unternahm der Engländer Hudson im Dienste der holländischen Ostindischen Gesellschaft.

Ostens zu finden. An der grönländischen Ostküste vorbeisegelnd, erreichte Hudson längs der Packeisgrenze die Küste von Spitzbergen, an der er am 13. Juli 1607 laut eigener Berechnung bis 80° 23′ nördlicher Breite vorstieß. Doch die Eismassen verhinderten seine Weiterfahrt, und er mußte nach England zurückkehren.

1608 unternahm er einen zweiten Versuch, bei dem er eine Durchfahrt zwischen Spitzbergen und Nowaja Semlja erzwingen sollte. Doch wieder stellte sich ihm das Eis unpassierbar in den Weg, und er mußte unverrichteter Dinge heimkehren. Am 8. Januar 1609 trat Hudson dann in den Dienst der holländischen Ostindischen Gesellschaft, für die er bereits im März von Amsterdam aus in See stach, um die Suche nach der Nordostpassage fortzusetzen. Er umschiffte das Nordkap und wollte weiter nach Norden und Osten vorstoßen, doch das Eis, die Stürme und die meuternde holländische Mannschaft nötigten ihn zu einer Kursänderung in Richtung Südwesten. Er beschloß, seinem Vertrag zuwiderzuhandeln und den Pazifik auf einer Nordwestpassage zu erreichen. Nach der Überfahrt über den Nordatlantik gelangte er Mitte Juli westlich von Neuschottland an die Küste des nordamerikanischen Festlands, die er bis hinunter zur Chesapeake-Bucht erkundete. Von dort aus wandte er sich wieder nach Norden, befuhr die Delaware-Bucht und fand die Mündung des nach ihm benannten *Hudson River*, wo 1626 Peter Minnewit die Stadt Neu-Amsterdam, das spätere New York, gründete. Hudson hielt den Fluß für eine mögliche Durchfahrt und fuhr bis in die Gegend der heutigen Stadt Albany stromaufwärts, wo er seinen Irrtum einsehen mußte. Daraufhin kehrte er aufs offene Meer zurück und trat die Heimreise nach England an.

Im November 1609 traf er in Dartmouth ein. Er verfaßte seinen Bericht für die Ostindische Kompanie, durfte aber selbst nicht nach Holland weiterreisen, weil die Briten jetzt selbst von den Fähigkeiten ihres Landsmannes profitieren wollten. Hudson sollte unter ihrer Flagge einen weiteren Versuch machen, die Nordwestpassage zu entdecken. Am 17. April 1610 verließ er mit der *Discovery* England, umfuhr Island und Grönland und gelangte über die eisbedeckte Labrador-See in die breite Meeresstraße, die heute seinen Namen trägt. Hier kreuzte er eine Zeitlang zwischen mächtigen Eisbergen hin und her und fand Anfang August den Weg in ein riesiges Gewässer, das sich nach seiner Meinung bis Asien erstreckte. In Wirklichkeit war es jedoch nur die große geschlossene, später nach ihm benannte *Hudson-Bai*.

Er segelte an der Ostküste der Bai nach Süden und fuhr in die James-Bai ein, das südliche Anhängsel der

Hudson-Bai. Das Schiff wurde vom Eis eingeschlossen, und die Besatzung mußte am Südende der James-Bai überwintern. Durch die Kälte, den Mangel an Proviant, das unentschlossene Verhalten des Kapitäns und die seit langem bestehenden Spannungen innerhalb der Mannschaft wurde im Juni 1611 eine offene Meuterei ausgelöst. Die Rebellen setzten Hudson, seinen Sohn und sieben Getreue in einem Boot aus und kehrten auf direktem Weg nach England zurück. Hudson und seine Gefährten blieben auf immer verschollen.

Alexander von Humboldt

*14. September 1769 Berlin; † 6. Mai 1859 Berlin
Deutscher Naturforscher und Entdeckungsreisender

Schon als Student in Frankfurt/Oder, Berlin und Göttingen zeigte Humboldt eine ungewöhnliche naturwissenschaftliche Begabung und ein besonderes Interesse für Geologie, Mineralogie und Botanik. 1790 begleitete er Georg Forster, der mit →*James Cook* um die Welt gesegelt war, auf einer Reise durch Westeuropa, die ihn in dem Entschluß bestärkte, sich als Naturforscher in Übersee zu betätigen. 1798 lernte er in Paris den jungen Botaniker und Mediziner Aimé Bonpland kennen, der sein bester Freund und Mitarbeiter wurde und bereit war, mit ihm eine große Forschungsreise in Südamerika zu unternehmen.

Am 16. Juli 1799 trafen die beiden in der venezolanischen Hafenstadt Cumaná ein. Zunächst konzentrierten sie sich auf die Flora und Fauna der Küstenregion und brachen erst im November von Caracas aus zu ihrer Expedition ins Landesinnere auf. Sie durchquerten die Llanos (Hochebenen) bis zum Apure und fuhren auf ihm bis zur Einmündung in den Orinoco, den sie im April 1800 erreichten. Während dieser

Von Humboldt entworfene Karte Neu-Spaniens (Mexiko), in der die von ihm selbst 1803 bestimmte geographische Lage der Städte Mexico, Veracruz und Acapulco sowie die Entdeckungen seiner Vorgänger eingetragen sind.

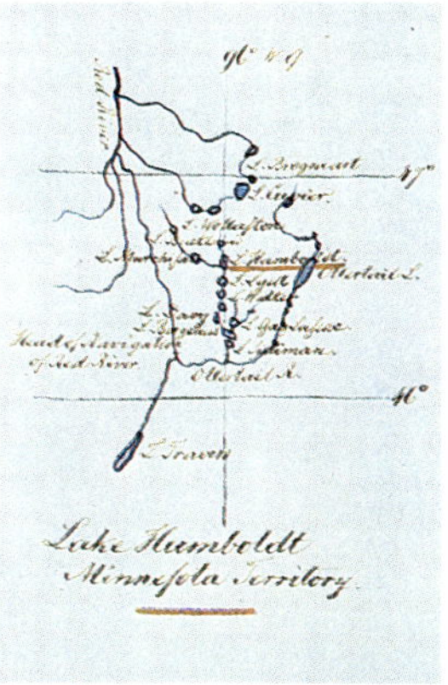

Eigenhändige Kartenzeichnung Humboldts. In der Mitte der Humboldt-See (»L. Humboldt«) im heutigen US-Bundesstaat Minnesota.

Fahrt erkundeten sie fast das gesamte Stromgebiet des noch weithin unerforschten Flusses. Bei Fernando verließen sie ihn, zweigten auf dem Rio Atabapo nach Süden ab und wechselten auf einer schmalen Landbrücke zum Rio Negro über, auf dem sie bis San Carlos vordrangen. Die natürliche Wasserstraße des Casiquiare-Kanals brachte sie wieder zum Oberlauf des Orinoco zurück, auf dem sie stromabwärts nach Cumaná zurückkehrten.

Im November 1800 segelten die beiden Freunde nach Kuba, doch im April 1801 betraten sie im kolumbischen Cartagena wieder südamerikanischen Boden. Sie fuhren auf dem Rio Magdalena südwärts, soweit es möglich war, und stiegen dann in den Kordilleren nach Bogotá auf. Über Quito, die Hauptstadt von Ecuador, wo sie im Januar 1802 eintrafen und längere Zeit verweilten, zogen sie zum Chimborazo weiter, einem 6267 m hohen Vulkan, den Humboldt und Bonpland sowie zwei einheimische Begleiter am 23. Juni 1802 bestiegen. Obwohl sie nicht den Gipfel bezwangen, gelang ihnen mit der Erreichung von 5759 m ein alpinistischer Weltrekord, der fast drei Jahrzehnte Bestand hatte. Auf einigen Umwegen zogen die Forscher dann durch die Anden und das peruanische Küstenland zur Hauptstadt Lima. Dabei entdeckte und untersuchte Humboldt den kalten Meeresstrom vor der Küste Perus, der heute seinen Namen trägt.

Im Januar 1803 verließ er mit Bonpland Lima und reiste über Mexiko, Kuba und die USA nach Frankreich zurück. In Paris war er mit verschiedenen Mitarbeitern zwei Jahrzehnte lang damit beschäftigt, die ungeheuer reiche Ausbeute seiner Expedition wissenschaftlich auszuwerten: rund 1500 Ortsvermessungen, 60 000 Pflanzenbelege, darunter Tausende von neuen Arten, zahllose klimatologische, topographische, geologische, tiergeographische und ethnologische Befunde. Zwischen 1805 und 1834 erschienen rund 30 Bände seiner Südamerikaberichte unter dem Gesamttitel *Voyage aux régions équinoxiales du nouveau continent (Reise in die Äquinoktialgegenden der Neuen Welt).*

1829 leitete Humboldt eine wissenschaftliche Expedition in das asiatische Rußland, die über St. Petersburg und Moskau bis zum Ural, Altai-Gebirge und Kaspischen Meer führte und ebenfalls wichtige neue Erkenntnisse erbrachte. Anschließend arbeitete er in Berlin an seinem zweiten Hauptwerk, einer Zusammenfassung des gesamten naturkundlichen Wissens seiner Zeit, die 1845–1862 in fünf Bänden herauskamen: *Kosmos. Entwurf einer physischen Weltbeschreibung.* Welche überragende Bedeutung Humboldt für die Natur- und Weltentdeckung hatte, ergibt sich schon daraus, daß ungefähr 900 Pflanzen, Tiere, Berge, Flüsse, Städte usw. nach ihm benannt wurden.

Gegenüberliegende Seite:
Alexander von Humboldt in seinen letzten Lebensjahren. Gemälde von Julius Schrader.

Aus Ibn Battutas Bericht über die Stadt Basra im Süden des Iraks, unweit des Persischen Golfs: »Die Stadt Basra ist eine der Hauptstädte von al-Irak, berühmt in aller Welt, weit ausgedehnt mit eleganten Plätzen, bemerkenswert durch ihre zahlreichen Obstgärten und erlesenen Früchte, gesegnet mit einem überreichen Maß an Fülle und Fruchtbarkeit, da sie an jener Stelle liegt, wo die beiden Meere, das salzige und das süße, sich begegnen. Kein Ort auf Erden übertrifft sie in der Zahl von Palmenhainen...
Die Leute von al-Basra sind von großzügiger Natur, dem Fremden gastlich gesinnt und stets dienstbereit, so daß kein Fremder sich einsam fühlt unter ihnen. Sie halten die Freitagsgebete in der Moschee des ›Gebieters des Getreuen Ali‹ (Gott sei ihm gnädig), die ich zuvor schon erwähnt habe; hernach wird sie geschlossen und bleibt unbesucht außer an Freitagen. Sie ist eine der schönsten Moscheen. Ihr Hof ist von ungeheurer Weite, gepflastert mit roten Kieseln, die aus dem Wadi'l-Siba hergebracht werden...«
(zitiert nach U. Bitterli, *Die Entdeckung und Eroberung der Welt*. Bd. 2, Mchn. 1981, S. 47)

Ibn Battuta

*24. Februar 1304 Tanger; †1377 Fès (?)
Arabischer Weltreisender

Nach Abschluß seines Rechtsstudiums trat Ibn Battuta 1325 von seiner Heimatstadt aus die obligatorische Pilgerreise nach Mekka an. Doch er kehrte anschließend nicht nach Hause zurück, sondern zog, von Abenteuerlust und Entdeckungsdrang getrieben, 24 Jahre lang durch Afrika und Asien. Über das Rote Meer gelangte er zunächst nach Ostafrika und von dort auf dem See- und Landweg über das Arabische Meer, Persien, Irak, Kleinasien zum Schwarzen und Kaspischen Meer. Auf einer alten Karawanenstraße zog er dann durch Afghanistan nach Indien, wo er vermutlich 1333 eintraf. Hier blieb er mehrere Jahre, bis ihn der Sultan von Delhi als Leiter einer Gesandtschaft zum Kaiser von China nach Peking schickte. Auf dem Umweg über die Sunda-Inseln erreichte er, wahrscheinlich im Jahr 1342, das Land der Mitte, das er in den nächsten Jahren ausgiebig bereiste. 1347 machte er sich auf den Heimweg über Indien, Persien und Ägypten, und zwei Jahre später war er wieder in Tanger.

Von 1352 bis 1354 unternahm Ibn Battuta noch eine zweite größere Reise, die ihn durch die Sahara nach Timbuktu und zum Niger führte. Er kehrte nach Fès zurück, wo er in den beiden folgenden Jahren seine Reiseberichte verfaßte, die trotz mancher Ungenauigkeiten und Übertreibungen ein wesentliches Quellenwerk der Entdeckungsgeschichte darstellen.

Timofejewitsch Jermak

*um 1525 Rußland; †6. August 1584 Sibirien
Kosakenführer und Eroberer

1581 zog Jermak, der zuweilen auch unter dem Namen Ermak erscheint, im Auftrag der reichen Kaufmannsfamilie Stroganow mit einem Kosakenheer von Perm aus nach Osten gegen das Reich des Mongolenherrschers von Sibir. Er eroberte 1582 die Stadt Sibir (heute Tobolsk), erkundete und erschloß das weite Gebiet zwischen Ob, Tobol und Irtysch und leitete damit die russische Kolonisierung Sibiriens ein. Bei neuerlichen Auseinandersetzungen mit den Mongolen kam er 1584 ums Leben; er wurde entweder umgebracht oder ertrank im Irtysch.

Wilhelm Junker

*6. April 1840 Moskau; †13. Februar 1892 St. Petersburg
Deutscher Afrikaforscher

Über zehn Jahre lang, von 1875 bis 1886, reiste Junker in Afrika umher, zunächst im Norden und dann im Osten, wo er im Gebiet des oberen Nils einige bis dahin noch unbekannte Gegenden erschloß. Auf seinem Zug nach Süden überschritt er, ohne es zu ahnen, die Wasserscheide des Kongos und des Nils und gelangte zu einem westwärts fließenden Strom, dem Uele (Uelle), den er allerdings irrtümlicherweise für den in den Tschadsee mündenden Chari hielt. Erst 17 Jahre später konnte der Belgier van Gèle, der den Ubangi befuhr, endgültig beweisen, daß der Uele den Oberlauf des Ubangi bildet und somit zum Kongo-Stromgebiet gehört.

Der deutsche Afrikaforscher Wilhelm Junker.

Engelbert Kaempfer

*16. September 1651 Lemgo; †2. November 1716 Lemgo

Deutscher Arzt und Asienforscher

Nach Abschluß seines Studiums übersiedelte Kaempfer nach Schweden. Im Dienste einer schwedischen und später einer holländischen Handelsmission bereiste er Rußland, Persien, Arabien, Indien, Siam und Java. 1690 gelang es ihm als erstem Europäer nach der Vertreibung der frühen christlichen Missionare aus Japan, das fernöstliche Inselreich zu betreten und zwei Jahre lang zu durchstreifen. Dort trieb er ausgedehnte geographische und naturwissenschaftliche Studien und hinterließ vielbändige Aufzeichnungen, die heute – zum größten Teil noch unveröffentlicht – im Britischen Museum in London aufbewahrt werden. Dieses Museum erwarb 1717 auch Kaempfers einzigartige Sammlung japanischer Pflanzen.

Von Kaempfer, der 1694 aus dem Fernen Osten nach Europa zurückkehrte, erschien zu seinen Lebzeiten nur ein einziger, lateinisch geschriebener Reisebericht, der gleichwohl auf das europäische Japanbild des 18. und 19. Jh.s einen maßgebenden Einfluß hatte.

Elisha Kent Kane

*1820 Philadelphia; †1857 Havanna

Amerikanischer Arktisforscher

Der Schiffsarzt Kane besaß bereits einige Arktiserfahrung, als er 1852 von dem reichen amerikanischen Reeder Grinnell mit der Leitung einer Polarexpedition beauftragt wurde, die in den Gewässern des hohen Nordens nach dem seit 1845 verschollenen →*John Franklin* suchen sollte. Kane nutzte diese Gelegenheit, um gleichzeitig die Möglichkeit eines Seewegs zum Nordpol auszukundschaften. 1853 stieß er durch den Smith-Sund in das nach ihm benannte *Kane-Becken* vor, wo er im August vor Anker ging. Im folgenden Jahr versuchte er mit einigen Begleitern, vom Inglefield-Land im Nordwesten Grönlands aus möglichst weit nach Norden vorzudringen. Doch nach rund 250 km mußte die Expedition zum Schiff zurückkehren. Immerhin entdeckte Kane auf diesem Marsch den

Humboldt-Gletscher und sichtete auch die Durchfahrt nach Norden, den später von →*Robert E. Peary* benutzten Kennedykanal. Da sich das Forschungsschiff nicht mehr aus dem Eis befreien konnte und zudem die Mannschaft von Skorbut heimgesucht wurde, schlugen sich die Männer 1855 in Rettungsbooten nach Süden durch und wurden von einem dänischen Schiff aufgenommen.

Yves Joseph de Kerguelen de Trémarec

*1734 Quimper; †1797 Paris
Französischer Seefahrer

Kerguelen hatte bereits erfolgreich den Nordatlantik bis hinauf nach Grönland befahren, als er Anfang 1772 von der Insel Mauritius aus mit zwei Schiffen eine Expedition in die südlichen Gewässer unternahm, um das sagenhafte Südland zu finden. Er passierte nach dreiwöchiger Fahrt den 48. südlichen Breitengrad, und am 12. Februar entdeckte er in diesen Breiten eine größere Insel, die Hauptinsel der nach ihm benannten fast 300 Inseln umfassende *Kerguelen-Gruppe.* Obwohl er sie nicht betreten, sondern nur umfahren hatte, schilderte er sie nach seiner Rückkehr in so verlockenden Farben, daß ihm Ludwig XV. den Auftrag erteilte, das neuentdeckte »Paradies« zu kolonisieren. Im Juni 1774 stach Kerguelen mit einem

Die unwirtliche Insel-Gruppe, die Kerguelen 1772 im südlichen Indischen Ozean entdeckte und die nach ihm benannt ist, suchte Captain Cook 1773 vergeblich. Erst am Weihnachtstag 1776 ankerte er mit seinen beiden Schiffen Resolution *und* Discovery *vor der Hauptinsel.*

Kriegsschiff und zwei Begleitschiffen, die Siedlungswillige, Haustiere, Saatgut und Gerätschaften an Bord hatten, wieder in See. Über Mauritius steuerte er den neuen Archipel an, der am 14. Dezember endlich gesichtet wurde. Wegen der rauhen See war eine Landung jedoch unmöglich. Nur der Kapitän eines Begleitschiffes wagte es, in einer geschützten Bucht vor Anker zu gehen.

Kerguelen kehrte unverrichteter Dinge über Madagaskar nach Brest zurück und wurde aufgrund seines Mißerfolges von einem Kriegsgericht zu 20 Jahren Festungshaft verurteilt, von denen er fünf Jahre absaß. Sein Bericht über die beiden Reisen besitzt großen Seltenheitswert, weil die meisten Exemplare auf Anordnung des Königs vernichtet wurden.

Otto von Kotzebue

*30. Dezember 1787 Reval; †15. Februar 1846 Reval
Russischer Naturforscher und Seefahrer deutscher Abstammung

Kotzebue, der Sohn des berühmt-berüchtigten Dramatikers August von Kotzebue, unternahm insgesamt drei ozeanographische und pflanzengeographische Forschungsreisen um die Welt (1803–1806, 1815–1818 und 1823–1826). Am bekanntesten wurde er durch die mittlere Expedition mit der Brigg *Rjurik*, weil sich an Bord der deutsche Dichter und Botaniker Adelbert von Chamisso befand, der die geographischen, botanischen, zoologischen und völkerkundlichen Forschungsergebnisse in seinem umfangreichen Werk *Reise um die Welt* ausführlich beschrieb.

Kotzebue stach am 17. August 1815 von Kopenhagen aus in See, umschiffte Kap Hoorn und durchquerte von März bis Juni 1816 den Pazifik. Auf dem ersten Abstecher nach Norden entdeckte er im August den *Kotzebue-Sund* an der Westküste Alaskas. Er kehrte zur amerikanischen Westküste (San Francisco) zurück und drang über Hawaii im Sommer 1817 noch einmal nach Norden vor. Die Heimreise erfolgte über Hawaii, die Marianen, die Philippinen, die Sunda-Straße und Kapstadt. Am 12. Juli 1817 lief die *Rjurik* wieder in den Hafen von Kopenhagen ein.

Otto von Kotzebue ist der Entdecker des Kotzebue-Sundes an der Westküste Alaskas. Darüber berichtet Chamisso in seiner *Reise um die Welt:* »Die Sommercampagne 1816, deren Ergebnis in der Karte vorliegt, die Herr von Kotzebue von dem nach ihm benannten Sunde mitteilt, hat, was von ihr erwartet werden konnte, auf das befriedigendste geleistet. Der Kotzebues Sund [so!], ein tiefer Meerbusen, der im Norden der Bering-Straße unter dem Polarkreise in die amerikanische Küste eindringt und dessen Hintergrund beiläufig einen Grad nördlicher und unter gleicher Breite liegt als der Hintergrund von Norton-Sound, bietet den Schiffen im Schutze der Chamissoinsel [!] den sichersten Ankerplatz und den vortrefflichsten Hafen dar. Herr von Kotzebue hat im Jahr 1817 darauf verzichtet, Vorteil von seiner Entdeckung zu ziehen, um weiteren Entdeckungen in das Eismeer entgegenzugehen.«

Johann Ludwig Krapf

*11. Januar 1810 Derendingen; †26. November 1881 Korntal
Deutscher evangelischer Missionar und Afrikaforscher

Von 1837 bis 1842 war Krapf im Auftrag der Londoner Missionsgesellschaft in Abessinien und später in Ostafrika tätig. Zusammen mit seinem Kollegen Johannes Rebmann durchstreifte er zwischen 1848 und 1852 das Innere Ostafrikas und entdeckte die beiden höchsten Berge des Kontinents, den Kilimandscharo und den Kenia-Berg. Der von Krapf und Rebmann in ihre Karte eingezeichnete Binnensee jedoch, den sie lediglich auf der Grundlage von Berichten der Araber und der Eingeborenen kartographierten, war in Wirklichkeit eine Zusammenziehung des Tanganjika-Sees, des Victoria-Sees und des Albert-Sees.

Krapf interessierte sich vor allem für afrikanische Sprachen und verfaßte unter anderem ein Suaheli-Wörterbuch. 1867 leitete er eine englische Expedition in Abessinien.

Adam Johann von Krusenstern

*19. November 1770 Hagudi/Estland; †24. August 1846 Gut Aß bei Reval

Russischer Seefahrer deutscher Abstammung

1803–1806 unternahm Krusenstern als erster Russe eine Weltumsegelung. Von Kronstadt aus überquerte er mit seinen beiden Schiffen den Atlantik und segelte um Kap Hoorn in den Pazifik. Er erforschte mehrere Südseeinseln und nahm dann Kurs auf Kamtschatka, die östlichste Provinz des Zarenreiches, nachdem seine diplomatische Mission in Japan gescheitert war. Über die Insel Sachalin erreichte er Kanton und Macao, wo er sich einige Zeit aufhielt. Über die Sundastraße und das Kap der Guten Hoffnung kehrte er nach Kronstadt zurück. Die von ihm entdeckte Durchfahrt in der Kurilen-Kette erhielt den Namen *Krusenstern-Straße.*

La Condamine war ein literarisch und philosophisch gebildeter Wissenschaftler der Aufklärungszeit, in der die ›primitiven‹ Eingeborenen ferner Weltgegenden erstmals als vollwertige Menschen begriffen wurden und die idealisierte Vorstellung vom ›edlen Wilden‹ entstand. Von solcher Gesinnung zeugt sein Ausspruch: »Ich befand mich mitten unter Wilden, ich habe bei ihnen unter Menschen gelebt. Zum erstenmal in meinem Leben erfüllte mich eine freundliche Heiterkeit.«

Charles Marie de La Condamine

*28. Januar 1701 Paris; †4. Februar 1774 Paris

Französischer Mathematiker, Schriftsteller und Forschungsreisender

La Condamine war zunächst Soldat und studierte dann Naturwissenschaften, vor allem Mathematik und Geodäsie (Erdvermessung). 1735 beauftragte ihn die Pariser Akademie der Wissenschaften, am Äquator die Länge eines Meridianabschnitts exakt zu vermessen. Begleitet von einigen Gelehrten, unter anderem von dem Astronomen Louis Godin, dem Mathematiker Pierre Bouguer und dem Botaniker Joseph de Jussieu, segelte er im Mai 1735 nach Cartagena in Columbien und gelangte von dort aus über Panama nach Ecuador. Um seinen wissenschaftlichen Auftrag auszuführen, erkundete er zuerst die äquatornahe Küstenregion. Bei Exkursionen in den Urwald am Río Esmeraldas stieß er als erster Europäer auf Kautschuk, aus dem er sich sofort ein Schutzgehäuse für seinen Quadranten anfertigte. Neben diesem für die Europäer so wertvoll werdenden Grundstoff entdeckte er auch das Edelmetall Platin.

Die wichtigsten Messungen führte das Wissenschaftsteam in der nordöstlich der Inkastadt Quito ge-

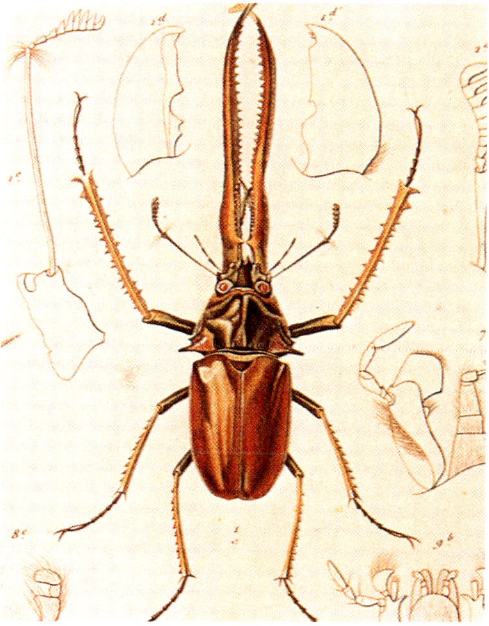

La Condamine fand während seiner einmonatigen Expedition im Urwald am Río Esmeraldas reichlich Gelegenheit, zoologische Studien zu betreiben. Die Abbildung zeigt den Chiasognathus granti, *einen in Südamerika beheimateten Käfer.*

legene Hochebene Yaruqui durch. Wie eine gleichzeitig mit ihm nach Lappland ausgesandte Expedition stellte auch La Condamine fest, daß die Erde tatsächlich rund war und kein »längliches Sphäroid«, wie der französische Hofastronom vermutet hatte. Damit war ein langer Streit innerhalb der französischen Akademie der Wissenschaften entschieden.

Nach Beendigung seiner Vermessungsarbeiten im März 1743 machte La Condamine sich daran, den Amazonas bis zur Mündung zu befahren. Er und seine Begleiter waren zwar nicht die ersten Europäer, die auf diesem Wege Südamerika durchquerten, aber die ersten Wissenschaftler, denen dies gelang. Über den Amazonas-Quellfluß Marañon erreichte die Expedition den Hauptstrom und nach vier Monaten die Stadt Pará (heute Belém) am südlichen Mündungsarm des Amazonas.

Im Frühjahr 1745 traf La Condamine wieder in Paris ein. Er wertete seine geographischen, ethnographischen, zoologischen und botanischen Forschungsergebnisse in dem wissenschaftlichen Bericht *Relation abrégée d'un voyage fait dans l'intérieur de l'Amérique méridional* aus, der zu einem Standardwerk der Südamerikakunde wurde. Seine Karte des Amazonas-Stromgebiets ist bis ins 20. Jh. hinein maßgebend geblieben.

Alexander Gordon Laing erblickt von einem Felsen aus zum erstenmal den Niger.

Alexander Gordon Laing
*27. Dezember 1793 Edinburgh, †26. September (?) 1826 bei Timbuktu
Schottischer Afrikaforscher

Als junger Kolonialoffizier kam Laing 1822 erstmals nach Afrika. Von der Küste Sierra Leones aus unternahm er zwei Vorstöße in das Quellgebiet des Nigers, doch der Besuch der Quelle selbst wurde ihm von Eingeborenen verwehrt. Bei einem Englandaufenthalt erhielt er vom Kolonialminister Bathurst 1824 den Auftrag, von Tripolis aus bis Timbuktu und dann erneut zum Niger vorzudringen. Am 16. Juli 1825 begann Laing seine Sahara-Durchquerung. Am 13. September erreichte er Ghadames, am 3. Dezember die Oase In-Salah. Er traf als erster Europäer am 18. August 1826 in Timbuktu ein, wo er sich vermutlich bis zum 22. September unter großen Gefahren aufhalten konnte. Auf dem Rückweg wurde er, vermutlich am Abend des 26. September, von Arabern ermordet.

Richard Lemon Lander
*8. Februar 1804 Truro/Cornwall; †2. od. 7. Februar 1834 Fernando Póo
Englischer Afrikaforscher

Der intelligente, aus einfachen Verhältnissen stammende Lander hatte als Diener bei verschiedenen wohlhabenden englischen Familien in London und Südafrika gearbeitet, als er 1825 dem bekannten Afrikaforscher →*Hugh Clapperton* seine Dienste anbot. Er begleitete Clapperton als »Bursche« auf dessen letzter Expedition zum Niger, die er als einziger lebend überstand.

Nach Clappertons Tod kehrte Lander nach England zurück und veröffentlichte seinen Reisebericht, zusammen mit den Aufzeichnungen des toten Expeditionsleiters. Dadurch wurde der britische Kolonialminister Lord Bathurst auf Lander aufmerksam. Er beauftragte ihn, Clappertons Werk fortzusetzen und den Unterlauf des Nigers zu erforschen, der damals noch ein geographisches Rätsel war.

Von Accra aus erreichte Lander, der von seinem um drei Jahre jüngeren Bruder John begleitet wurde, nach einem strapaziösen Marsch am 27. Juni 1830 den Niger bei Bussa, wo →*Mungo Park* 1806 den Tod gefunden hatte. 150 km stromaufwärts fand er Spuren von Parks letzter Expedition. Mit Kanus fuhren die Brüder, die unterwegs verschiedentlich durch feindliche Eingeborene und sogar durch eine längere Gefangenschaft aufgehalten wurden, stromabwärts bis zum Mündungsdelta am Golf von Biafra. Außerdem entdeckten sie die Einmündung des Benue in den Niger bei Lokoja. Damit war das Niger-Rätsel endgültig gelöst. Für seine Verdienste wurde Richard Lander 1832 als erster mit der Goldmedaille der *Royal Geographical Society* ausgezeichnet. Er starb auf seiner zweiten Niger-Expedition an einer Schußverletzung, die er bei einer Auseinandersetzung mit Eingeborenen davongetragen hatte.

Jean François de Galaup, Comte de La Pérouse

*22. August 1741 Le Gua bei Albi; † 1788 bei Vanikoro/Santa-Cruz-Inseln

Französischer Seefahrer und Pazifikforscher

1785 wurde der Admiral La Pérouse von Ludwig XVI. mit der Leitung einer wissenschaftlichen Expedition betraut, die den gesamten Pazifik gründlich erforschen sollte. Mit zwei Schiffen, der *Astrolabe* und der *Boussole,* auf denen mehrere hervorragende Gelehrte mitreisten, verließ er am 1. August 1785 Brest und erreichte nach der Umschiffung von Kap Hoorn und der Erkundung der Küsten Patagoniens am 9. April 1786 die Osterinsel. Von dort segelte er über Hawaii zur Südküste Alaskas und suchte an der nordamerikanischen Westküste bis hinunter nach Monterey (Kalifornien) vergebens nach einer Durchfahrt zum Atlantik. Er überquerte den Pazifik und landete Anfang 1787 in Macao. Auf dieser Fahrt entdeckte er ein zur Hawaii-Kette gehörendes Felseneiland, dem er den Namen Necker-Insel gab. Von Macao aus erkun-

Der Comte de La Pérouse, dessen große Pazifikexpedition 1788 tragisch scheiterte.

Vor seiner Fahrt in den nördlichen Pazifik legt der Admiral La Pérouse (links) 1785 seinem König Ludwig XVI. und einem Minister seine Pläne dar.

dete er besonders sorgfältig die Küsten Chinas und Koreas und stellte den Inselcharakter von Sachalin fest, indem er die Meerenge zwischen Sachalin und Hokkaido als erster Europäer durchfuhr, die nach ihm *La-Pérouse-Straße* genannt wurde. Er stieß nach Norden bis Petropawlowsk an der Ostküste Kamtschatkas vor und nahm dann Kurs nach Süden. Bei einer der Manua-Inseln (Samoa-Archipel) gingen die beiden Schiffe vor Anker. Als jedoch der Kapitän der *Boussole* und elf Matrosen von Eingeborenen getötet worden waren, segelte La Pérouse schleunigst weiter zur Botany-Bay an der australischen Ostküste, wo er seine Berichte abschickte. In seinem letzten Brief vom 7. Februar 1788 teilte er schließlich mit, daß er auftragsgemäß die Inseln im Nordosten erforschen wolle. Seine Schiffe galten als verschollen, bis →*Dumont d'Urville* 1828 ihre Überreste vor der Insel Vanikoro (Santa-Cruz-Gruppe) entdeckte.

René Robert Cavalier de La Salle

*22. November 1643 Rouen; †19. März 1687 in Texas
Französischer Entdecker und Kolonisator

La Salle sollte Jesuitenpater werden, wanderte aber, von Abenteuerlust getrieben, 1666 nach Kanada aus, wo er sich westlich von Montreal zunächst als Farmer betätigte. Nach drei Jahren verkaufte er jedoch seinen Besitz und durchstreifte das Land im Südwesten, wahrscheinlich bis zum mittleren Ohio. Er freundete sich mit dem neuen Gouverneur von Französisch-Kanada, dem Comte de Frontenac, an, der wie er selbst darauf bedacht war, den französischen Machtbereich in Nordamerika zu erweitern. La Salle übernahm das Kommando über das neuerrichtete Fort Frontenac am Nordufer des Ontariosees und reiste 1677 nach Frankreich, um König Ludwig XIV. seine Pläne vorzutragen. Am 12. Mai 1678 erhielt er vom König die Genehmigung, *»die westlichen Teile von Neu-Frankreich zu erforschen«* und zur Sicherung der neuen Gebiete Forts und Handelsplätze zu errichten – allerdings auf eigene Kosten! Bereits Ende des Jahres begann er mit der Erkundung des riesigen Landstrichs der Großen Seen und gründete 1679 Fort Miami im Süden des Michigan-Sees. In den beiden folgenden Jahren drang La Salle mit einer kleinen Expedition über den Illinois bis zum Mississippi vor, den er mit Kanus bis zum Delta befuhr. Er nahm das Tal des gewaltigen Stroms für Frankreich in Besitz und nannte es zu Ehren seines Königs *Louisiana.*

La Salle wollte zwei Kolonien zur Ausweitung des lukrativen Pelzhandels gründen, eine am Illinois und eine zweite am Golf von Mexiko. Das erste gelang ihm mit der Errichtung von Fort St. Louis (1683), aber

Der französische Aristokrat La Salle dehnte den Machtbereich Frankreichs im Osten Kanadas weiter aus und drang nach Süden bis zum Stromgebiet des Mississippis vor, das er als Louisiana für seinen König Ludwig XIV. mit Beschlag belegte.

La Salle, ein ehrgeiziger, verschlossener Forscher und Kolonisator, der bei seinen Untergebenen nie beliebt war, wird bei dem Versuch, vom Golf von Mexiko aus den Mississippi zu erreichen, von seinen eigenen Soldaten ermordet.

für die Golfregion fand er keine Unterstützung beim neuen Gouverneur Antoine de La Barre. So reiste er nach Frankreich, um den König für seinen Plan zu gewinnen.

Im Juli 1684 konnte er Europa mit vier Schiffen verlassen. Es war sein letztes Unternehmen, das von Anfang an unter einem Unstern stand. Es kam zu Spannungen zwischen La Salle und dem Geschwaderkommandanten, ein Schiff wurde gekapert, ein zweites erlitt Schiffbruch; ein Teil der Matrosen desertierte. Als La Salle zu allem Überfluß noch schwer erkrankte und das Mississippi-Delta nicht zu finden war, ging er schließlich in der Matagorda-Bucht an der texanischen Küste mit 150 Kolonisten an Land und ließ dort ein Fort bauen. Bis August war die Mannschaft auf weniger als ein Drittel zusammengeschmolzen.

Im Januar 1687 brach La Salle mit 20 Mann auf, um den Mississippi zu erreichen und auf ihm nach Kanada zu gelangen. Doch er kam nur bis zum Trinity River im Osten von Texas. Dort wurde er am 19. März von seinen eigenen Leuten, die sich gegen ihn verschworen hatten, durch eine Musketenkugel getötet.

Ludwig Leichhardt, der bedeutendste deutsche Australienforscher, ist seit 1848 spurlos verschollen geblieben.

Ludwig Leichhardt

*23. Oktober 1813 Trebatsch; †1848 Australien
Deutscher Australienforscher

Der medizinisch und naturwissenschaftlich vorgebildete Leichhardt kam 1841 nach Australien und widmete sich fortan ganz der Erforschung dieses noch weitgehend unerschlossenen Kontinents. Seine erste große Expedition unternahm er 1844/45: Von Brisbane an der Ostküste zog er in nordwestlicher Richtung über Land und erreichte längs der Küste des Carpentaria-Golfs den Nordrand von Arnhemland. Für die erste Durchquerung des Kontinents auf dieser Route wurde Leichhardt von der *Geographical Society* in London mit einer Goldmedaille ausgezeichnet.

1846 versuchte Leichhardt vor der Ostküste über den Eyre-See bis zur Westküste vorzustoßen, doch das Unternehmen mußte wegen Erkrankung einiger Expeditionsteilnehmer schon sehr bald aufgegeben werden. Ein Jahr später wagte er einen neuen Versuch. In einem Brief vom 3. April 1848 schrieb er recht optimistisch: »*... Wenn ich bedenke, wie glücklich ich bei meinem Vorwärtsdringen bis hierher war, so bin ich von Hoffnung erfüllt, daß unser allmächtiger Beschützer mir gestatten wird, meinen Lieblingsplan zu einem erfolgreichen Ende zu führen.*« Ein erfolgreiches Ende war ihm nicht beschieden, denn man hat nach diesem letzten Lebenszeichen keine Spur mehr von ihm gefunden. Ob er und seine Begleiter verhungert und verdurstet sind oder von Ureinwohnern umgebracht wurden, ist bis heute nicht geklärt.

Jakob Le Maire

*1585 Antwerpen; †1616 auf See
Niederländischer Seefahrer

Am 14. Juni 1615 stach Le Maire mit zwei Schiffen von der Insel Texel in See, um im Süden von Südamerika eine Durchfahrt zum Pazifik zu finden – eine Alternative zur gefährlichen und von der Ostindischen Gesellschaft monopolisierten Magellanstraße. Im Januar 1616 erreichte er die Einfahrt zur Magellanstraße und segelte nach Süden. Schließlich gelangte er zu der nach ihm benannten *Le-Maire-Straße* zwischen der Südspitze Feuerlands und der kleinen Staateninsel, die er allerdings für einen Ausläufer des sagenhaften »Südlands« hielt. Mit der Umrundung des felsigen Kaps, das er nach dem Geburtsort seines Navigators Willem Schouten auf den Namen Kap Hoorn taufte, gelang ihm die Eröffnung einer bis zur Eröffnung des Panama-Kanals vielbefahrenen Handelsstraße.

Auf der Fahrt durch die Südsee entdeckte Le Maire mehrere Inseln, unter anderem die Kokos-Insel (heute Tofua im Tonga-Archipel) und die Hoorn-Inseln. Im Oktober 1616 erreichte er Java, wo der Gouverneur mit der Behauptung, der Niederländer habe illegal die Magellan-Straße benutzt, Le Maires Schiff konfiszierte; an die Entdeckung eines neuen Seeweges wollte er nicht glauben. Auf der Heimreise starb Le Maire.

Jakob Le Maire entdeckte an der südlichsten Spitze Südamerikas eine neue Route zu den Gewürzländern des Fernen Ostens.

Im Wilden Westen machten die Männer der »Lewis and Clark Expedition« mehrmals Bekanntschaft mit Grizzly-Bären, den mächtigsten Landraubtieren der Erde, die besonders gefährlich werden können, wenn sie, wie auf unserem Bild, bei der Mahlzeit am Riß gestört werden. Lewis erlegte seinen ersten Grizzly im April 1805 in Montana.

Meriwether Lewis

*18. August 1774 Charlottesville; †11. Oktober 1809 Nashville

Amerikanischer Forschungsreisender

1803 erwarben die Vereinigten Staaten von Frankreich für 15 Mill. Dollar das als Louisiana bezeichnete riesige Gebiet zwischen Mississippi und Rocky Mountains, und noch im selben Jahr gab Präsident Jefferson seinem Privatsekretär Lewis, einem erfahrenen Waldläufer und Soldaten, den Auftrag, die neue Region und das Land dahinter bis zum Pazifik zu erkunden und einen geeigneten Wasserweg für Siedler und Händler ausfindig zu machen.

Mit seinem Assistenten →*William Clark* sowie 29 Soldaten und 16 Helfern begann Lewis im Mai 1804 seine abenteuerliche Reise, die unter dem Namen *Lewis and Clark Expedition* berühmt wurde. Mit zwei Segelschiffen und einem Proviantschiff fuhren die Männer den Missouri stromaufwärts. Sie kamen durch das Gebiet der heute ausgestorbenen Mandan-Indianer und drangen dann in völlig unerforschte Regionen vor. Für die Zoologen der Expedition gab es immer wieder große Überraschungen. Sie stießen nicht nur auf riesige Bisonherden, sondern erblickten zum erstenmal eine Gabelantilope und »*kleine bellende Erdhörnchen*«, wie Lewis sie bezeichnete, die heute als

»Präriehunde« bekannt sind. Nach einem mehrmonatigen Winterlager erreichten sie am 25. April 1805 die Einmündung des Yellowstone River, vier Wochen später die Rocky Mountains, wo sie erstmals selbst Kontakt mit den Respekt einflößenden Grizzly-Bären bekamen. Sie folgten dem südlichen Quellfluß des Missouri, den sie Jefferson-Fork nannten, und gelangten über den Snake River und den Columbia, am 7. November in Sichtweite des Pazifiks. Auf dem Südufer des Columbia River, wo heute die Stadt Astoria liegt, errichteten sie erneut ein Winterlager, in dem Lewis und Clark ihre Aufzeichnungen über die neuentdeckten Gebiete, Indianerstämme, Pflanzen und Tiere vervollständigten. Der Kartograph Clark zeichnete außerdem die erste zuverlässige Karte des »Wilden Westens«.

Am 23. März 1806 trat die Expedition auf einer teilweise abweichenden Route, auf der Lewis Erkundigungen in den Bitterrootbergen und entlang des Marias-Flusses unternahm, die Rückreise an. Nach fast 13 000 km gefahrvoller Reise trafen die Männer am 23. September 1806 wieder in St. Louis am Mississippi ein.

Meriwether Lewis, der die berühmte »Lewis and Clark Expedition« quer durch Nordamerika bis zum Pazifik führte.

David Livingstone

*19. März 1813 Blantyre bei Glasgow; †1. Mai 1873 Chitambo/Sambia

Schottischer Missionar, Arzt und Afrikaforscher

Livingstone wuchs in Armut auf. Schon mit zehn Jahren mußte er in einer Spinnerei arbeiten, lernte aber nebenher in einer Abendschule und im Selbststudium Latein, Griechisch und Mathematik. Später studierte er in Glasgow Medizin und Theologie, um als Arzt und Missionar in Übersee wirken zu können. 1841 kam er zum erstenmal nach Südafrika und arbeitete neun Jahre lang in entlegenen Missionsstationen, zuletzt, ab 1847, in Kolobeng am Ostrand der Wüste Kalahari. Am 1. Juni 1849 brach er mit zwei englischen Begleitern zu seiner ersten Expedition in den Norden auf und entdeckte den Ngami-See. Im folgenden Jahr zog er mit seiner schwangeren Frau und drei kleinen Kindern wiederum nordwärts, bis zum Linyanti (Chobe), einem Nebenfluß des Sambesi. Auf seinem nächsten Vorstoß erreichte er im August 1851 den Sambesi selbst. »*Dies war ein wichtiges Ereignis, denn bislang war nicht bekannt, daß dieser Fluß hier überhaupt existierte*«, schrieb er später.

Angesichts des mächtigen Stroms und seiner sehr geringen Erfolge bei der Bekehrung der Einheimischen spürte er wohl, daß er nicht zum Missionar, sondern zum Forscher und Entdecker berufen war. Er brachte seine Familie nach Kapstadt, wo sie ein Schiff nach England bestieg, und kehrte allein zum Sambesi

David Livingstone, der als Missionar nach Afrika kam und sein ganzes Leben der Erforschung des Dunklen Kontinents verschrieb.

Oben: *Der von Livingstone geleiteten großen Sambesi-Expedition von 1858–64 war kein besonderer Erfolg beschieden. Das dabei eingesetzte Dampfschiff* Ma-Robert *mußte vor den Stromschnellen und erst recht vor den noch unbekannten Katarakten kapitulieren.*

Unten: *Livingstone mit Eingeborenenträgern bei der Durchquerung eines Flusses. Holzschnitt nach einer Skizze von Livingstone.*

zurück. Beim Makololo-Volk, das das sumpfige Dreieck zwischen Sambesi und Linyanti bewohnte, fand er freundliche Aufnahme und Unterstützung.

Am 11. November 1853 begann Livingstone seine Reise zur afrikanischen Westküste. Er befuhr den Sambesi-Oberlauf bis Cazombo und schlug sich dann auf dem Landweg bis Luanda durch, wo er, malariakrank und völlig erschöpft, im Mai 1854 eintraf. Nach einer mehrwöchigen Erholungspause kehrte er auf dem fast gleichen Weg zu den Makololo zurück, die ihn im September 1855 begeistert empfingen. Der Reiseweg, den er unterwegs ausarbeitete, ist ein Wunder an Zuverlässigkeit.

Um jedoch den Engländern noch einen zweiten Handelsweg ins Landesinnere zu erschließen und wohl auch aus Entdeckerehrgeiz nahm Livingstone sich nun die Erforschung des Sambesi bis zur Mün-

dung an der Atlantikküste vor. Am 3. November 1855 brach er auf. Bereits zwei Wochen später, am 17. November, erblickte er als erster Europäer die gigantischen Wasserfälle des Sambesi, die er nach der englischen Königin *Victoria-Fälle* taufte. Auf dem Land- und Wasserweg erreichte er am 20. Mai 1856 bei Quelimane wohlbehalten die Küste. Damit hatte er als erster den gesamten Kontinent von Westen nach Osten durchquert!

Nach einem Zwischenaufenthalt in England, wo er mit Orden und Ehrungen überhäuft wurde, leitete er 1858 eine größere Expedition zum Sambesi, die mit einem Dampfschiff den Strom hinauffahren wollte. Doch das Unternehmen endete mit einem ziemlichen Fiasko. Der Dampfer kam nur bis zu den Quebrabasa-Stromschnellen, von denen Livingstone nichts wußte, weil er sie zwei Jahre zuvor umgangen hatte. Immerhin konnte er den nördlichen Sambesi-Nebenfluß Shire und dessen Quellgewässer, den Njassa-See (heute Malawi-See), entdecken. Das nur teilweise erfolgreiche Unternehmen wurde außerdem noch überschattet durch die Ermordung mehrerer Missionare und eines Missionsbischofs, die er zum Sambesi und zu den Makololo entsandt hatte, und schließlich durch den Tod seiner Frau, die ihn in Afrika besuchte.

Als er 1864 nach London zurückkehrte, war seine Popularität stark gesunken. Dennoch wurde er 1865 wieder nach Afrika geschickt, inoffiziell als Konsul für Innerafrika. Im darauffolgenden Jahr brach er von Sansibar aus zu einer großen Expedition ins Innere des Kontinents auf. Über den Unterlauf des Rovuma und die Südspitze des Njassa-Sees drang er unter unsäglichen Strapazen und mit einer Handvoll halbverhungerter Träger zum Tanganjika-See vor. »*Mir ist, als hätte ich mein Todesurteil empfangen*«, schrieb er in sein Tagebuch. Ausgerechnet arabische Sklavenjäger, die er stets so erbittert bekämpft hatte (für diesen Kampf wurde er später als Held verehrt), retteten ihn. Mit ihnen weiterziehend, gelangte er im November 1867 zum Mweru-See und im April 1868 zum Bangweolo-See, die beide in Europa noch unbekannt waren. Als er nach mehrmonatiger Krankheit 1871 nach Norden zum Lualaba vorstieß und von dort aus mit letzter Kraft das Ostufer des Tanganjika-Sees bei Ujiji erreichte, galt er in Europa längst als verschollen.

In Ujiji fand →*Henry M. Stanley* am 10. November 1871 den gealterten, von Krankheit gezeichneten Livingstone. Gemeinsam erkundeten die beiden Forscher den Norden des Tanganjika-Sees, dann brach Livingstone allein nach Süden zu einer gründlichen Untersuchung des Bangweolo-Sees auf, in dem er eine Quelle des Nils vermutete. Am Südufer des Sees starb er am 1. Mai 1873.

Der vom Tod gezeichnete Livingstone auf seiner letzten Reise zum Bangweolo-See, an dessen Ufer er am 1. Mai 1873 starb.

Sir Alexander Mackenzie, der erste Europäer, der den nordamerikanischen Subkontinent von Atlantik bis zum Pazifik durchquerte.

Sir Alexander Mackenzie

*1755 (?) Inverness; †11. März 1820 Mulnain/Schottland

Schottischer Pelzhändler und Nordamerikaforscher

Mackenzie wanderte früh nach Kanada aus und gründete 1787 beim Fort Chipewayan am Athabasca-See eine Handelsniederlassung, von der aus er den Ankauf von Biberfellen und die Erkundung der entlegenen nordkanadischen Wildnis betrieb. Auf der Suche nach einem Wasserweg zum Pazifik erreichte er 1789 über den Sklaven-Fluß und den Großen Sklaven-See den nach ihm benannten *Mackenzie River*, den er bis zur Mündung an der *Mackenzie-Bucht* befuhr, um enttäuscht festzustellen, daß er im Nordpolarmeer gelandet war.

Am 10. Oktober 1792 verließ er mit einer kleinen Expedition abermals Fort Chipewayan und gelangte auf den verschlungenen Wasserwegen Westkanadas und nach einer mühsamen Überquerung der Rocky Mountains zum Mündungsgebiet des Dean River, nördlich der Insel Vancouver. Dort ritzte er in einen Felsen die Worte ein: »*Alex Mackenzie/von Kanada über Land / 22. Juli 1793.*« Er war der erste Europäer, der Nordamerika von der Ost- bis zur Westküste durchzogen hatte.

1801 veröffentlichte er seinen Reisebericht mit der ersten einigermaßen zuverlässigen Landkarte der von ihm erforschten Region.

Ferdinand Magellan

*um 1480 Porto (?); †27. April 1521 Mactan/Philippinen

Portugiesischer Seefahrer

Über die Jugend Magellans, dessen portugiesischer Name Fernão de Magalhães lautete, der sich auf spanisch Fernando de Magallanes und auf italienisch Magaglianes nannte, ist wenig bekannt. Er war Page am portugiesischen Hof und wurde 1505 Seemann. Unter den Vizekönigen Almeida und →*Alfonso de Albuquerque* tat er Dienst in Südasien. 1513 wurde er bei der Eroberung der islamischen Festung Azemur in Marokko am Bein verwundet. Der Vorwurf, er habe sich bei dieser Gelegenheit durch den Verkauf von Kriegsbeute bereichert, führte dazu, daß Magellan Ende 1517 Portugal verließ und spanischer Staatsbürger wurde.

In Spanien beschäftigte er sich intensiv mit Geographie und Nautik und entwickelte den Plan, die Gewürzländer des Ostens, vor allem die Molukken, auf einem anderen Weg als der von den Portugiesen beherrschten Route um das Kap der Guten Hoffnung zu erreichen – nämlich auf einem westlichen Kurs um Südamerika herum.

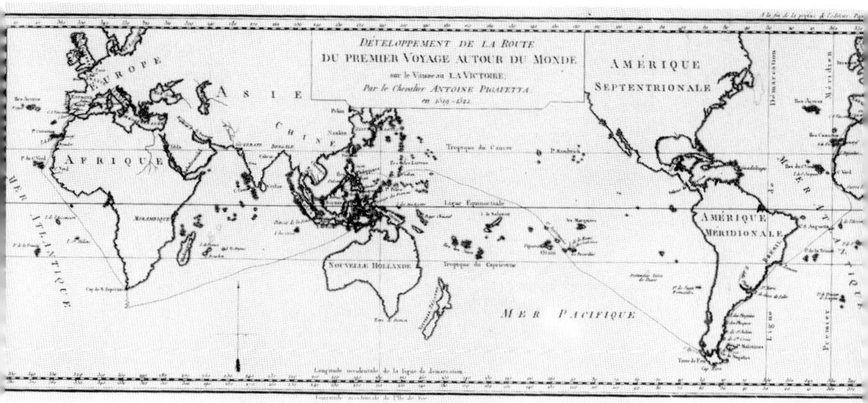

Oben: *Alte Nachbildung einer Weltkarte von Antonio Pigafetta, der Magellan auf der ersten Erdumsegelung begleitete. Die Route der dreijährigen Reise ist eingezeichnet.*

Am 22. März 1518 stimmte der jugendliche König Karl I. (als Karl V. deutscher Kaiser) Magellans Vorschlag für eine Expedition zu, und am 20. September 1519 stach der neuernannte »Generalkapitän« mit fünf Schiffen von San Lucar aus in See. Über den Verlauf der Reise sind wir genau unterrichtet durch den Tagebuchbericht des Italieners Antonio Pigafetta, der Magellan aus Abenteuerlust begleitete. Über die Kanaren, Kap Verde und Sierra Leone erreichte die Flotte am 13. Dezember die Bucht von Rio de Janeiro. An der südamerikanischen Ostküste entlangsegelnd, drang Magellan im März 1520 bis zum Naturhafen San Julián in 49° 30' südlicher Breite vor. Hier verbrachten die Schiffe den Winter der südlichen Halbkugel. Infolge der strengen Lebensmittelrationierung kam es zu erhöhten Spannungen innerhalb der Besatzung, und »*in diesem Hafen verschworen sich die Kapitäne der vier anderen Schiffe, den Generalkapitän zu ermorden.*« Magellan setzte sich energisch zur Wehr, ließ einen Anführer der Meuterer töten und zwei Kapitäne im Dschungel aussetzen.

Neben allen anderen beunruhigenden Umständen versetzten auch die Eingeborenen der Küstenregion die Spanier zunächst in Entsetzen: Sie waren riesengroß und »*unser Kapitän gab diesem Volk wegen seiner großen Füße den Namen Patagonier*« (portugiesisch-umgangssprachlich für »Großfüßler«). Zwei von diesen »Riesen« konnten die Matrosen gefangennehmen, um sie mit nach Spanien zu bringen. Sie starben jedoch, bevor die Fahrt zu Ende war.

Während des Winterlagers entsandte Magellan zwei Schiffe auf Erkundungsfahrt nach Süden; eines erlitt Schiffbruch, aber die Mannschaft konnte gerettet werden. Ende August 1520 erreichten die vier übrigen Schiffe den Río Santa Cruz, wo sie erneut fast

Unten: *Ferdinand Magellan, der erste Weltumsegler, der allerdings das Ende der großen Reise nicht mehr erlebte: Er wurde am 27. April 1521 auf der Philippineninsel Mactan von Eingeborenen getötet. Kupferstich von F. Selma.*

Allegorische Darstellung der »Erfindung des Magallanischen Meers«, also der Entdeckung der Magellan-Straße, die Magellans Schiffe im Oktober und November 1520 als erste durchfuhren. Kolorierter Kupferstich von Theodore de Bry aus Das vierdte Buch von der neuwen Welt *(1594).*

zwei Monate lang Rast einlegen mußten. Am 18. Oktober erst segelte die Expedition weiter nach Süden und fuhr drei Tage später endlich in die gesuchte Meeresstraße ein, die Magellans Namen trägt. Über einen Monat dauerte die mühselige Durchfahrt. »*Am Mittwoch, dem 28. November, nahmen wir Abschied von der Meerenge und kamen in ein Meer, in dem wir drei Monate und zwanzig Tage segelten, ohne die geringste frische Nahrung zu uns zu nehmen.*« Magellan nannte das Meer *Mare Pacifico* (stilles, friedliches Meer), »*weil wir während der ganzen Fahrt keinen Sturm erlebten*«. Über die Insel Guam in den Marianen, die wegen der diebischen Bewohner den Namen *Ladrones* (Diebesinseln) erhielten, erreichte Magellan am 16. März 1521 die Philippineninsel Zamal (Samar). Er dachte vorerst nicht an die Weiterfahrt zu den Molukken, sondern ging vor der wichtigsten Insel, Cebu, vor Anker und begann eine große Christianisierungskampagne, während der er »Götzenbilder« zerstörte und Massentaufen abhielt. Sogar der König und dessen Gefolge konnte er taufen und ihn durch Geschenke und sanften Druck zu einem Bündnisvertrag bewegen. Die winzige Nachbarinsel Mactan widersetzte sich jedoch dem spanischen Kolonialisierungsversuch, so daß sich Magellan zur Gewaltanwendung entschloß. Im Kampf mit den Insulanern wurde er am 27.

April getötet. Pigafetta berichtet: »*Länger als eine Stunde dauerte dieser ungleiche Kampf. Magaglianes wich noch immer nicht, und so gelang es einem der Insulaner, ihn mit der Spitze seiner Lanze im Gesicht zu verwunden. Der Generalkapitän durchbohrte seinen Gegner sofort mit seiner Lanze, die im Körper des Getöteten stecken blieb. Er wollte nun seinen Degen ziehen, vermochte ihn aber nur noch halb aus der Scheide zu bringen, weil ihm der verwundete rechte Arm kaum mehr gehorchte. Als die Insulaner dies sahen, drangen sie alle auf ihn ein, und einer von ihnen stieß unserem Generalkapitän die Lanze so heftig in den linken Schenkel, daß er aufs Gesicht fiel. In demselben Augenblick warfen sich alle Feinde auf ihn und hieben mit ihren Waffen auf ihn ein. So kam unser treuer Führer, unser Licht, unsere Stütze, ums Leben.*«

Diesem Unglück folgte eine zweite Katastrophe: Der König von Cebu änderte seine Haltung und ließ mehrere spanische Offiziere heimtückisch ermorden. Mit zwei Schiffen – das dritte wurde aufgegeben und verbrannt – verließ die Expedition schleunigst die Philippinen, um über die Molukken und das Kap der Guten Hoffnung die Heimat zu erreichen. Ein weiteres Schiff wurde unterwegs von Portugiesen gekapert, und so traf nur die *Victoria* unter Juan Sebastián del Cano mit 18 Überlebenden am 8. September 1522 in Spanien ein. Mit dieser Weltumsegelung war endgültig der praktische Beweis erbracht, daß die Erde eine Kugel ist.

Antonio Malfante

*um 1410 Genua; †um 1450 Mallorca
Genuesischer Kaufmann und Saharareisender

Malfante, über dessen Leben fast nichts bekannt ist, gilt heute als der erste Europäer, der die Sahara durchquerte. Als Beweis dafür dient ein Brief von ihm, der um 1918 entdeckt wurde; er stammt vom Januar 1447 und wurde in Tamentit, der »Hauptstadt« von Tuat am Niger, geschrieben. Malfante reiste im Auftrag des Bankhauses Centurione in Genua; vermutlich sollte er die Herkunft des Goldes ermitteln, das vom Senegal über arabische Zwischenhändler nach Europa gelangte.

In der *Abschrift eines Briefes von Antonio Malfante, geschrieben zu Tuat im Januar 1447 an Giovanni Loriono in Genua*, die erst 1918 aufgefunden wurde, läßt sich Malfante über die Verhältnisse in der afrikanischen Handelsmetropole aus: »Dort treiben die Durchreisenden miteinander Handel. ... Die Juden sind hier zahlreich vertreten. Sie haben erbitterte Feinde, deren Gebiet sie nicht zu durchqueren wagen: die Philister. Es sind prachtvolle Männer, diese Philister, mit stolzer Haltung, unvergleichliche Reiter, und das Gesicht bedecken sie wie die Frauen mit einem Schleier...« Diese Beschreibung der sogenannten ›Philister‹ trifft unverkennbar auf die kriegerischen Tuareg zu, die als Nomaden in der westlichen Sahara lebten und leben.

Etienne Marchand

*1755 Grenada/Antillen; †1793 Mauritius
Französischer Seefahrer

Im Auftrag eines Handelshauses in Marseille sollte Marchand 1790 die Westküste Nordamerikas aufsuchen und dort Pelzwaren aufkaufen. Er umsegelte Kap Hoorn und stieß im Pazifik nacheinander auf die Inseln Nuku Hiva, Fatu Hiva, Motane, Hiva Oa, Tahuata und Ua Pu. Am 22. Juni 1791 hißte er auf Ua Pu

Über seinen Entschluß, seine Mississippi-Expedition abzubrechen, schreibt Marquette in seinem Reisebericht: »Herr Jolliet und ich hielten erneut Rat, um abzuklären, was zu tun sei – ob wir weiter vorstoßen sollten oder ob wir uns mit der Entdeckung, die wir gemacht hatten, zufriedengeben sollten. Wir gaben uns genau darüber Rechenschaft, daß wir nicht weit vom Golf von Mexiko entfernt seien,... bis dorthin würde es nicht mehr als zwei oder drei Tagesreisen weit sein. Es konnte kein Zweifel bestehen, daß der Mississippi in den Golf von Florida oder Golf von Mexiko einmündete und daß er sich nicht in östlicher Richtung nach Virginia wendete, dessen Meeresküste auf 34° liegt, eine Breite, die wir passiert hatten, ohne zum Meer gelangt zu sein, auch der Westen auf der Höhe von Kalifornien kam nicht in Frage, da unsere Route dazu in westlicher oder südwestlicher Richtung hätte verlaufen müssen, während wir immer gegen Süden gefahren waren. Wir zogen ebenfalls in Betracht, daß wir riskierten, der Ergebnisse unserer Reise verlustig zu gehen, von denen wir niemandem mehr Kenntnis würden geben können, wenn wir uns den Spaniern überantworteten, die uns zweifellos als Gefangene festhalten würden. Die Tatsache schließlich, daß wir über alle Kenntnisse verfügten, die wir uns von unserer Entdeckungsreise erwünschen konnten, bewog uns, die Rückkehr ins Auge zu fassen. Dies teilten wir den Eingeborenen mit und bereiteten uns, nach einem Ruhetag, zur Rückfahrt vor.«
(zitiert nach U. Bitterli, *Die Entdeckung und Eroberung der Welt.* Bd. 1, Mchn. 1981, S. 115)

zum erstenmal in Ozeanien die französische Flagge und nahm die Insel im Namen Ludwigs XVI. für Frankreich in Besitz. Auf der von der Nationalversammlung 1792 veröffentlichten Karte erschien der Archipel unter dem Namen *Revolutionsinseln;* heute heißt er Marquesas.

Marchand steuerte dann Alaska an, tauschte gegen alte Hausgeräte, Waffen und Kleider wertvolle Pelze ein, die er auf der Rückreise in Macao mit großem Gewinn verkaufte. 1792 traf er über die Route um das Kap der Guten Hoffnung wohlbehalten wieder in Marseille ein.

Jacques Marquette

*10. Juni 1637 Laon; †18. Mai (?) 1675 am Michigan-See
Französischer Missionar und Nordamerikaforscher

Der Jesuit Marquette wurde 1666 nach Kanada entsandt und erhielt sechs Jahre später von seinen geistlichen und weltlichen Vorgesetzten den Auftrag, »*neue Völker am Meer des Südens zu suchen und zu bekehren*« und »*einen Zugang zum Pazifik zu entdecken*«. Man glaubte damals, beide Ziele seien auf dem Mississippi zu erreichen, weil man noch nicht wußte, daß dieser Fluß nicht in den Pazifik, sondern in den Golf von Mexiko mündet.

Im Juni 1673 stießen Marquette und seine fünf Begleiter, unter denen sich der erfahrene Waldläufer und Pelzjäger Louis Jolliet befand, westlich des Michigan-Sees auf den Oberlauf des Mississippis und befuhren ihn bis zur Einmündung des Arkansas. Dort erfuhren sie von Indianern, daß der Strom immer weiter nach Süden floß und somit in den Golf mündete. Da Marquette seinen Auftrag für erfüllt hielt und außerdem Zusammenstöße mit den Spaniern befürchtete, entschloß er sich zur Umkehr. Mit der gründlichen Erforschung des Mississippigebiets bahnte Marquette seinem Nachfolger →*René R. Chevalier de La Salle* den Weg; er erkundete dann den mächtigen Strom bis zur Mündung.

Abul Hassan Ali Massudi

*vor 900 Bagdad; †um 956 Kairo
Arabischer Forschungsreisender

Von Basra am Persischen Golf aus unternahm Massudi seit 915 ausgedehnte Reisen, die ihn, wenn man seinen teils realistischen, teils phantastischen Berichten glauben darf, nacheinander nach Indien, Ostafrika, Arabien, Palästina, Persien, Armenien, Syrien, Nordafrika und Spanien führten. Er erkundete angeblich den Nil, besuchte das Kaukasusgebiet und gab als erster einen Hinweis auf den Aralsee in Westsibirien.

Karl Mauch

*1837 Stetten; †1875 Stuttgart
Deutscher Afrikaforscher

Den Volksschullehrer Mauch trieb die Abenteuerlust schon früh nach Südafrika, wo er trotz seiner bescheidenen Mittel mehrere Expeditionen in der weiten Region zwischen Sambesi und Limpopo unternahm. Er trieb vor allem ethnographische und kulturhistorische Studien, entdeckte einige Goldvorkommen und kartierte das Gebiet von Transvaal. Seine größte Tat war 1871 die Entdeckung der Ruinen des mächtigen Steinpalastes Groß-Simbabwe südlich des Kyle-Sees in Simbabwe (früher Rhodesien). Mauch war zwar nicht der erste Europäer, der dieses geheimnisvolle Bauwerk zu Gesicht bekam, aber der erste, der seine große archäologische Bedeutung erkannte, obwohl er es fälschlicherweise als altphönizische Siedlung bzw. als das sagenumwobene Ophir des Alten Testaments deutete.

Noch bis vor wenigen Jahrzehnten hielt man Groß-Simbabwe für das Werk asiatischer oder gar europäischer Einwanderer, doch inzwischen konnte nachgewiesen werden, daß wir es hier mit einer alten afrikanischen Königsresidenz zu tun haben, die das Shona-Volk wahrscheinlich zwischen dem 11. und 15. Jh. erbaute.

Oben: *Gesamtansicht der Ruinen von Simbabwe, der alten afrikanischen Königsresidenz im südlichen Rhodesien, die Karl Mauch 1871 entdeckte und als archäologisch bedeutendes Bauwerk erkannte. Holzstich von 1892.*

Unten: *Karl Mauch.*

Sir Francis Leopold McClintock

*8. Juli 1819 Dundalk/Irland; †17. November 1907 London

Englischer Marineoffizier und Polarforscher irischer Abstammung

Als Marineleutnant befuhr McClintock 1848 unter →*Sir James C. Ross* erstmals arktische Gewässer, auf der Suche nach dem seit 1845 verschollenen →*Sir John Franklin.* Vier Jahre danach begleitete er eine neue Franklin-Suchexpedition in den hohen Norden. Von der nordkanadischen Melville-Insel aus unternahm er allein eine Schlittenfahrt durch die arktische Eiswüste bis zur Prince-Patrick-Insel. Dabei legte er eine Strecke von rund 2250 km zurück und entdeckte unterwegs das *Emerald Island* (Smaragdinsel) im Norden der Melville-Insel.

1857 setzte er im Auftrag von Lady Franklin die Suche nach dem verschollenen Polarforscher fort. Mit der kleinen Dampfjacht *Fox* kreuzte er zwei Jahre lang unter unsäglichen Strapazen und Gefahren in der Inselwelt des Nordpolarmeers, bis er schließlich auf der King-William-Insel eindeutige Spuren der tragisch gescheiterten Franklin-Expedition entdeckte.

Alvaro de Mendaña de Neyra

*1541 Spanien; †18. Oktober 1595 Santa-Cruz-Inseln

Spanischer Seefahrer

1567 unternahm Mendaña de Neyra seine erste große Pazifikexpedition, um das sagenhafte Südland zu suchen. Von Lima aus segelte er westwärts und entdeckte nach 14monatiger Fahrt die Salomon-Inseln, die er für vorgelagerte Inseln des Südlandes hielt. Sie wurden erst 200 Jahre später von →*Philip Carteret* und →*Louis A. de Bougainville* wiederentdeckt.

Fast 30 Jahre dauerte es, bis Mendaña de Neyra von der spanischen Krone Unterstützung für eine zweite Forschungsreise von Peru aus erhielt. Diesmal nahm er eine Reihe von Siedlungswilligen mit, um eine neue Kolonie zu gründen. Zwar konnte er die Salomon-Inseln nicht wiederfinden, dafür entdeckte er aber eine Inselgruppe, der er zu Ehren des peruanischen Gouverneurs Marquesa de Mendoza den Namen *Marquesas-Inseln* gab. Einige Zeit später stieß er auf den Santa-Cruz-Archipel. Hier ließ er sich mit seiner Frau und seiner Mannschaft nieder.

Als es nach seinem plötzlichen Tod zu Spannungen zwischen den Insulanern und den auf Liebesabenteuer erpichten Spaniern kam, wollte seine Frau zusammen mit ihrem Geliebten und späteren Ehemann Francisco de Castro Hilfe aus Manila herbeiholen. Da den beiden die Unterstützung versagt wurde, überließen sie die bedrängte Kolonie ihrem Schicksal und kehrten 1596 auf direktem Weg nach Peru zurück.

Die Salomon-Inseln verdanken ihren seltsamen Namen einer phantastischen geographischen Fehlleistung ihres Entdeckers Alvaro de Mendaña: Er hielt sie für das biblische Goldland Ophir, aus dem König Salomo seine Schätze holte, und taufte sie deshalb auf den Namen Islas de Salomon. Daß Salomos Schiffe den Pazifischen Ozean befahren haben könnten, muß allerdings schon im 16. Jahrhundert eine absurde Vorstellung gewesen sein.

Sir Robert John Le Mesurier McClure

*28. Januar 1807 Wexford; †17. Oktober 1873 London
Englischer Marineoffizier und Arktisforscher

McClure hatte bereits zweimal die Nordpolargewässer befahren, als er im Januar 1850 mit der *Investigator* erneut in See stach, um auf dem Umweg über Südamerika und den Pazifik von Westen her in die Arktis vorzudringen. Die eigentliche Aufgabe des Unternehmens war die Suche nach dem verschollenen →*Sir John Franklin,* doch das Ergebnis war die Bezwingung der seit Jahrhunderten gesuchten Nordwestpassage, der Meeresdurchfahrt im Norden Amerikas.

Durch die Bering-Straße und die Beaufort-See fuhr McClure in die nach ihm benannte Meeresstraße nördlich der Banks-Insel ein und stieß durch den Melville-Sund bis zur Barrow-Straße vor, also bis zu einem Punkt, den Expeditionsschiffe bereits von Osten her erreicht hatten. Damit war bewiesen, daß es im hohen Norden Kanadas eine Durchfahrt gab. Die *Investigator* wurde vom Eis an der Weiterfahrt gehindert, und die Besatzung mußte zwei Winter in der Arktis verbringen, bis es ihr gelang, mit Schlitten die Melville-Insel zu erreichen. Dort wurde sie von einem Suchschiff aufgenommen und traf im September 1854 wieder in England ein.

1595 brach Alvaro de Mendaña zu einer zweiten Forschungsreise auf. Er hatte vom spanischen Vizekönig den Auftrag erhalten, »die westlichen Inseln der Südsee zu unterwerfen und zu bevölkern«. Die vier Schiffe, mit denen er in See stach, sahen dem oben abgebildeten Segelschiff ähnlich.

Jens Munk

*1579 Norwegen; †1628 Kopenhagen
Norwegischer Seefahrer und Arktisforscher

Der erfahrene Seemann Jens Munk wurde 1619 vom dänischen König Christian IV. beauftragt, im Norden des amerikanischen Kontinents eine Durchfahrt nach Ostasien zu suchen. Noch im selben Jahr stach er mit zwei Schiffen in See. Die Expedition umsegelte Kap Farvel, die Südspitze Grönlands, und stieß bis zur Hudson-Bai vor. Dort wurde sie durch Eis, Stürme und schlechtes Wetter zur Überwinterung gezwungen. Der größte Teil der unzureichend ausgerüsteten Mannschaften überstand den arktischen Winter nicht, so daß Munk sein kühnes Unternehmen aufgeben mußte. Widerstrebend kehrte er nach Dänemark zurück, wo er bereits als verschollen galt.

1623 veröffentlichte er in Kopenhagen einen Bericht über seine Forschungsexpedition und die noch fast unbekannte Hudson-Bai, die erst wenige Jahre zuvor, 1610, von →*Henry Hudson* entdeckt worden war.

Ludwig Mylius-Erichsen

*15. Januar 1872 Wyborg; †November 1907 Grönland
Dänischer Arktisforscher

Von 1902 bis 1904 unternahm Mylius-Erichsen seine erste Expedition nach Grönland, um die Lebensgewohnheiten und insbesondere die Dialekte der dort heimischen Eskimos zu studieren. 1906 trat er mit zwei Begleitern, einem dänischen Kartographen und einem Eskimo, seine zweite Grönlandreise an, die ein Jahr später mit dem Tod der drei Expeditionsteilnehmer tragisch endete. Eine Suchmannschaft fand die Toten und ein Schriftstück von Mylius-Erichsen vom 8. August 1907, in dem der Forscher einen geographischen Irrtum korrigierte: »*Mit 23 Hunden stießen wir bis zum 1. Juni nach Westen vor und erreichten den Gletscher des Kaps Peary, und wir stellten fest, daß der Peary-Kanal nicht exisitiert* [gemeint ist eine vermeintliche Durchfahrt im äußersten Nordosten Grönlands]. *Wir tauften die Independence-Bucht um und nannten sie Independence-Fjord.*« Dieser Name ist heute noch gültig. Die Halbinsel südlich dieses Fjords wurde nach dem wagemutigen Grönlandforscher *Mylius-Erichsen-Land* genannt.

Gustav Nachtigal

*23. Februar 1834 Eichstedt; †20. April 1885 bei Kap Palmas
Deutscher Afrikaforscher

Der Pfarrerssohn Nachtigal wurde 1858 Militärarzt in Köln, mußte aber schon drei Jahre später seine Stelle wegen einer Lungenkrankheit aufgeben. Um sich auszukurieren, übersiedelte er 1861 nach Alge-

Gustav Nachtigal, der fünf Jahre lang die mittlere Sahara und den Sudan auf noch weithin unbekannten Wegen bereiste.

Gustav Nachtigal überreicht dem Sultan von Bornu die Geschenke des preußischen Königs und späteren deutschen Kaisers Wilhelm I., unter anderem ein großes Porträt des Monarchen.

rien und 1863 nach Tunis, wo er zum Arzt und Berater des Beys avancierte. Hier traf er mit →*Gerhard Rohlfs* zusammen, der ihn dazu überreden konnte, eine Mission im Auftrag des preußischen Königs zu übernehmen: Zum Dank für die Unterstützung, die er →*Heinrich Barth* und anderen deutschen Forschungsreisenden gewährt hatte, sollte der Sultan von Bornu Geschenke erhalten.

Am 17. Februar 1869 begann Nachtigal von Tripolis aus seine Sahara-Durchquerung, um die Mission zu erfüllen. Nach einem Abstecher in das Tibesti-Gebirge, dessen Geographie und Bewohner er als erster Europäer gründlich erforschte, und nach einer mehrmonatigen Erholungspause erreichte er 1870 Kuka (Kukawa), die Hauptstadt von Bornu am Tschad-See, wo er seine Präsente übergab. Anschließend durchstreifte er drei Jahre lang die Tschad-Länder Bornu, Kanem und Baguirmi; 1874 zog er über Darfur und Kordofan nach Khartum, der Hauptstadt des Sudans am Nil. Nilabwärts erreichte er das Mittelmeer und wenig später Deutschland, wo er bereits als verschollen galt.

In Anerkennung seiner Verdienste um die geographische und ethnographische Erforschung Nordafrikas wurde er zum Präsidenten der *Berliner Gesellschaft für Erdkunde* gewählt und 1882 als deutscher Konsul nach Tunis entsandt. Als Reichskommissar stellte er 1884 Togo und Kamerun unter deutschen Schutz, nachdem er mit einheimischen Stammesfürsten entsprechende Verträge abgeschlossen hatte. Auf der Rückreise von einem offiziellen Besuch in Deutsch-Südwestafrika erlag er an Bord des Schiffes seinem alten Lungenleiden.

Oben: *Fridtjof Nansen als jugendlicher Forscher zur Zeit der* Fram-*Expedition.*
Unten: *Altersporträt von Nansen.*

Gegenüberliegende Seite:

Die Karte zeigt die Route der Fram, *einschließlich ihrer Driftfahrt durch das Packeis, sowie den Vorstoß Nansens in Richtung Nordpol.*

Fridtjof Nansen

*10. Oktober 1861 Gut Store-Fröen bei Oslo; † 13. Mai 1930 Lysaker

Norwegischer Zoologe und Polarforscher

Schon als Student besuchte Nansen an Bord eines Walfangschiffs das Nordpolarmeer zwischen Spitzbergen, Grönland und Jan-Mayen-Insel. 1888 promovierte er als Kurator des Museums in Bergen zum Doktor im Hauptfach Zoologie. Im selben Jahr noch leitete er eine Expedition quer durch Grönland. Bald darauf entwickelte er den kühnen Plan, mit einem Spezialschiff den Nordpol zu erreichen, von dem man damals noch nicht sicher wußte, ob er von Land oder Wasser bedeckt war. Nansen wollte sich von Meeresströmen, die nachweislich im hohen Norden existierten, möglichst nahe an den Pol herantreiben lassen und das letzte Stück des Weges unter Umständen zu Fuß zurücklegen. Auf Kosten der Regierung wurde nach seinem Entwurf ein plump wirkendes, aber sehr stabiles Schiff von ca. 39 m Länge gebaut, das dem Druck der zu erwartenden Eismassen standhalten würde. Im Oktober 1892 war es fertig und erhielt den Namen *Fram* (Vorwärts).

Am 24. Juni 1893 lief die *Fram* mit einer 13köpfigen Besatzung, 34 Schlittenhunden und Vorräten für fünf Jahre aus. Sie umrundete das Nordkap und fuhr längs der russischen Nordküste ostwärts bis in die Nähe der Neusibirischen Inseln, wo sie auf Nordkurs ging. Ende September wurde das Schiff bei etwa 79° N vom Eis eingeschlossen und konnte jetzt nur noch mit den driftenden Eismassen weiterbefördert werden: Die sog. Drift- oder Treibfahrt der *Fram* hatte begonnen. Das Schiff trieb in einem Zickzackkurs unendlich langsam in Richtung Nordwest, und als es sich dem 84. nördlichen Breitengrad näherte, beschloß Nansen am 14. März 1895, zusammen mit seinem jungen Offizier Hjalmar Johansen auf dem Eis zum Nordpol vorzudringen. Bei 86° 14'N – so weit war bis dahin noch kein Mensch gekommen – mußten die beiden umkehren. Auf dem Weg nach Süden waren sie am 9. Juni gezwungen, ihre letzten drei Schlittenhunde zu töten, wenn sie nicht verhungern wollten. Am 7. August erreichten sie den Rand des Packeisgürtels, und in ihren mitgeführten Kajaks gelangten sie zu den Inseln von Franz-Josef-Land. Hier überwinterten sie in einer selbstgebauten Hütte. Am 17. Juni 1896 wurden sie

Nansens Fahrt
und Rückkehr des „Fram."
Uebersicht.
Neusibir. Ins.
Festgemacht am Eise 22.9.93.
Schiff verlassen 14.3.95
Höchste Breite
C. Tscheljuskin
Brusewitz Ins.
Einsamkeit
Marsch über das Packeis
Trift des Fram
Franz-Josef-Land
Ueberwinter.
Kara-See
Spitzbergen
Andrée's Ballon

von dem englischen Arktisforscher Jackson gefunden, und am 13. August trafen sie an Bord eines Expeditionsschiffes in Vardö in Nordnorwegen ein. Am 9. September wurden die beiden Forscher in Oslo begeistert empfangen. Die *Fram* hatte unterdessen ihre Treibfahrt unter →*Otto Sverdrup* fortgesetzt und kehrte über Spitzbergen ebenfalls wohlbehalten in die Heimat zurück.

Die geographischen, ozeanographischen und meteorologischen Erkenntnisse, die Nansens gewagte Expedition erbracht hatte, waren grundlegend für die weitere Nordpolarforschung. Bis zu seinem Tod widmete er sich weiterhin der Meeresforschung, zugleich aber auch großen humanitären Aufgaben: Nach dem Ersten Weltkrieg setzte er sich für die Heimkehr der Kriegsgefangenen aus Rußland ein, seit 1921 leitete er die Hilfsaktionen für die Hungergebiete in der Sowjetunion. 1922 erhielt er den Friedensnobelpreis.

Gegenüberliegende Seite:

Oben: *Nansens Forschungsschiff* Fram *während der Driftfahrt auf dem eisbedeckten Nordpolarmeer.*

Unten: *Nansen führte während der gesamten Expedition Tag für Tag exakte ozeanographische und meteorologische Beobachtungen durch. Das Foto zeigt ihn bei der Messung der Meerestemperatur.*

Nearchos

4. Jahrhundert v. Chr.
Makedonischer Flottenadmiral kretischer Herkunft

Nearchos begleitete den Makedonierkönig →*Alexander* auf dessen Zug nach Indien und erhielt am Ende der Expedition den Auftrag, eine Flotte zu bauen, mit der das Heer zunächst bis zur Indus-Mündung verschifft werden konnte. Dort teilte sich die Streitmacht: Alexander zog auf dem Landweg in Richtung Heimat, während Nearchos mit 150 Schiffen und rund 5000 Männern am 21. September 325 v. Chr. den Alexanderhafen in der Gegend der heutigen Stadt Karatschi verließ, um den Seeweg bis zum Persischen Golf zu erkunden. Dicht an der Küste entlangsegelnd, erreichte Nearchos am 15. Dezember Hormus am Eingang des Golfs, wo er ein Wiedersehen mit Alexander feierte. Bis Ende Januar 324 brauchte er für die zweite Etappe, die an der Tigris-Mündung zu Ende war.

Carsten Niebuhr

*17. März 1733 Lüdingworth; †26. April 1815 Meldorf
Deutscher Forschungsreisender

1761 unternahm Niebuhr, zusammen mit vier wissenschaftlich geschulten Begleitern, im Auftrag des dänischen Königs eine Expedition zur Arabischen Halbinsel. Über Alexandria und Suez gelangte er mit dem Schiff nach Loheia (Luhaiya) an der Westküste des Roten Meeres und von dort aus auf dem Landweg bis Mokka im Süden der Halbinsel. Hier erlagen bereits zwei seiner Mitarbeiter einer Tropenkrankheit. Niebuhr erforschte sehr gründlich den noch unbekannten Jemen. 1763 reiste er von Mokka mit dem Schiff nach Bombay, wo er sich intensiv mit den Lebensgewohnheiten der Hindus und Parsen befaßte.

Carsten Niebuhr in vornehmer Arabertracht, die ihm der Imam in Sana, der Hauptstadt des Jemen, zum Geschenk gemacht hatte. Kupferstich von I. F. Clemens.

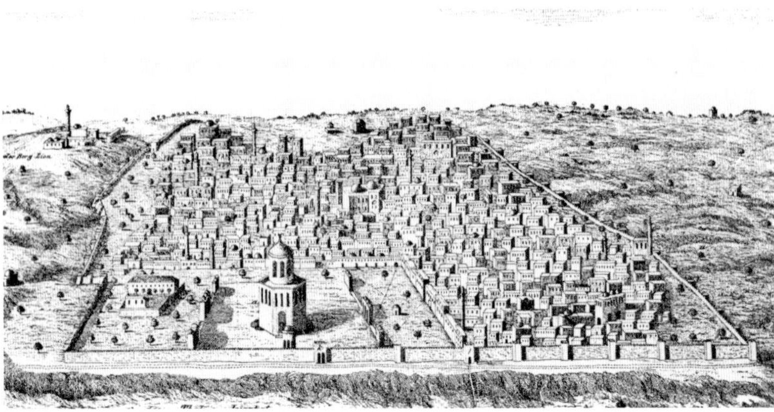

Blick vom Ölberg auf die Stadt Jerusalem. Eine Zeichnung von Carsten Niebuhr. Wie man sieht, bestand Jerusalem damals nur aus der mauerumgebenen Altstadt.

Über Persepolis, Bagdad, Aleppo und Istanbul kehrte er 1767, nach dem Tod seiner beiden anderen Gefährten, allein nach Kopenhagen zurück.

Umberto Nobile

*21. Januar 1885 Lauro; † 30. Juli 1978 Rom
Italienischer General, Luftschiffkonstrukteur und Polarforscher

Nobile war schon sehr früh von der Idee besessen, den Nordpol mit lenkbaren Luftschiffen zu bezwingen. Die erste Chance bot ihm der Norweger →*Roald Amundsen*, der 1926 ein von Nobile konstruiertes Luftschiff erwarb, das er auf den Namen *Norge* taufte. Mit der von Nobile gesteuerten *Norge* überflog Amundsen dann am 12. Mai 1926 den Pol. Nobile rüstete zwei Jahre später eine eigene Luftschiffexpedition aus, mit der er den Erfolg von 1926 wiederholen wollte. Das neue Luftschiff, die *Italia*, erreichte zwar den Nordpol, mußte aber auf dem Rückflug nordöstlich von Spitzbergen notlanden. Am 28. Mai 1928 wurde bekannt, daß Nobile und seine Leute gestrandet waren und sich aus eigener Kraft nicht retten konnten. An der großangelegten Suchaktion beteiligte sich auch der inzwischen 56jährige Amundsen mit einem technisch unzureichenden Wasserflugzeug, das in der Eiswüste verschollen blieb. Nobile und seine Mannschaft konnten erst am 22. Juni von dem russischen Eisbrecher *Krassin* gerettet werden.

In Italien gab man Nobile die Schuld am Scheitern der Expedition, woraufhin er 1929 aus der italienischen Armee ausschied. 1932–1936 war er als Berater des sowjetischen Luftfahrtministeriums tätig, kehrte später wieder in seine Heimat zurück, wo er nach dem Krieg einige Jahre als kommunistischer Abgeordneter dem Parlament angehörte.

Gegenüberliegende Seite:

Adolf Erik Nordenskiöld auf dem Packeis des Nordpolarmeeres. Im Hintergrund sein eisfestes Forschungsschiff Vega. *Gemälde von Rosen.*

Adolf Erik Nordenskiöld, der Bezwinger der Nordostpassage.

Adolf Erik Nordenskiöld

*18. November 1832 Helsinki; † 12. August 1901 Dalbyö

Schwedischer Polarforscher

Der junge Naturwissenschaftler Nordenskiöld mußte seine finnische Heimat aus politischen Gründen verlassen und wurde schwedischer Staatsbürger. Ab 1858 beteiligte er sich an verschiedenen Expeditionen im hohen Norden, die ihn nach Spitzbergen, Grönland und Nordasien führten. 1875/76 unternahm er einen ersten Versuch, die Nordostpassage zu bezwingen. Durch die Kara-See drang er bis zum Jenisej-Busen vor und kehrte dann um. Am 18. Juli 1878 stach er von Tromsö aus mit der eisfesten *Vega* und drei Frachtschiffen zur entscheidenden Fahrt in See. Im August umrundete er bereits das Kap Tscheljuskin, den nördlichsten Punkt des asiatischen Festlandes, und wenige Tage später war die Lena-Mündung erreicht, wo sich die *Vega* von dem letzten Begleitschiff trennte, das den Fluß bis Jakutsk erkundete. Die *Vega* hatte sich auf der Weiterfahrt durch die Ostsibirische See bis auf knapp 200 km der Bering-Straße genähert, als sie im September vom Eis eingeschlossen wurde.

Nordenskiöld nutzte den unfreiwilligen Aufenthalt zu einer gründlichen Erforschung der Tschuktschen-Halbinsel. Er untersuchte die Lebensweise der dort lebenden Tschuktschen und Samojeden und studierte die Flora und Fauna Nordostsibiriens. Am 18. Juli 1879 gab das Eis das Expeditionsschiff wieder frei, das zwei Tage später in die Bering-Straße einfuhr. »*Wir begrüßten von der Vega aus die Alte und die Neue Welt mit Flaggen und schwedischem Salut. Endlich war das Ziel erreicht, nach dem so viele Nationen gestrebt hatten!*«

Über Japan, Ceylon und den Suez-Kanal kehrte Nordenskiöld nach Stockholm zurück, wo er am 24. Juli 1880 eintraf und begeistert empfangen wurde.

Alcide Dessalines d'Orbigny

*6. September 1802 Coueron; † 30. Juni 1857 Pierrefitte-sur-Seine

Französischer Paläontologe, Botaniker und Südamerikaforscher

Im Auftrag des Pariser *Muséum d'Histoire Naturelle* bereiste Orbigny von 1826 bis 1834 Südbrasilien, Uruguay, Argentinien, Patagonien, Chile, Bolivien und Peru. Er entdeckte und beschrieb zahlreiche neue Pflanzen- und Tierarten, entwarf eine zuverlässige Karte der Anden und erforschte das Leben der stark dezimierten Eingeborenen, für deren Befreiung er sich als einer der ersten nachdrücklich einsetzte. Orbigny gilt als der bedeutendste Südamerikaforscher neben →*Alexander von Humboldt*.

Francisco de Orellana

*um 1500 Trujillo; † 1546 Amazonien
Spanischer Konquistador und Entdeckungsreisender

Orellana diente unter seinem Verwandten →*Francisco Pizarro* bei der Eroberung Perus und schloß sich dann dessen Bruder Gonzalo an, der am Weihnachtstag 1539 von Quito im heutigen Ecuador aufbrach, um das Gebiet jenseits der Anden zu erkunden; dort vermutete man das sagenhafte Goldland Eldorado und riesige Zimtwälder. Nach der überaus beschwerlichen und verlustreichen Gebirgsüberquerung erreichte das Expeditionskorps halbverhungert das riesige Amazonas-Becken und schließlich den Río Napo, einen nördlichen Nebenfluß des Amazonas. Auf ihm wurde Orellana zur Beschaffung von Nahrungsmitteln ausgesandt, während Pizarro im Urwald ein befestigtes Lager errichtete. Als Orellana nach mehreren Wochen nicht zurückkehrte, gab Pizarro die Suche auf und trat den Rückmarsch nach Quito an, wo er im Juni 1542 eintraf.

Orellana erreichte über den Napo den Hauptstrom, den er mit Booten bis zur Mündung befuhr. Am 24. August 1542 langte er an der Atlantikküste an. Er gab dem mächtigen Strom, den er als erster Europäer in ganzer Länge erkundet hatte, den Namen *Amazonas*, in Erinnerung an die kriegerischen Eingeborenenfrauen (»Amazonen«), mit denen er unterwegs verschiedentlich zusammengestoßen war. Über Trinidad kehrte er nach Spanien heim, wo er von Karl V. mit der Kolonisierung des Amazonas-Gebiets betraut wurde.

1544 reiste Orellana wieder nach Südamerika. Bei dem Versuch, den Amazonas stromaufwärts zu erforschen, starb er vor Erschöpfung, ehe er noch das Delta hinter sich gelassen hatte.

Peter Simon Pallas

*22. September 1741 Berlin; † 8. September 1811 Berlin
Deutscher Naturforscher und Asienreisender in russischen Diensten

Nach dem Studium der Medizin und Naturwissenschaften und verschiedenen Reisen in Westeuropa trat Pallas 1768 als Adjunkt der Akademie der Wissenschaften in St. Petersburg in russische Dienste. Im Auftrag von Katharina II. bereiste er 1768–1774 ganz Sibirien bis zum Baikal-See und Amur. Von dieser Expedition brachte er überreiches geographisches, geologisches, botanisches, zoologisches und ethnologisches Material mit.

1793–1795 unternahm er noch eine zweite große Reise nach Südrußland, auf der er das Wolga-Gebiet, die Krim und die Umgebung des Kaspischen Meers erkundete.

Der Deutsche Peter Simon Pallas, der 1768 von Katharina II. nach St. Petersburg berufen wurde und in russischen Diensten das noch weitgehend unerschlossene Sibirien erforschte. Er beschrieb mehrere neue Tierarten (Manul oder »Pallaskatze«, Asiatischer Wildesel usw.) und entdeckte in Sibirien das Pallasit (meteorisches Eisen). Stich nach einer Büste von Riese.

Mungo Park

*10. September 1771 Fowlshiels; † März/April 1806 bei Bussa am Niger
Schottischer Afrikaforscher

Durch die Erstbeschreibung mehrerer Fischarten, die der junge schottische Wundarzt Mungo Park 1793 auf einer Seereise nach Sumatra entdeckt hatte, wurde die von Sir Joseph Banks (→*James Cook*) gegründete *African Association* auf ihn aufmerksam und beauftragte ihn mit der Erforschung des Nigers. Dieser legendäre Fluß sollte im Süden der Sahara liegen, war aber bis dahin noch von keinem Europäer gesehen worden.

Ende 1795 brach Park von Bathurst an der Gambia-Mündung mit zwei schwarzen Dienern in das Innere Westafrikas auf. Unter großen Gefahren und Strapazen – er geriet einmal in Gefangenschaft, konnte aber nach drei Monaten fliehen – erreichte er Ende Juli 1796 den Niger-Oberlauf bei Ségou. »*Ich ritt durch ein Stück Sumpfland, und gerade als ich ängstlich nach dem Fluß ausspähte, rief einer der Bauern: ›Geo affilli! Seht da, das Wasser!‹ Ich blickte vorwärts, und mit unendlichem Vergnügen sah ich den großen Gegenstand meiner Sendung, den majestätischen Niger, so breit wie die Themse bei Westminster, in der Morgensonne flimmernd und langsam* nach Osten *fließend. Ich*

Mungo Park dringt im Juli 1796 bis zum Ufer des Niger vor, den bis dahin noch kein Europäer erblickt hatte. Illustration aus seinem Buch Travels in the Interior of Africa.

eilte an das Ufer, trank von dem Wasser, und mein glühender Dank strömte in Gebeten zu dem großen Regierer aller Dinge empor, der so weit wenigstens meine Bemühungen mit einem glücklichen Erfolg gekrönt hatte.«

Mungo Park war der erste Europäer, der den geheimnisumgebenen Fluß erblickt hatte; und er hatte sofort die Lösung eines alten Rätsels gefunden, die in den unscheinbaren, aber vom Autor bewußt hervorgehobenen Worten »nach Osten« liegt: Der Niger bildet ein selbständiges Flußsystem und ist nicht, wie man bis dahin gemutmaßt hatte, ein in den Atlantik mündender großer Nebenarm des Nils!

Mungo Park folgte dem Strom noch sechs Tage lang stromabwärts, bis zum Dorf Silla. Dort kehrte er um und folgte dem Niger flußaufwärts bis Bamako. Hier hielt ihn eine schwere Krankheit 18 Monate lang fest. Unter der Obhut eines islamischen Sklavenhändlers genas er langsam, und 1797 traf er wieder in England ein, wo er seine Reiseberichte verfaßte.

1805 unternahm er im Auftrag der britischen Regierung mit einer 44köpfigen Expedition einen zweiten Vorstoß zum Niger. Als er im August den Strom bei Bamako erreichte, waren nur noch zehn Männer am Leben. Die durch Ruhr und Malaria noch weiter dezimierte Gruppe stieß bis Sansanding vor und baute dort ein ca. 13 m langes Flußboot, mit dem sie an Timbuktu vorbei die große Niger-Schleife befuhr. In seinem letzten Brief vom 19. November 1805 teilte Park mit, er habe »*Segel gesetzt für die Reise zur Küste*«. Damit war klar, daß der Niger nicht, wie bislang angenommen, in den Tschad-See, sondern in den Atlantik mündet. Park, ein Leutnant und drei Soldaten konnten auf dem Fluß die weite Strecke bis Bussa zurücklegen, wo ihnen jedoch kriegerische Einheimische und die gefährlichen Stromschnellen zum Verhängnis wurden.

Mungo Park, der Entdecker und Erforscher des Niger.

Sir William Edward Parry

*19. Dezember 1790 Bath; † 8. Juli 1855 Bad Ems.
Englischer Seefahrer und Polarforscher

Als Dreizehnhähriger trat Parry in die britische Marine ein, und schon mit 23 Jahren verfaßte er ein Handbuch der nautischen Astronomie. 1818 befehligte er ein Schiff der Arktis-Expedition von →*John Ross*, ein Jahr später leitete er seine erste eigene Expedition, die den Auftrag hatte, die Nordwestpassage zu suchen. Durch die Davis-Straße und die Baffin-Bai fuhr Parry mit seinen beiden Schiffen *Hecla* und *Griper* in den Lancaster-Sund ein. Er drang weiter nach Westen vor als alle früheren Forscher und entdeckte unter anderem die Prince-Regent-Straße und den Wellington-Kanal sowie die Inseln Somerset, Cornwallis,

Oben: *Die beiden Expeditionsschiffe Parrys, die* Hecla *und die* Fury, *vor der Gletscherkulisse des Nordpolarmeeres.*

Rechts: *Mit hundegezogenen »Schlittenbooten« versuchte Parry 1827 von Spitzbergen aus zum Nordpol vorzustoßen. Das Unternehmen scheiterte, doch mit dem erstmaligen Einsatz von Schlittenhunden wies er späteren Polarforschern den richtigen Weg, den R. E. Peary 80 Jahre nach ihm erfolgreich beschritt.*

Bathurst und Melville. Zusammen mit einigen kleineren Inseln sind sie auch unter dem Namen *Parry-Inseln* bekannt. Bei der Melville-Insel wurden die beiden Schiffe vom Packeis eingeschlossen und mußten hier überwintern. Im Juli 1820 stießen sie fast bis zum 114. westlichen Längengrad vor, bevor sie die Heimreise antraten.

Bei seinem zweiten Versuch mit den Schiffen *Fury* und *Hecla* erforschte Parry 1821–1823 die Hudson-Straße, die Southampton-Insel und das Foxe-Becken, in dessen Nordwesten er die schmale Durchfahrt der *Fury-und-Hecla-Straße* entdeckte.

Auf seiner dritten Arktisfahrt (1824/25) erreichte Parry abermals die Somerset-Insel. Als er an deren Ostküste eines seiner Schiffe, die *Fury*, verlorengeben mußte, brach er das Unternehmen ab. 1827 versuchte er schließlich von Spitzbergen aus den Nordpol zu bezwingen. Bei 82° 45'N mußte er den Plan, mit amphibischen »Schlittenbooten« zum Pol zu gelangen, jedoch endgültig aufgeben. Seine kühnen Vorstöße nach Nordwesten und Norden waren Rekordleistungen, die erst nach Jahrzehnten übertroffen werden konnten, und seine gründliche Erkundung der geographischen, ethnographischen und ozeanographischen Verhältnisse im hohen Norden schuf die Voraussetzung für die spätere Polarforschung.

Julius Ritter von Payer

*1. September 1842 Schönau bei Teplitz; †30. August 1915 Veldes

Österreichischer Polarforscher

Payer hatte sich bereits als Offizier und Bergsteiger einen Namen gemacht, als er 1869/70 mit der zweiten deutschen Nordpolarexpedition im Nordosten Grönlands seine ersten Arktiserfahrungen sammelte. 1871 erkundete er zusammen mit →*Karl Weyprecht* von Tromsö aus die Barents-See zwischen Spitzbergen und Nowaja Semlja.

Als Leiter einer österreichisch-ungarischen Nordpolarexpedition, die eine nordöstliche Durchfahrt suchen sollte, verließen Payer und Weyprecht am 14. Juli 1872 mit der *Tegetthoff* erneut den Hafen von Tromsö und nahmen Kurs nach Norden. Doch schon am 21. August wurde das Schiff auf der Höhe von Nowaja Semlja vom Eis eingeschlossen. Nach einer gefahrvollen einjährigen Driftfahrt erreichte es am 30. August 1873 eine unbekannte Inselwelt im hohen Norden, der die beiden Forscher den Namen *Franz-Josef-Land* gaben. Sie drangen bis zum 82. nördlichen Breitengrad vor und schlugen sich, nachdem sie die *Tegetthoff* aufgeben mußten, mit Booten und Schlitten bis Nowaja Semlja durch, wo sie im August 1874 von einem russischen Walfänger gerettet wurden.

Der österreichische Nordpolarforscher Julius von Payer. Zeichnung von Riou nach einer Photographie.

Oben: *Robert Edwin Peary in Polarausrüstung mit seinen Lieblingshunden nach der Eroberung des Nordpols.*

Robert Edwin Peary

*6. Mai 1856 Cresson; † 20. Februar 1920 Washington
Amerikanischer Marineoffizier und Nordpolbezwinger

Schon früh faßte Peary den Plan, den Nordpol zu entdecken, und systematisch bereitete er sich auf seine Lebensaufgabe vor: 1886 unternahm er seinen ersten Vorstoß auf das grönländische Inlandeis. 1891/92 machte er sich erneut auf den Weg und erreichte nach einer über 2000 km langen Fahrt mit einer kleinen Schlittenexpedition die Nordküste Grönlands. Während dieser Reise erforschte er die klimatischen Verhältnisse und die Topographie des Eisschildes sowie die Lebensgewohnheiten der Eskimos. Vor allem aber bewies er damit endgültig den Inselcharakter Grönlands.

In den folgenden Jahren setzte Peary das Studium Grönlands und der umgebenden arktischen Regionen intensiv fort. Ab 1902 versuchte er mehrere Male zum Nordpol vorzudringen, dem er sich 1906 immerhin bis auf knapp 300 km nähern konnte. Anschließend kehrte er nach Amerika zurück, um die Finanzierung seiner entscheidenden Polexpedition zu sichern. Die Regierung stellte ihm das Spezialschiff *Roosevelt* zur Verfügung, mit dem er im Juli 1908 New York verließ. Im September ging die *Roosevelt* bei Kap Sheridan auf der Ellesmere-Insel vor Anker. Von dort aus wurde in den folgenden Monaten das vorgeschobene Basislager bei Kap Columbia an der Nordküste der Insel eingerichtet.

Am 1. März 1909 begann dann der endgültige Vorstoß zum Pol. Mit 24 Mann, 133 Hunden und 19 Schlitten strebte Peary von Kap Columbia aus nach Norden. Am 2. April war das Ziel nur noch 200 km entfernt. Peary bewältigte die letzte Etappe mit nur fünf Begleitern, dem Schwarzen Henson, der ihn bereits seit 18 Jahren begleitete, und vier Eskimos. Am 6. April richtete er auf dem Eis über dem Nordpol das Sternenbanner auf.

»*Endlich am Ziel!*« trug er in sein Reisetagebuch ein. »*Der Traum dreier Jahrhunderte ist endlich erfüllt, ist mein. Es fällt mir schwer, das zu begreifen. Alles ist so alltäglich, so wenig ungewöhnlich wie nur möglich. ... Aber die Erreichung des Pols war das Ergebnis tage- und wochenlanger Gewaltmärsche, körperlichen Unbehagens, ungenügenden Schlafes und quälender Angst. ... Als ich nun sicher wußte, daß wir unser Ziel erreicht hatten, da wünschte ich nichts sehnlicher als – zu schlafen.*«

Nach einer 30stündigen Ruhepause am nördlichsten Punkt der Erde trat Peary den Rückweg an, der erstaunlich glatt verlief. Bereits am 23. April erreichte

Die Roosevelt, *mit der Peary die Heimreise nach der Nordpolbezwingung antrat, bahnt sich einen Weg durch das Packeis.*

er die Station am Kap Columbia und wenig später die *Roosevelt*, die sich allerdings nicht vor Juli aus dem Eis befreien und in die Zivilisation zurückkehren konnte. Erst am 6. September hatte Peary die Möglichkeit, seinen Triumph durch Telegramme der Welt zu verkünden.

Eine Zeitlang wurde der Erfolg des Polarforschers überschattet durch die Behauptung seines Landsmanns →*Frederick A. Cook*, er habe den Nordpol schon am 21. April 1908 erreicht. Inzwischen besteht jedoch kaum noch ein Zweifel, daß Peary den Nordpol als erster bezwungen hat.

Giovanni di Piano Carpini

*um 1182 Umbrien; †um 1252 Antivari
Italienischer Franziskaner und Asienreisender

Papst Innozenz IV., beunruhigt durch die Einfälle der Mongolen ins Abendland, entsandte vier Delegationen in den Fernen Osten, die Beziehungen zum Großkhan herstellen und ihn möglichst zum Christentum bekehren und zum Kampf gegen den Islam animieren sollten. Die erste und wichtigste Delegation leitete der Franziskanermönch Giovanni di Piano Carpini (auch unter dem Namen Johannes von Plan Carpini oder Plano de Carpini bekannt), der am Ostersonntag 1245 in Lyon zu seiner abenteuerlichen Reise aufbrach. Über Böhmen, Kiew, Sarai an der Wolga, das Nordufer des Aral-Sees und die Dsungarei erreichte er Karakorum, die Residenz des Mongolenherrschers Güjük (Kuyuk) am Oberlauf des Orchon, etwa 300 km westlich der heutigen Stadt Ulan-Bator. Pater Giovanni hielt sich einige Monate bei Güjük auf, ohne freilich mit seiner Mission großen Erfolg zu haben. Im Winter 1247/48 traf er wieder in Lyon ein und verfaßte seine *Historia Mongolorum*, die neben einem eindrucksvollen Porträt des Großkhans eine Fülle von wichtigen geographischen und ethnographischen Fakten enthält.

Giovanni di Piano Carpini hatte zwar während seines Aufenthalts am Hof des Großkhans Güjük den Eindruck gewonnen, daß dieser »auf dem Wege sei, Christ zu werden«, aber die Botschaft des Mongolenherrschers, die der Franziskanerpater dem Papst überbrachte, klang ganz und gar nicht unterwürfig, sondern im Gegenteil ausgesprochen selbstbewußt und autoritär: »Deshalb habt Ihr selbst an der Spitze aller Eurer Könige zu kommen und Uns Eure Dienstfertigkeit und Huldigung zu erweisen. Und wenn Ihr den Befehl Gottes mißachtet und Unseren Anweisungen zuwider handelt, so werden Wir Euch als Unseren Feind betrachten. Wer den Gottessohn und Weltenherrn, den Großen Khan, anerkennt und sich ihm unterwirft, wird errettet werden, und wer es ablehnt, sich zu unterwerfen, wird ausgetilgt werden.«

Auguste Piccard

*28. Januar 1884 Lutry; †25. März 1962 Lausanne
Schweizer Physiker

Nachdem A. Piccard 1932 mit einem Stratosphärenballon einen Höhenrekord (16 940 m über der Erde) aufgestellt hatte, begann er mit der Konstruktion eines Tauchbootes, mit dem er den bestehenden Tiefenrekord von →*Charles W. Beebe* und dessen Mitarbeiter Otis brechen wollte. Nach zahlreichen Versuchsfahrten erreichte er 1953 mit seinem freibeweglichen Bathyskaph *Trieste* im Golf von Neapel eine Tiefe von 3150 m.

Professor Piccards Mitarbeiter bei diesem Tauchunternehmen war sein Sohn Jacques Piccard (geb. 1922),

Gegenüberliegende Seite:

Oben: *Professor Auguste Piccard mit seinem Sohn und Mitarbeiter Jacques an Bord des Tieftauchboots* Trieste.

Unten: *Das Rekordtauchboot* Trieste. *Es besteht aus einem mit Benzin gefüllten großen Schwimmkörper und einer unten angehängten kugelförmigen Beobachtungskabine. Vor und hinter der Kugel befinden sich zwei schrotgefüllte Ballastkammern. Da Benzin leichter ist als Wasser, steigt das Tauchgerät wieder zur Oberfläche auf, wenn der durch Elektromagneten gehaltene Schrotballast abgelassen wird.*

TRIESTE
TERNI

Die Hülle von Piccards Stratosphärenballon wird nach einer Rekordfahrt 1932 auf dem Gipfel des Obergurgl (Schweiz) geborgen.

der am 23. Januar 1960 mit der *Trieste II* im Marianengraben bei der westpazifischen Insel Guam den absoluten Tiefenrekord aufstellte: 10 916 m unter dem Meeresspiegel! Durch diese kühne Tiefsee-Expedition wurde der Nachweis erbracht, daß selbst in den tiefsten Tiefen der Ozeane noch höheres organisches Leben existiert.

Vicente Yáñez Pinzón
*um 1460; †nach 1520
Spanischer Seefahrer

Als Kapitän der *Niña* begleitete Pinzón seinen Admiral →*Christoph Columbus* auf der ersten Reise in die Neue Welt. Am 6. Juni 1499 erhielt er von der spanischen Krone die Genehmigung zu einer eigenen Entdeckungsfahrt, bei der er jedoch weder Columbus noch den Portugiesen ins Gehege kommen durfte. Im November 1499 stach er mit vier Schiffen vom spanischen Hafen Palos aus in See. Hinter den Kapverdischen Inseln nahm er einen südsüdwestlichen Kurs und überquerte als erster spanischer Seefahrer den Äquator. Am 26. Januar 1500 stieß er bei Kap Agustín im heutigen Brasilien auf die südamerikanische Küste. Er gilt damit als der Erstentdecker Brasiliens, denn der Portugiese →*Pedro A. Cabral* traf erst knapp drei Monate später in dieser Küstenregion ein.

Pinzón nahm das neuentdeckte Land offiziell für Spanien in Besitz und segelte dann längs der Küste nach Nordwesten. Auf dieser Fahrt entdeckte er die Mündung des Amazonas und erreichte über die Orinoco-Mündung die Insel Española (Haiti). Ende September 1500 kehrte er mit zwei Schiffen – zwei waren in einem Sturm in der Karibik verlorengegangen – wieder nach Palos zurück.

1508/09 unternahm Pinzón zusammen mit seinem Landsmann Juan Díaz de Solís noch eine weitere Expedition nach Mittelamerika, um dort eine Durchfahrt nach Indien, *»einen Kanal oder ein offenes Meer«* zu suchen. Er fuhr an der Küste von Honduras und Yucatán entlang und drang wahrscheinlich bis zur heutigen mexikanischen Stadt Tampico oder bis zur Panuco-Mündung vor, aber einen direkten Seeweg zum Pazifik konnte er nicht finden.

Francisco Pizarro

*um 1475 Trujillo; † 26. Juni 1541 Lima
Spanischer Konquistador

Der ungebildete, skrupellose und wagemutige Haudegen Pizarro kam vermutlich 1502 nach Mittelamerika und nahm an verschiedenen Expeditionen teil, unter anderem 1513 an →*Vasco Nuñez de Balboas* Vorstoß zum Pazifischen Ozean. Zwischen 1524 und 1528

Ansicht der Inkastadt Cuzco, die Francisco Pizarro 1533 eroberte. Kupferstich aus Dappers America *(1673).*

Francisco Pizarro wird 1529 von Kaiser Karl V. empfangen, dem er seine Pläne für die Eroberung des »Goldlandes« Peru darlegt. Ölgemälde von Angel Lizcano.

drang er von Panama aus, wo er sich als Landwirt niedergelassen hatte, mehrmals nach Süden vor, bis zur Küste des heutigen Peru. Dort entdeckte er die hochstehende Kultur des Inka-Reiches, das sich in einem breiten Streifen hinter der südamerikanischen Ostküste erstreckte. Doch für Pizarro war Peru vor allem ein neues »Goldland«, das es auszubeuten galt. Er fuhr nach Spanien und ließ sich 1529 von Karl V. zum Statthalter und Generalkapitän der zu erobernden Provinz *Neu-Kastilien* ernennen.

Im Januar 1531 verließ Pizarro mit rund 180 Soldaten und seinen vier Brüdern bzw. Halbbrüdern Panama und landete in der Bucht San Mateo (nordöstlich von Quito). Längs der Küste marschierte er bis Tumbes, wo er erst im Januar 1532 eintraf und sofort eine spanische Kolonie gründete. Im September führte er sein kleines Expeditionskorps, das inzwischen einige Verstärkung erhalten hatte, ins Landesinnere und erreichte am 15. November 1532 die hochgelegene Andenstadt Cajamarca, in deren Nähe der Inka-Herrscher Atahualpa sein Heerlager aufgeschlagen hatte. Pizarro lockte Atahualpa in einen Hinterhalt, ließ ihn gefangennehmen und das Gefolge ermorden. Er versprach ihm die Freiheit gegen die Zahlung eines riesigen Lösegeldes in Form von Gold und Silber. Als die Spanier Schätze in unvorstellbaren Mengen gesammelt hatten, beschloß Pizarro den Tod des Inka. Am 29. August 1533 wurde Atahualpa, nachdem er sich hatte taufen lassen, um dem schmachvollen Ketzertod auf dem Scheiterhaufen zu entgehen, von den spanischen Eroberern erdrosselt.

Schon am 15. November zogen die Konquistadoren in die Inka-Hauptstadt Cuzco ein, und 1535 gründete Pizarro an der Küste die neue Hauptstadt des vollständig unterworfenen Landes, der er den Namen *Ciudad de los Reyes* (Stadt der Könige) gab und die heute Lima heißt.

Inzwischen hatte Pizarros ehemaliger Gefährte Almagro im Namen Karls V. den südlichen Küstenabschnitt erobert und besetzt, was zu einer bürgerkriegsähnlichen Auseinandersetzung zwischen den beiden Rivalen führte. Pizarro ließ Almagro festnehmen und hinrichten, woraufhin er selbst von dessen Anhängern ermordet wurde.

Marco Polo

*1254 Venedig (?); † 8. Januar 1324 Venedig
Venezianischer Kaufmann und Asienreisender

Marco Polo entstammte einem angesehenen venezianischen Kaufmannsgeschlecht, das gewinnreiche Geschäftsbeziehungen zu Südrußland und den westlichen Mongolengebieten unterhielt. Sein Vater Nicolò

Das Schiff, mit dem Marco Polo zu seiner zwanzigjährigen Ostasienreise aufbrach. Kolorierter Kupferstich nach Cordier, The Book of Sir Marco Polo.

und dessen Bruder Maffeo waren wahrscheinlich zur Zeit seiner Geburt nach Konstantinopel unterwegs. Sie drangen in den folgenden Jahren immer weiter nach Osten vor und gelangten in Begleitung eines mongolischen Diplomaten schließlich um 1265 nach Kathai (China) an den Hof des Mongolenherrschers Khubilai (Khublai-Khan) in Peking, das damals Kambaluk hieß.

1271, nur zwei Jahre nach ihrer Rückkehr, brachen sie zusammen mit dem jungen Marco erneut zu einer Fernostreise auf. Da die Orts- und Entfernungsangaben in Marco Polos Reisebericht nicht immer zuverlässig sind, läßt sich ihre Route zum Teil nur aus bestimmten Informationen erschließen. Zu Schiff erreichten die drei Polos über Akka die südtürkische Hafenstadt Ajas, von wo aus sie über Land nach Ormuz (Hormus) am Persischen Golf zogen. Über Kerman, Balch im Norden Afghanistans, den Pamir und Kantschau gelangten die Venezianer 1275 nach Xandu (Schangtu), der Sommerresidenz des Großkhans Khubilai, der sie freundlich empfing und die Botschaften des Papstes wohlwollend aufnahm.

Die Residenz des Mongolenherrschers beschreibt Marco Polo mit überschwenglichen, aber sicherlich weitgehend zutreffenden Worten: »*In dieser Stadt [Xandu] hat Kublai-Khan für sich einen Palast aus*

Gegenüberliegende Seite:

Die Polos beim Aufbruch zu ihrer Reise an den Hof des Großkhans (1271). Illustration aus einer mittelalterlichen Handschrift.

Die drei Polos überreichen dem Großkhan Khubilai in dessen Sommerresidenz Xandu das Sendschreiben des Papstes. Aus einer illuminierten mittelalterlichen Handschrift.

Marmor und anderen schönen Steinen errichten lassen, der durch seine großartige Anlage und seine künstlerische Ausführung Bewunderung erregt. Die eine Hauptfassade wendet sich der inneren Stadt, die andere deren Mauern zu, und von jedem Ende des Gebäudes läuft eine Mauer im Umfang von sechzehn Meilen um die benachbarte Ebene, zu der man also nur durch den Palast gelangen kann. Innerhalb dieses königlichen Parks befinden sich üppige und schöne Wiesen mit vielen Bächen; dort wird verschiedenes Wild, wie Damhirsche, Rehe und Böcke, gehegt, welche den Falken, Sperbern und anderen Vögeln, die man zur Jagd braucht, zur Nahrung dienen. Die Zahl dieser Vögel beläuft sich auf zweihundert, und der Großkhan begibt sich wenigstens einmal in der Woche persönlich dorthin, um sie zu besichtigen. Häufig führt er auch, wenn er in diesem Tiergarten reitet, einen oder mehrere Leoparden auf Pferden mit sich. …Mitten in diesem Park hat der Khan in einem anmutigen Hain ein königliches Lusthaus erbauen lassen, das auf schön vergoldeten und bemalten Säulen ruht. Um jede Säule entfaltet ein ebenfalls vergoldeter Drache seine Flügel, während er mit dem Kopf den Dachvorsprung stützt; seine Krallen sind rechts und links am Getäfel ausgestreckt. Das Dach besteht aus Bambusrohr, welches ebenfalls vergoldet und mit Firnis überzogen ist… Das Ganze ist so

Eine Handelskarawane auf dem Weg nach Kathai oder Kataia, wie China von Marco Polo und noch lange nach ihm genannt wurde. Ausschnitt aus dem Katalanischen Atlas *von 1375, in den viele Details aus Marco Polos Reisebericht eingearbeitet wurden.*

Die Abreise Marco Polos und seines Vaters und Onkels von Venedig. Aus einer illuminierten mittelalterlichen Handschrift.

kunstvoll angelegt, daß alle Teile auseinandergenommen, abtransportiert und an anderer Stelle wieder aufgebaut werden können. Diesen Platz hat der Großkhan wegen seiner milden und heilsamen Luft als Erholungsort gewählt. Im Juni, Juli und August hält er hier Hof.« (*Die Reisen des Venezianers Marco Polo.* Übers. H. E. Rübesamen)

Der Großkhan fand besonderen Gefallen an dem jungen Marco, der fortan die Hauptrolle spielte. Im Auftrag des Mongolenherrschers unternahm er in den folgenden Jahren ausgedehnte Reisen in dessen Reich, auf denen er bis Burma und wahrscheinlich auch bis Indien kam. 1286 baten die Polos den Großkhan um die Erlaubnis, in ihre Heimat zurückzukehren, doch er wollte sie nicht ziehen lassen. Erst um 1292 ergab sich eine neue Möglichkeit: Eine mongolische Prinzessin sollte als Braut dem in Persien residierenden König Argon (Arghun) zugeführt werden, und Marco Polo wurde damit beauftragt, sie auf dem Seeweg in ihre neue Heimat zu begleiten. Durch das Südchinesische Meer, die Malakka-Straße und längs der Küste Indiens erreichte er Ormuz, wo die Braut abgeliefert wurde. Von dort aus auf dem Land- und Seeweg weiterreisend, traf Marco Polo zusammen mit seinem Vater und seinem Onkel 1295 wieder in Venedig ein.

Über Marco Polos weiteres Leben ist nur wenig bekannt. Offensichtlich hat er keine größeren Reisen mehr unternommen, heiratete und bekam drei Töchter. Bei einem der vielen Kleinkriege zwischen Venedig und Genua geriet er in genuesische Gefangenschaft, und während seiner vierjährigen Haftzeit diktierte er 1298/99 seinem Landsmann Rusticiano den Bericht seiner abenteuerlichen Reise, der großes Aufsehen erregte, aber sogleich auch als maßlos übertriebenes Phantasieprodukt bespöttelt wurde. Man wollte in Europa einfach nicht glauben, daß es im »barbarischen« Fernen Osten eine hochstehende Zivilisation mit einem wohlgeordneten Gemeinwesen, Millionenstädten, prunkvollen Palästen und einem gebildeten, toleranten Herrscher gab. Erst sehr viel später stellte sich heraus, daß Polos anschauliche Schilderungen asiatischer Landschaften, Völkerschaften und Lebensformen, bei allen Irrtümern im Detail, durchaus den Tatsachen entsprachen.

Nikolaj Michailowitsch Przewalskij, der bedeutendste russische Ostasienforscher.

Nikolaj Michailowitsch Przewalskij

*12. April 1839 Kimborowo; † 1. November 1888 Karakol [= Przewalsk]

Russischer Offizier und Asienforscher

Die erste Forschungsreise führte den jungen Leutnant Przewalskij 1867–1869 in das Gebiet des Ussuri. Gleich anschließend durchstreifte er drei Jahre lang die Wüste Gobi, die Innere Mongolei und das nördliche Tibet. Hier gelangte er zum See Khoko-Nuur, in die Tshaidam-Senke und entdeckte den Mur Usu, einen Quellfluß des Jangtse. Auf seiner dritten Expedition stieß Przewalskij 1876 vom Balchasch-See aus über das Tien-Schan-Gebirge zum Lob-Nuur-See vor und sah als erster Europäer südlich davon die Berge der Altin-Tagh-Kette.

1879 unternahm er seinen erfolgreichsten Vorstoß in das tibetische Hochland, obwohl es ihm auch diesmal nicht gelang, die verbotene Stadt Lhasa, in der sich die Residenz des Dalai Lama befand, zu betreten. Auf dem Hinweg erkundete er ausgiebig die Wüstenlandschaft der Dsungarei und entdeckte dort das nach ihm benannte Urwildpferd und das Wildkamel. 1884/85 durchquerte er abermals die Wüste Gobi, erforschte das Kun-Lun-Gebirge und das Quellgebiet des Huang Ho. Im Herbst 1888 plante er eine neue Expedition nach Lhasa, doch in Karakol am Ostufer des Issyk-Kul-Sees starb er plötzlich, bevor er sein Vorhaben ausführen konnte. Ihm zu Ehren erhielt die Stadt den Namen *Przewalsk*.

Auf dieser alten Karte ist oben rechts das sagenhafte Thule (»Thyle Insula«) zu erkennen, eine Insel oder Küste im Nordmeer, die der Grieche Pytheas im 4. vorchristlichen Jahrhundert sechs Tagereisen nördlich von Britannien entdeckt haben soll.

Pytheas
4. Jahrhundert v. Chr.
Griechischer Astronom, Geograph und Seefahrer

Der aus Massilia (Marseille) stammende Pytheas unternahm um 325 v. Chr. von seinem Heimatort über Gadir (Cadiz) oder von der französischen Atlantikküste aus eine kühne Entdeckungsfahrt in den Norden. Mit großer Wahrscheinlichkeit umschiffte er die Insel Britannien und drang an verschiedenen Stellen auch ins Innere der Insel vor. Auf einer sechstägigen Seereise über das Nordmeer soll er das sagenhafte Land Thule erreicht haben, worunter entweder Island oder eher noch die norwegische Küste in der Gegend von Drontheim zu verstehen ist. Auf dem Rückweg erkundete Pytheas die »Bernsteinländer« an der Nordseeküste. Daß er auch die Ostsee kennengelernt hat, wie in manchen späteren Aufzeichnungen zu lesen, ist höchst unwahrscheinlich. Möglicherweise kehrte er von der Elbe-Mündung auf dem Landweg nach Massilia zurück.

Pedro Fernández de Quirós
*1565 Evora; †1615 Panama
Spanischer Seefahrer portugiesischer Herkunft

Nachdem Quirós 1795 als Navigator an der tragisch verlaufenden Santa-Cruz-Expedition →*Alvaro de*

Gegenüberliegende Seite:

Sir Walter Raleigh, eine schillernde, vielseitig begabte Persönlichkeit des Elisabethanischen Zeitalters. Er gründete die Kolonie Virginia und scheiterte bei dem Versuch, in der Orinoco-Region das Goldland Eldorado zu finden.

Mendaña de Neyra teilgenommen hatte, war er überzeugt von der Existenz eines großen Kontinents im Pazifischen Ozean, den es zu entdecken und zu christianisieren galt. Der von missionarischem Eifer besessene Seefahrer sicherte sich die Unterstützung des Vatikans und konnte am 21. Dezember 1605 den Hafen von Lima mit drei Schiffen verlassen.

Neben einigen kleineren Inseln entdeckte er die Insel *Taumako* (heute Duff-Insel) in der Santa-Cruz-Gruppe. Die Insulaner erzählten ihm von einer großen Insel im Süden, die er für die langgesuchte *Terra australis* hielt und unverzüglich ansteuerte. Auf diese Weise entdeckte er 1606 die *Neuen Hebriden*, deren Inselcharakter er allerdings nicht erkannte. Da sich die Eingeborenen abweisend verhielten und von den angeblichen Schätzen des »Südlands« nichts zu sehen war, verließen die Spanier den Archipel nach einigen Wochen nahezu fluchtartig. Die Schiffe gerieten bald darauf in einen Sturm und wurden versprengt. Quirós kehrte in einem weiten Bogen durch den Nordpazifik nach Acapulco in Mexiko zurück. Dort versuchte er vergeblich, weitere Mittel für eine neuerliche Expedition zu erhalten.

Einer seiner mitfahrenden Kapitäne, →*Luis Vaez de Torres* gelangte nach Neu Guinea und fuhr nur knapp an dem gesuchten Kontinent vorbei.

Sir Walter Raleigh nimmt auf seiner ersten Guayana-Expedition 1595 Trinidad für die englische Krone in Besitz.

Sir Walter Raleigh

*1552 (?) Hayes Barton; † 29. Oktober 1618 London
Englischer Seefahrer, Politiker und Schriftsteller

Raleigh (eigentlich Ralegh), ein Günstling der englischen Königin Elisabeth I., wurde durch seine frühen Kaper- und Entdeckungsfahrten in der Neuen Welt zu einem Vorkämpfer der englischen Seeherrschaft gegenüber Spanien. Nach einem vergeblichen Kolonisierungsversuch auf der Insel Roanoke (1585) gründete er um 1587 eine Kolonie auf dem nordamerikanischen Festland, der er zu Ehren der »jungfräulichen« Königin den Namen *Virginia* gab.

1695 unternahm Raleigh eine Expedition nach Guayana und erkundete den Orinoco auf der Suche nach dem sagenhaften »Goldland« (Eldorado). Unter dem neuen König Jakob I. fiel er in Ungnade und wurde von 1603 bis 1616 wegen angeblichen Hochverrats im Tower festgehalten. 1617 durfte er noch einmal eine Expedition nach Guayana durchführen. Anschließend kam er wieder in den Tower, wo er 1618 im Interesse des vom König angestrebten Ausgleichs mit Spanien hingerichtet wurde.

Knud Rasmussen

*7. Juni 1879 Jakobshavn; † 21. Dezember 1933 Kopenhagen
Dänischer Arktisforscher und Ethnograph

Das besondere Interesse Rasmussens galt den Eskimos und ihren Lebensgewohnheiten. Auf Grönland geboren, war er von klein auf mit ihnen vertraut. Nachdem er 1902–1904 an einer Grönlandexpedition unter →*Ludwig Mylius-Erichsen* teilgenommen hatte, gründete er 1910 an der Nordwestküste der Insel die Handelsstation Thule, die den Austausch von Naturerzeugnissen der Eskimos und Industriewaren der westlichen Zivilisation fördern sollte.

Zusammen mit dem deutschen Kartographen Peter Freuchen und zwei Eskimos durchquerte Rasmussen 1912 über das Inlandeis den Nordwesten Grönlands, wobei sie auf Spuren der nördlichsten bekannten Eskimosiedlung stießen.

Die größte und ethnographisch erfolgreichste Arktisexpedition unternahm er 1921–1924. Sie führte ihn von der Hudson-Bai und Baffinland längs der kanadischen Polarküste bis zur Bering-Straße. Es war die längste Fahrt, die je mit Schlittenhunden unternommen worden war.

Matteo Ricci

*6. Oktober 1552 Macerata; † 11. Mai 1610 Peking
Italienischer Jesuit und Chinareisender

1577 wurde Ricci als Missionar nach Asien entsandt, wo er sich zunächst in Goa und später in Ma-

Gegenüberliegende Seite:

Oben: *Küstenlandschaft in Grönland. Rasmussen verbrachte seine Kindheit auf der Insel und blieb mit ihr und ihren Bewohnern sein Leben lang eng verbunden.*

Unten: *Räuberischer Überfall auf eine europäische Asienkarawane um 1600 – also in jener Zeit, als Matteo Ricci und andere Jesuitenmissionare ihre Delegationen nach China führten.*

Matteo Ricci, der die erste Jesuitenmission in Peking leitete.

cao mit der chinesischen Sprache und Lebensweise vertraut machte. 1583 erhielt er die Erlaubnis, in das Reich der Mitte einzureisen, und 1600 kam er erstmals nach Peking. Unter dem Namen Li Ma-tou lebte er wie ein Mandarin am Hofe des Kaisers und versuchte den christlichen Glauben zu verbreiten, indem er den Katholizismus weitgehend an die chinesische religiöse Tradition, vor allem an den Konfuzianismus, anpaßte. Daneben leistete er eine bedeutende geographische Pionierarbeit: Er zeichnete die erste brauchbare Landkarte Chinas und wies nach, daß das in Portugal China genannte Land identisch war mit jenem Land, das seit →*Marco Polo* den Namen *Kathai* trug.

James Richardson

*1806 Boston, Lincolnshire; † 4. März 1851 Bornu
Englischer Missionar und Afrikaforscher

Von Jugend auf sah Richardson seine Lebensaufgabe in der Ausbreitung des Christentums und der Ausrottung des Sklavenhandels. Er schloß sich der englischen Antisklaverei-Gesellschaft an, in deren Auftrag er 1840 erstmals nach Nordafrika (Marokko) kam. 1845 erkundete er von Tripolis aus die Sahara bis zur Oasenstadt Ghat.

Seine dritte und letzte Expedition, die im Auftrag der britischen Regierung von Tripolis bis Sansibar führen sollte, um die dortigen Karawanenwege zu erforschen, unternahm er 1850 in Begleitung von →*Heinrich Barth* und Adolf Overweg. Hinter Agadèz trennten sich im Januar 1851 die Wege der drei Reisenden: Richardson zog in Richtung Zinder weiter und wollte von dort aus Kuka (Kukawa) am Westufer des Tschad-Sees erreichen, wo die drei für April ein Treffen vereinbart hatten. Nur einige Tagesreisen vom Tschad-See entfernt starb Richardson an Malaria. Seine Aufzeichnungen und sein Tagebuch, das er bis zum 21. Februar geführt hatte, wurden gerettet und in London veröffentlicht.

James Richardson im Gewand der Wüstenbewohner. Seine letzte Sahara-Expedition, von der er nicht mehr zurückkehrte, unternahm er zusammen mit Heinrich Barth und Adolf Overweg.

Ferdinand von Richthofen

*5. Mai 1833 Carlsruhe/Schlesien; † 6. Oktober 1905 Berlin
Deutscher Geograph und Forschungsreisender

1860 kam Richthofen mit einer preußischen Expedition erstmals nach Ostasien. Fasziniert von dem fremdartigen Kontinent unternahm er zwischen 1868 und 1872 sieben ausgedehnte Forschungsreisen in ganz China und besuchte außerdem Japan, die Philippinen und die USA. Sein fünfbändiges Standardwerk *China, Ergebnisse einiger Reisen*, zu dem ein großer, maßgebender China-Atlas gehört, machten den späteren Professor zu einem Wegbereiter der modernen Geographie und Geomorphologie.

Jakob Roggeveen

*Januar 1659 Middelburg; † Februar 1729 Middelburg
Niederländischer Seefahrer

Roggeveen gehört zu den vielen Seefahrern seiner Zeit, die von der Entdeckung des legendären »Südlandes« träumten. Nach Ableistung seines Kolonialdienstes in Indonesien kehrte er nach Holland zurück und erhielt bald darauf von der *Ostindischen Gesellschaft* den Auftrag, im Südpazifik nach dem geheimnisvollen Kontinent zu forschen.

Im Januar 1722 stach er von Amsterdam aus mit drei Schiffen in See. Um Kap Hoorn fuhr er in den Pazifischen Ozean ein, und am Ostertag desselben Jahres entdeckte er mitten im Meer eine einsame, felsige Insel, die er auf den Namen Oster-Insel taufte. Dort ankerte er etwa eine Woche lang in einer geschützten Bucht, aber wegen der gefährlichen Brandung konnten seine Leute nur ein einziges Mal die Insel betreten. Sie kamen in Berührung mit der damals noch urtümlichen Eingeborenenbevölkerung und erblickten als erste Europäer auch die berühmten riesigen Steinfiguren.

Carl Friedrich Behrens, der Roggeveen auf dieser Fahrt begleitete, vermerkte in seinem Tagebuch: »*Die Leute hatten, dem Anschein nach, keine Waffen. Sie verließen sich auf ihre Götter- oder Götzenbilder, wel-*

Zwei der überlebensgroßen Steinfiguren auf der weltentlegenen Oster-Insel, die Jakob Roggeveen am Ostertag des Jahres 1722 entdeckte. Die Herkunft und Funktion der Kolossalstatuen sind bis heute noch nicht eindeutig geklärt.

che dorten in einer großen Menge am Strande aufgerichtet standen. Vor selbigen fielen sie nieder und beteten sie an. Die Bilder waren aus Steinen gehauen und der Form nach wie ein Mensch gestalten, mit langen Ohren, auf dem Kopf eine Krone, doch alles nach hoher Kunst verfertigt, worüber wir uns sehr wunderten.«

Auf der Weiterfahrt quer durch den Pazifik erreichte Roggeveen schließlich Batavia (Djakarta), ohne das gesuchte Südland entdeckt zu haben.

Gerhard Rohlfs

*14. April 1831 Vegesack; † 2. Juni 1896 Rüngsdorf
Deutscher Afrikaforscher

Nach Militärdienst in Bremen und einem abgebrochenen Medizinstudium trat Rohlfs 1855 in die französische Fremdenlegion in Algerien ein und studierte die Sprache und Lebensgewohnheiten der Araber. Nach seinem Abschied wollte er 1861, als moslemischer Arzt verkleidet, von Tanger aus nach Timbuktu ziehen. Sein Plan wurde durch einen Aufstand durchkreuzt, und so unternahm er eine Expedition durch Marokko, auf der er die Oase Tafilâlt südlich des Atlas-Gebirges besuchte und geographisch und topographisch genau erforscht.

Bei einem zweiten Vorstoß in die Sahara erreichte er 1864 den Oasenort In-Salah in Tidikelt, dessen

Das Haus in der Dakhla-Oase, in dem Rohlfs und seine Begleiter während der Expedition durch die Libysche Wüste (1873/74) Unterkunft fanden.

Diese Aufnahme aus dem Jahre 1868 zeigt Gerhard Rohlfs und seine Begleitung in Nordostafrika, das er damals gründlich erforschte.

Standort er erstmals exakt vermaß, und kehrte über Ghadames nach Tripolis zurück. 1865–1867 gelang es dem unermüdlichen Rohlfs, als erster Europäer den Westteil des afrikanischen Kontinents von Tripolis bis zum Golf von Guinea zu durchqueren. Über Ghadames, Kauar und Kuka (Kukawa) am Tschad-See erreichte er den Oberlauf des Benuë, den er bis zur Einmündung in den Niger befuhr. Er folgte auch dem Niger ein Stück stromaufwärts und gelangte auf dem Landweg über Ilorin und Ibadan zur Küstenstadt Lagos.

In den folgenden Jahren erforschte Rohlfs vor allem die Oasensiedlungen in der östlichen Sahara und in der Libyschen Wüste. 1879 drang er nach einigen vergeblichen Versuchen bis zu den geheimnisvollen Kufra-Oasen im südöstlichen Libyen vor, die bis dahin noch kein Weißer gesehen hatte. Durch seine exakten Ortsbestimmungen und Karten hat Rohlfs einen wesentlichen Beitrag zur geographischen Erforschung der gesamten Sahara geliefert.

Sir James Clark Ross

*15. April 1800 London; † 3. April 1962 Aylesbury
Englischer Marineoffizier und Polarforscher

Schon 1818 befuhr James Clark Ross erstmals polare Gewässer. Mit einem Geschwader der britischen

Sir James Clark Ross, der zunächst seinen Onkel John Ross auf dessen Arktisexpeditionen begleitete und sich dann als Antarktisforscher betätigte. Die Ross-Insel, das Ross-Meer und das Ross-Schelfeis sind nach ihm benannt.

Kriegsmarine, das unter dem Kommando seines Onkels →*John Ross* stand und die englischen Interessen in der Arktis schützen sollte, erreichte er den Lancaster-Sund. Im folgenden Jahr nahm er an einer zweiten Nordpolarexpedition unter →*William E. Parry* teil, und 1829–1831 kommandierte er die *Erebus*, die die *Victory* seines Onkels bei der Entdeckung des nördlichen Magnetpols begleitete. Damit war er in den Augen der Admiralität der ideale Mann für eine geographische Erkundung der Antarktis und für die Suche nach dem südlichen Magnetpol.

Von Tasmanien aus drang Ross 1839 mit den beiden plumpen, jedoch eisfesten Schiffen *Erebus* und *Terror* bis zur Südküste von Antarktika vor. Der Küstenregion, die er dabei passierte, gab er zu Ehren seiner jungen Königin den Namen Victoria-Land. Am 28. Januar 1841 sichtete er, weiter auf Südkurs, eine gebirgige Insel, die heutige *Ross-Insel* im *Ross-Meer* am Rande des *Ross-Schelfeises*, auf der ein Vulkankegel Feuer und schwarzen Rauch ausspie. Ross nannte den Vulkan nach seinem Schiff *Mount Erebus*, einen zweiten, jedoch erloschenen Vulkan in der Nähe taufte er *Mount Terror*.

Bis 1843 erforschte Ross die südpolaren Gewässer. Er konnte zwar die Lage des Magnetpols nur ungefähr bestimmen, umfuhr aber immerhin den halben antarktischen Kontinent und erreichte bei 79° 10'S in der Wal-Bucht den südlichsten Punkt, zu dem bis dahin ein Mensch je vorgestoßen war.

Sir John Ross

*24. Juni 1777 Inch; † 30. August 1856 London
Englischer Marineoffizier und Arktisforscher

John Ross, der Onkel des berühmteren →*James C. Ross*, sollte 1818 im Auftrag der Admiralität in arktischen Gewässern Flagge zeigen und die Suche nach der Nordwestpassage im Norden des amerikanischen Kontinents fortsetzen. Er erkundete die Baffin-Bay und fuhr in den Lancaster-Sund ein, kehrte aber im August schon nach einem Tag wieder um, weil er im Sund angeblich eine Gebirgskette, die Croker Mountains, erblickt hatte, die ihm den Weg versperrte. In London zweifelte man diese Beobachtung zu Recht an und entzog Ross die Leitung der Polarexpeditionen, die nun von →*William E. Parry* weitergeführt wurden.

Erst im Mai 1829 konnte Ross mit der *Victory* – einem 87-Tonnen-Raddampfer, der auch als Segelschiff ausgerüstet war – und der von seinem Neffen befehligten *Erebus* einen neuen Vorstoß in die Arktis unternehmen, der von dem reichen Geschäftsmann Felix Booth finanziert wurde. Er erreichte durch den Lancaster-Sund eine Region, die er nach seinem Mäzen auf

Die Entdeckung des magnetischen Nordpols durch Sir John Ross, der größte Erfolg dieses ansonsten nicht sonderlich erfolgreichen Arktisforschers.

den Namen *Boothia-Halbinsel* taufte. Dort saßen die Schiffe drei Winter lang im Eis fest. In dieser Zeit erforschte Ross, teils mit seinem Neffen, eingehend das Leben der hier heimischen Eskimos und durchstreifte auch die benachbarte König-William-Insel. Das bedeutendste wissenschaftliche Ergebnis seiner Expedition war indes die Entdeckung des magnetischen Nordpols, dessen Lage er am 31. Mai 1831 mit 70° 51' nördlicher Breite und 96° 46′ westliche Länge bestimmte. (Seitdem ist der Magnetpol allerdings ein gutes Stück weiter nach Norden gewandert.)

Nach drei Wintern im arktischen Eis gab Ross seine Schiffe auf und schlug sich über Land mit seinen Leuten zum Lancaster-Sund durch. Dort wurden die Engländer am 26. August 1833 von Walfängern aufgenommen und in die Heimat zurückgebracht. John Ross erhielt einen begeisterten Empfang und wurde von der Königin für seine Verdienste geadelt und zum Konteradmiral ernannt.

Wilhelm von Rubruk

*um 1210 Rubrouck; †nach 1290 Berg Athos (?)
Flämischer Franziskaner und Asienreisender

Im Jahr 1253 erhielt Wilhelm von Rubruk (oder Ruysbroek) vom französischen König Ludwig IX., dem Heiligen, den Auftrag, eine Gesandtschaft zum

Zwei Szenen aus dem Leben des Wilhelm von Rubruk, dargestellt in der kunstvoll verzierten Initiale E einer mittelalterlichen Handschrift: Oben erhalten Rubruk und ein anderer Mönch von König Ludwig IX. den Auftrag, den Mongolenherrscher Mangu aufzusuchen; unten macht er sich mit einem Begleiter auf den Weg ins ferne China.

mongolischen Großkhan Mangu in Karakorum am Oberlauf des Orchon zu führen, um im Fernen Osten die Missionierung einzuleiten und die Mongolen für ein Bündnis gegen den Islam zu gewinnen. Von der Kreuzfahrerstadt Akka aus erreichte die Franziskaner-Expedition über Konstantinopel, das Kaspische Meer und den Aral-See zu Fuß und mit Ochsenwagen im Dezember 1253 die Residenz des Mongolenherrschers, wo sie sich einige Monate aufhielt, ohne in der Sache viel auszurichten.

Am 10. Juli 1254 trat Wilhelm von Rubruk mit einer nicht eben ermutigenden Botschaft des Mongolenherrschers die Heimreise an. Er brachte viele neue geographische und ethnographische Erkenntnisse nach Europa, so etwa die Kunde, daß es im fernen Asien ein wohlgeordnetes Staatswesen und Papiergeld gab, daß die Chinesen keine Buchstaben-, sondern eine Symbolschrift benutzen und daß das Kaspische Meer keine Bucht des südlichen Ozeans, sondern ein großes Binnengewässer war.

Hans Schiltberger

*um 1380 Freising; † um 1450 Bayern
Deutscher Landsknecht und Asienreisender

1394 zog Schiltberger als Schildknappe unter König Sigmund in den Krieg gegen die Türken. In der Schlacht von Nikopolis in Bulgarien geriet er 1396 in die Gefangenschaft der siegreichen Türken, und damit begann seine 30jährige Odyssee durch den Mittleren und Fernen Osten.

Als die Türken in der Schlacht bei Angora (Ankara) vom Mongolenherrscher Timurlenk geschlagen wurden, wechselte Schiltberger in mongolische Gefangenschaft über und gelangte mit Timurlenks Heer über Ispahan nach Samarkand. Nach dem Tod des Herrschers kam er mit dessen Sohn nach Herat und zog dann mit einem jungen Tatarenprinzen über Eriwan, Astrachan und den Ural nach Sibirien. Von dort führten ihn, immer noch als Gefangener, weitere Reisen nach Südrußland. Am Schwarzen Meer schließlich gelang ihm und vier christlichen Mitgefangenen die Flucht, und nach manchen Abenteuern traf er 1427 wieder in Bayern ein.

Schiltberger hat zwar keine großen neuen Entdekkungen gemacht, gilt aber als der erste deutsche Weltreisende von Rang. Sein Buch *Reise in die Heidenschaft* (Ulm 1473) gibt eine anschauliche, farbige Schilderung fremder Länder und Völker.

Mongolen, auf Pferden und Kamelen reitend. Holzschnitt aus einem Augsburger Druck der Abenteuer des Junkers Schiltberger von 1480.

Eduard Schnitzer/Mehmed Emin Pascha

*28. März 1840 Oppeln; † 23. Oktober 1892 Kanena
Deutscher Afrikaforscher und Kolonialpolitiker

Schnitzer trat 1865 als Militärarzt in türkische Dienste, nahm den islamischen Glauben und seinen neuen Namen (Emin Pascha) an und kam zehn Jahre später nach Ägypten. 1878 betraute ihn der englische Generalgouverneur Gordon mit der Verwaltung der ägyptischen Äquatorialprovinzen, in denen er ausgedehnte geographische Forschungen betrieb. Durch den Mahdi-Aufstand wurde er 1883 am Albert-See von der Außenwelt abgeschnitten, bis ihn im April 1888 der englische Afrikaforscher →*Henry M. Stanley* nach einer gefahrvollen Reise befreite. Zusammen schlugen sich die beiden Forscher zur Küste durch und Schnitzer kehrte wohlbehalten in die Heimat zurück.

Im Dienste des Deutschen Reiches unternahm er 1890 eine Expedition in das ostafrikanische Seengebiet, unterwarf die Gebiete zwischen Ugogo und Unjamwesi in Tanganjika und gründete die Station Bukoba am Victoria-See. Auf seinem eigenmächtigen Vorstoß zur Westküste Afrikas wurde der schwerkranke und fast blinde Schnitzer in der Nähe des Uele-Flusses von arabischen Sklavenhändlern ermordet.

Robert Hermann Schomburgk, der für seine Verdienste als Südamerikaforscher in England geadelt wurde.

Sir Robert Hermann Schomburgk

*5. Juni 1804 Freyburg/Unstrut; †11. März 1865 Berlin
Deutscher Südamerikaforscher

Seit 1829 lebte Schomburgk als Kaufmann in den USA und Westindien. 1835–1844 bereiste er im Auftrag der britischen Regierung das Gebiet von Britisch-Guayana und legte dessen Grenze zu Brasilien und Venezuela fest (*Schomburgk-Linie*). Er war der erste, der diesen Teil Südamerikas gründlich erforschte, genau vermaß und kartierte. Er erkundete das komplizierte Stromsystem des Essequibo und die noch weitgehend unbekannte Flora und Fauna des Landes. Für seine Verdienste wurde er 1844 von den Engländern geadelt.

Georg Schweinfurth

*29. Dezember 1836 Riga; †19. September 1925 Berlin
Deutscher Afrikaforscher

Der Botaniker Schweinfurth kam 1863 erstmals nach Afrika und bereiste in den folgenden drei Jahren Ägypten und das Gebiet des Blauen Nils im Ostsudan. Nach dieser Vorbereitung wurde er von der Preußischen Akademie der Wissenschaften mit der Erforschung der Bahr-el-Ghasal-Region im Südwesten des Sudans beauftragt. Im Januar 1860 brach er von Khartum aus nach Süden auf, durchstreifte die Sumpflandschaft westlich des Weißen Nils und überstieg dann die Berge im Süden, welche die Stromsysteme des Nils und des Kongos voneinander trennen. Er drang über den Uele (Uelle), einen Nebenfluß des Kongos, nach Süden vor und entdeckte in diesen zentralafrikanischen Gebieten die Eingeborenenstämme der Mangbetu, der Aka-Pygmäen und der kannibalischen Njam-Njam. Unglücklicherweise verlor er auf dem Rückweg nach Khartum, 1871, durch einen Brand seine Instrumente und vor allem seine umfassende botanische Sammlung.

Von 1872 bis 1876 unternahm Schweinfurth noch weitere wissenschaftliche Expeditionen in Nordostafrika. Später gründete er die *Ägyptische Geographische Gesellschaft* und lebte bis 1888 in Kairo.

Georg Schweinfurth, der mehrere wissenschaftliche Expeditionen in Nordost- und Zentralafrika leitete. Porträtfoto aus dem Jahre 1879.

Robert Falcon Scott

*6. Juni 1868 Devonport; †29. März [?] 1912 Antarktis
Englischer Marineoffizier und Antarktisforscher

Am 9. Juni 1900 wurde Kapitän Scott – der bis dahin keine Polarerfahrungen besaß – zum Leiter einer geplanten englischen Antarktisexpedition ernannt, die am 6. August 1901 mit dem modern ausgerüsteten Forschungsschiff *Discovery* England verließ. Sie sollte der Route von →*Sir James Ross* ins Ross-Meer folgen, um herauszufinden, ob die Berge, die Ross 1841 am östlichen Ende der Eisbarriere glaubte gesehen

Scott in seiner Hütte im Basislager am Kap Evans, vor dem Aufbruch zu seiner Polfahrt. Er hat, wie das Foto zeigt, bis zum tragischen Ende seines Unternehmens regelmäßig Tagebuch geführt.

zu haben, wirklich existierten, nach Möglichkeit auf dem Schelfeis landen und dann an der Küste von Victoria-Land überwintern.

Die Expedition erreichte Anfang Januar 1902 Kap Adare und entdeckte am 30. Januar jenseits des Ross-Meeres neues Land, dem Scott den Namen *König-Edward-VII.-Land* gab. Im Februar ging die *Discovery* im McMurdo-Sund vor Anker, und die Mannschaft bezog ihr Winterquartier auf der Ross-Insel.

Am 2. November 1902 brach Scott zusammen mit →*Ernest Shackleton* und Edward Wilson auf dem Eis in Richtung Pol auf und erreichte am 31. Dezember nach einer 1400 km langen Fahrt bei 82° 17' den südlichsten Punkt. Wegen Skorbutausbruch mußten sie umkehren – der Rückmarsch zur Discovery wurde zum Alptraum. Während der zweiten Überwinterung unternahm Scott eine ausgedehnte zweimonatige Westwanderung. Im Februar 1904 konnte sich die *Discovery* aus dem Eis befreien und nach England zurückkehren. Scott veröffentlichte 1905 sein aufsehenerregendes Buch *The Voyage of the Discovery* und bereitete ab 1909 seine zweite Südpolarexpedition vor.

Am 15. Juni 1910 stach er mit der *Terra Nova* in See und landete am 5. Januar 1911 bei Kap Evans auf der Ross-Insel, wo die Mannschaft sofort mit der Errichtung des Basislagers und von Stützpunkten und De-

pots auf dem Eis begann. Unterdessen hatte Scott erfahren, daß →*Roald Amundsen* auf dem Weg zur Antarktis war. Der dramatische Wettlauf zum Südpol wurde von Amundsen eröffnet, der am 19. Oktober 1911 von der Wal-Bucht aus nach Süden aufbrach. Scotts Expedition verließ erst am 1. November das Basislager mit mehreren Schlitten, die von Ponys gezogen wurden. Die Tiere erwiesen sich als ungeeignet und mußten nach und nach erschossen werden, so daß die Männer gezwungen waren, die Schlitten im schwierigen und teils gebirgigen Gelände selbst zu ziehen.

Mit den vier Gefährten Wilson, Oates, Bowers und Evans erreichte Scott am 17. Januar 1912 den Südpol – vier Wochen nach Amundsen. Der Rückweg wurde für die völlig erschöpften, von Krankheit und Erfrierungen gezeichneten Männer zu einer Tragödie; trotzdem sammelten sie noch 35 Pfund fossile Pflanzenabdrücke – ein Beweis ihres Pflichtbewußtseins. Am 17. Februar starb Evans, einen Monat später Oates; am 21. März wurden die drei Überlebenden von einem schweren Schneesturm überrascht, der sie in ihrem Zelt festhielt, nur knapp 20 km vom letzten Depot vor der Küste entfernt.

Am 29. März machte Scott die letzte Eintragung in sein Tagebuch: »*Ich glaube nicht, daß wir jetzt noch*

Gegenüberliegende Seite:

Robert Falcon Scott in seiner Polarausrüstung in der Vorbereitungsphase seiner Südpolexpedition.

Am 18. Januar 1912 entdecken Robert Falcon Scott und seine vier Gefährten Amundsens Zelt am Südpol und fotografieren es einige Male. Dieser Fund ist für die Männer eine furchtbare Enttäuschung, denn sie haben jetzt den Beweis, daß ihnen der Schwede Amundsen beim Wettlauf um den Pol zuvorgekommen ist.

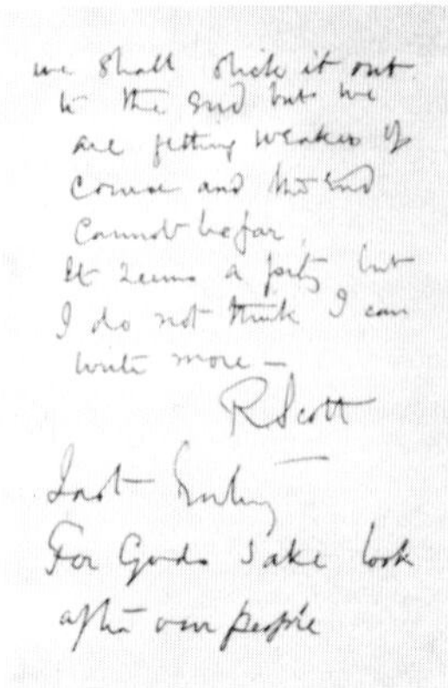
we shall stick it out
to the end but we
are getting weaker of
course and the end
cannot be far.
It seems a pity but
I do not think I can
write more –
R Scott
Last entry
For God's sake look
after our people

Scotts letzte Tagebucheintragung vom 29. März 1912 (Übersetzung im Text).

Sir Ernest Henry Shackleton, der sein Leben der Südpolarforschung verschrieben hatte und vor Beginn seiner letzten Antarktisexpedition auf hoher See starb.

auf Besserung hoffen können. Wir werden bis zum Ende aushalten, aber wir werden natürlich schwächer, und das Ende kann nicht mehr weit sein. Es ist schade, aber ich glaube nicht, daß ich noch mehr schreiben kann. R. Scott. Um Gottes willen kümmert euch um unsere Familien!« Am 12. November 1912 entdeckte eine Suchmannschaft das Zelt mit den drei erfrorenen Südpolbezwingern.

Sir Ernest Henry Shackleton

*15. Februar 1874 Kilkee; †5. Januar 1922 vor Südgeorgien
Irischer Antarktisforscher

Seine erste Antarktisexpedition unternahm Shackleton von 1901 bis 1903 unter →*Robert F. Scott*, mit dem er am 31. Dezember 1902 auf dem antarktischen Eis bis 82° 17'S vorstieß. Im April 1907 verkündete er seine Pläne für eine neue Südpolarfahrt, auf der ihn ein Team von Wissenschaftlern begleiten sollte. Im Januar als auch Scott und →*Roald Amundsen* bereits auf dem Weg zum Südpol waren, erreichte die Expedition mit der *Nimrod*, einem alten Robbenfangschiff, die Antarktis. Auf der Ross-Insel errichtete sie ihr Basislager. Während sich Shackleton auf seinen Marsch zum Südpol vorbereitete, erstieg eine Gruppe den Vulkan Erebus, eine zweite zog zum magnetischen Südpol, den sie am 16. Januar entdeckte.

Am 29. Oktober 1908 brach Shackleton selbst mit drei Begleitern und vier von Ponys gezogenen Schlitten zum geographischen Südpol auf. Nach Überquerung des großen Ross-Schelfeises stiegen die Männer durch einen der größten Gletscher der Welt, den Shackleton nach seinem Gönner *Beardmore-Gletscher* taufte, zum hochgelegenen Eisplateau des antarktischen Festlandes auf und erreichten am 9. Januar 1909 88° 23'S. Da inzwischen alle Ponys gestorben waren und Shackleton seine Leute nicht weiter gefährden wollte, entschloß er sich, etwa 160 km vor dem Pol, zur Umkehr. »*Am 9. Januar, 9 Uhr vormittags*«, berichtet Shackleton über diesen letzten Tag, »*befanden wir uns in 88° 23' südlicher Breite und 162° östlicher Länge, auf einem Boden, der durch den letzten Schneesturm sehr hart geworden war. ...Bald kam die Zeit, daß wir die von der Königin übergebene Flagge und auch den Union Jack hißten, und wir ergriffen im Namen des Königs Besitz von der Hochebene. Während sich der Union Jack steif blähte im eisigen Sturm, der uns bis auf die Knochen durchschnitt, schauten wir durch unsere Ferngläser nach Süden. Aber wir konnten nichts sehen als die ungeheure tote Schneefläche. Auf der Hochebene, die sich bis zum Pol hin erstreckte, war keine Unterbrechung zu sehen, und wir waren sicher, daß auf jener Fläche das Ziel lag, um das wir ge-*

kämpft hatten und das wir nicht erreichen konnten. Nur einige Minuten machten wir halt. Dann packten wir die Flagge der Königin wieder ein, kehrten dem Pol den Rücken und wandten die Schritte rückwärts, traurig, aber im Bewußtsein, unser Bestes getan zu haben, um den Fehlschlag zu vermeiden.«

1914 wagte Shackleton einen neuen Vorstoß in die südpolaren Gewässer, diesmal in das Weddell-Meer. Im Januar 1915 wurde sein Schiff, die *Endurance*, vor dem Filchner-Schelfeis vom Eis eingeschlossen und mußte im Oktober endgültig aufgegeben werden, kurz bevor es von den Eismassen zerschmettert wurde. Die Mannschaft rettete sich auf eine riesige Eisscholle, die bis zum April 1916 zur unwirtlichen Elephant-Insel vor der Spitze von Grahamland driftete. Von dort erreichte Shackleton mit fünf Männern in einem Rettungsboot der *Endurance* im Mai die Insel Südgeorgien und die dortige Walfangstation. Anschließend konnten auch die auf der Elephant-Insel zurückgebliebenen Besatzungsmitglieder gerettet werden.

1921 fand sich Shackleton wieder in der Antarktis ein. Doch bevor die Expedition mit ihrer Aufgabe, der Vermessung der Antarktisküste, beginnen konnte, erlag Shackleton auf See einer Herzattacke. Er wurde auf Südgeorgien begraben.

Mit fünf Männern wagt Shackleton in einem kleinen Rettungsboot die gefährliche Fahrt von der antarktischen Elephant-Insel nach Südgeorgien, um Hilfe für seine gestrandete Mannschaft herbeizuholen.

Hernando de Soto, der auf der Suche nach Gold und Silber von Kuba aus über Florida bis zum Mississippi vorstieß.

Hernando de Soto

*1486 Barcarrota; †1542 am Mississippi
Spanischer Konquistador

De Soto nahm an der Eroberung Perus durch →*Francisco Pizarro* teil und wurde 1538 Gouverneur von Kuba. Hier beschloß er die Erforschung und Eroberung der damals noch unbekannten Halbinsel Florida, auf der man reiche Gold- und Silbervorkommen vermutete. Er rüstete eine Flotte und ein Expeditionskorps von rund 600 Mann aus und landete im Mai 1539 in der Tampa-Bucht an der Westküste Floridas. Von dort aus zog er drei Jahre lang unter großen Strapazen durch den Südwesten Nordamerikas. Er fand zwar nicht die begehrten Edelmetalle, machte aber für die Nachwelt wichtige geographische Entdeckungen in einem riesigen Gebiet.

Nachdem er nach Osten fast bis zum Atlantik vorgedrungen war, wandte de Soto sich nach Westen, überstieg die Appalachen und erreichte im April 1541 den Mississippi. In der Hoffnung, den Pazifik zu finden, stieß er weiter nach Nordwesten vor, aber als das Land immer öder wurde und seine Soldaten zu verhungern drohten, kehrte er zum Mississippi zurück, an dessen Ufer er 1542 starb.

Unter de Sotos Stellvertreter und Nachfolger Luis de Moscoso unternahmen die übrigen Spanier noch

Der Spanier Hernando de Soto gilt als der eigentliche Entdecker des Mississippi, der zunächst auch einen spanischen Namen trug: ›Fluß des Heiligen Geistes‹. Diese Bezeichnung konnte sich jedoch nicht lange behaupten; sie wurde wieder verdrängt durch den alten indianischen Namen Mississippi (›Vater der Gewässer‹), die den Riesenstrom am treffendsten charakterisiert.

einmal einen Vorstoß nach Westen, doch die Indianer und der Hunger trieben sie zum Mississippi zurück. Dort bauten sie provisorische Boote, mit denen sie die Mündung des Stroms und längs der Küste schließlich die erste spanische Station im heutigen Tampico erreichten.

John Hanning Speke

*4. Mai 1827 Jordans; †18. September 1864 Neston Park bei Bath
Englischer Afrikaforscher

Seine erste Afrikaexpedition unternahm Speke 1857 mit →*Richard F. Burton.* Die beiden entdeckten im Februar 1858 den Tanganjika-See. Während der erkrankte Burton auf dem Rückweg in Tabora zurückblieb, drang Speke allein nach Norden vor und entdeckte Anfang August 1858 jenen großen Binnensee, den die Einheimischen Nyanza oder Ukerewe nannten und dem er nun zu Ehren seiner Königin den Namen *Victoria-See* gab. Er bezeichnete ihn sofort als Quellgewässer des Nils, was Burton mangels Beweisen bezweifelte und was zu einer Entfremdung zwischen den beiden Forschern führte. Die *Royal Geographic Society* in London gab daraufhin 1860 Speke den Auftrag, den Victoria-See gründlicher zu erforschen und das Nil-Problem endgültig zu lösen.

John Hanning Speke (links stehend) wird von den Mitgliedern der Royal Geographic Society *in London als Entdecker der Nilquellen begeistert gefeiert. Ganz England war stolz darauf, daß es einem Engländer gelungen war, das vertrackte Nilproblem endgültig zu lösen.*

John Hanning Speke, der die Hauptquelle des Nils entdeckte, war eine bedeutende, wenngleich umstrittene Forscherpersönlichkeit. Sein Kollege und ehemaliger Gefährte Sir Richard Francis Burton meinte: »Leutnant Speke war ein ungewöhnlich schwieriger Mensch. Neben einem auffallend stillen und bescheidenen Wesen und einer fast kindlichen Schlichtheit besaß er ein gewaltiges und abnormes Selbstbewußtsein.« In einem Nachruf von J. A. Grant dagegen heißt es: »Speke war lauter, ehrenhaft, uneigennützig und aufopferungsvoll... sanft und liebenswürdig, doch zugleich im höchsten Maße zielstrebig.«

Im Juli 1862 drang Speke zum Nordufer des Victoria-Sees und zu dem mächtigen, von Wasserfällen durchsetzten Abfluß des Sees vor, dem sogenannten Victoria-Nil. »*Wir hatten einen langen, anstrengenden Marsch hinter uns*«, vertraute er am 27. Juli seinem Tagebuch an, »*trotzdem liefen wir alle eiligst hin... Die Wasser tosten. Wandernde Fische versuchten zu Tausenden aus den Fällen herauszuspringen... Ringsum standen grasbedeckte Berge mit Gärten an den Abhängen und Bäumen in den Tälern. Es war ein schönes Bild! Das Ziel unserer Reise war erreicht. Ich sah, daß der Nil aus dem Nyanza Victoria entsprang und daß dieser See, wie ich es vorhersagte, des heiligen Flusses große Quelle ist.*«

Eingeborene hinderten Speke jedoch daran, dem Verlauf des Quellflusses unmittelbar zu folgen. Über Land ziehend, stieß er nördlich des Albert-Sees bei Gondokoro wieder auf den Oberlauf des Nils und konnte wenig später von Khartum aus sein berühmtes Telegramm nach London senden: »*The Nile is settled*« (Der Nil ist erforscht). Das entsprach zwar den Tatsachen, aber Burton und andere Geographen waren noch immer nicht überzeugt, da Speke nicht eindeutig beweisen konnte, daß der Abfluß des Victoria-Sees und der Oberlauf des Nils, den er bei Gondokoro erreicht hatte, ein und derselbe Fluß waren.

Henry Morton Stanley
*28. Januar 1841 Denbigh/Wales; †10. Mai 1904 London
Englischer Afrikaforscher

Der unehelich geborene Stanley wurde auf den Namen John Rowlands getauft und kam mit sechs Jahren in ein Arbeitshaus, aus dem er als Fünfzehnjähriger davonlief. 1859 gelangte er als Schiffsjunge nach New Orleans, wo ihn ein amerikanischer Kaufmann namens Henry Stanley adoptierte und auf seinen später weltberühmt gewordenen Namen umtaufen ließ. Er wurde Journalist, reiste als Reporter durch die USA und als Korrespondent nach Europa, Kleinasien und Abessinien.

Anfang 1871, fünf Jahre nach →*David Livingstones* letztem Vorstoß in das Innere Afrikas, traf Stanley in Sansibar ein um im Auftrag seiner Zeitung, des »New York Herald«, den als verschollen geltenden Landsmann zu suchen. Mit einer ungewöhnlich aufwendig ausgerüsteten Expedition zog er zum Tanganjika-See, an dessen Ostufer am 10. November 1871 die denkwürdige Begegnung mit Livingstone stattfand, die er folgendermaßen beschrieb: »*Als ich langsam auf ihn zuging, bemerkte ich, daß er blaß war, erschöpft wirkte und einen grauen Bart hatte. ... Ich... trat bedächtig auf ihn zu, nahm den Hut ab und sagte: ›Dr. Living-*

Eine der berühmtesten Episoden der gesamten Entdeckungsgeschichte: Henry Morton Stanley, der von seiner amerikanischen Zeitung ausgesandt worden war, den als verschollen geltenden Livingstone zu suchen, findet den kranken und ziemlich heruntergekommenen Landsmann am Ufer des Tanganjika-Sees und begrüßt ihn mit den Worten: »Dr. Livingstone, I presume?« (»Dr. Livingstone, nehme ich an?«) Dieses glückliche Zusammentreffen bewog Stanley, sich fortan ganz der weiteren Erforschung des Dunklen Kontinents zu widmen.

stone, nehme ich an?‹ – ›Ja‹, sagte er mit freundlichem Lächeln, indem er seine Mütze lüftete.«

Die beiden erkundeten gemeinsam den nördlichen Teil des Sees und trennten sich dann. Livingstone brach nach Süden zum Bangweulu-See auf, seinem Tod entgegen, während Stanley in die Zivilisation zurückkehrte.

Doch schon 1874 war er wieder in Afrika. Mit Unterstützung des »New York Herald« und des englischen »Daily Telegraph« stellte er eine 356 Mann starke Zentralafrika-Expedition zusammen, die von Sansibar aus zunächst zum Victoria-See marschierte. Mit einem zerlegbaren großen Boot befuhr er den ganzen See, den er als erster exakt kartierte, und anschließend den Tanganjika See. Von dort drang er zum Lualaba vor, auf dem er stromabwärts den Kongo erreichte, der nichts weiter ist als die Fortsetzung des Lualaba. Am 9. August 1877 trafen die Überlebenden der gefahrvollen Expedition in Boma an der Kongo-Mündung am Atlantik ein. Der letzte der großen Ströme Afrikas war damit bezwungen. Diesen Erfolg verdankte Stanley freilich nicht nur seinem Organisationstalent und seiner außergewöhnlichen Beharrlichkeit, sondern auch seiner rücksichtslosen Härte gegenüber Untergebenen und Eingeborenen, die sich deutlich von Livingstones humaner Gesinnung unterschied. *»Der Wilde respektiert nur Gewalt, Macht, Kühnheit und Entschlossenheit«*, lautete seine Maxime.

Henry Morton Stanley, einer der erfolgreichsten, aber zugleich rücksichtslosesten Afrikaforscher des vorigen Jahrhunderts. Gemälde von Angeli.

1879–1884 bereiste Stanley abermals die Kongo-Region, diesmal im Auftrag des belgischen Königs Leopold II., und schuf damit die Voraussetzung für die 1885 erfolgte Gründung des Kongo-Freistaates, einer »Privatkolonie« des Königs. 1887 befuhr Stanley noch einmal den Kongo in umgekehrter Richtung, von der Atlantikküste bis zu den nach ihm benannten *Stanley-Fällen.* Von dort zog er ostwärts über Land zum Albert-See, wo er im April 1888 →*Eduard Schnitzer* (Emin Pascha) befreite. Auf dem Weiterzug zur Ostküste entdeckte er noch den kleinen Edward-See.

Die Skrupellosigkeit, mit der Stanley gerade auf dieser letzten Expedition vorgegangen war, tat seiner Berühmtheit keinen Abbruch. Er erhielt Orden und Ehrendoktorwürden, wurde Parlamentsmitglied und 1899 sogar geadelt.

Vilhjalmur Stefansson

*3. November 1879 Arnes/Manitoba; †26. August 1962 Hanover/New Hampshire.
Kanadischer Arktisforscher

Der in Kanada geborene Sohn isländischer Eltern studierte Ethnologie in den USA und schloß sich 1906

Gegenüberliegende Seite:

Oben: *Am 6. Dezember 1888 veranstaltet man in Sansibar für Stanley und seine Offiziere einen offiziellen Empfang. Ein Inder liest gerade den Text einer Ehrenurkunde vor.*

Unten: *Stanley und Emin Pascha nach ihrem Zusammentreffen auf dem Marsch zur ostafrikanischen Küste.*

einer amerikanischen Arktisexpedition an. Er reiste jedoch allein in einem Boot den Mackenzie River stromabwärts bis zur Herschel-Insel im Westen der Mackenzie-Bucht, wo er auf das Expeditionsschiff warten wollte, dem er seine gesamte Polarausrüstung anvertraut hatte. Da das Schiff ausblieb, war er gezwungen, ein halbes Jahr lang ohne technische Hilfsmittel unter den dort heimischen Eskimos auszuharren, bevor er im März 1907 in die Zivilisation zurückkehrte. Er entwickelte dabei die Methode, »*vom Lande zu leben*«, die fortan in der Polarforschung eine wichtige Rolle spielte. »*Meine Armut*«, schrieb er später, »*war mein größter Vorteil. Ich war nicht reich und mächtig wie die Walfängerkapitäne oder die berittene Polizei, so daß sie* [die Eskimos] *keinen Grund hatten, mir zu schmeicheln oder sich mir gegenüber unterwürfig zu zeigen*«.

In den folgenden Jahren setzte Stefansson seine Arktis- und Eskimo-Forschungen fort. Wieder von der Herschel-Insel aus erkundete er die nordkanadische Küstenregion, die Victoria-Insel und den Coronation-Golf, wo er 1910 die sogenannten »blonden Eskimos« entdeckte, die er für Nachkommen jener Wikinger hielt, die einst Grönland besiedelt hatten. Stefansson bezeichnete diese Arktisbewohner, deren Lebensweise er intensiv studierte, als »Kupfer-Eskimos«, weil sie

Diese Aufnahme von Eskimos am Mackenzie River machte Vilhjalmur Stefansson während seiner ersten Arktisexpedition im Winter 1906/07.

einfache Waffen und Werkzeuge aus Kupfer herzustellen verstanden.

Auf seiner letzten Expedition, der längsten Arktisexpedition der Geschichte, erforschte Stefansson von 1913 bis 1918 die Beaufort-See, die Banks-Insel und die Königin-Elisabeth-Inseln nördlich der McClure-Straße. Seine reichen Forschungsergebnisse, die einen wesentlichen Beitrag zur Geographie, Ethnographie und Ozeanographie der amerikanischen Arktis darstellen, wertete er in mehreren wissenschaftlichen und populären Reiseberichten aus.

Sir (Mark) Aurel Stein

*26. November 1862 Budapest; †26. Oktober 1943 Kabul

Englischer Geograph, Archäologe und Asienforscher ungarischer Abstammung

Nach seinem Studium in Budapest, Wien, Leipzig und Tübingen kam Stein 1884 nach England und 1888 nach Indien. Teilweise angeregt durch die Berichte →*Sven Hedins*, unternahm er von dort aus zwischen 1900 und 1936 mehrere große archäologische und geographische Forschungsreisen in Innerasien. Er folgte dabei den alten Handelsrouten, vor allem der längst nicht mehr benutzten Seidenstraße, die von China aus nach Westen führte.

In den Wüstenregionen gelang es ihm dank seiner großen archäologischen Fähigkeiten, zahlreiche buddhistische Kulturdenkmäler für die europäischen Wissenschaften zu erschließen. Seine wichtigste Entdeckung neben dem Auffinden der unter Sand begrabenen westlichen Ausläufer der Chinesischen Mauer, war der Höhlentempel der »Tausend Buddhas« in der Nähe von Tunhuang im Südwesten der Wüste Gobi. Seine ausgedehnten Reisen, auf denen er auch wichtige Vermessungsarbeiten leistete, führten ihn u. a. tief in das chinesische Reich und nach Tibet.

Steins Beiträge zur Natur- und Kulturgeschichte Zentralasiens machen ihn neben Hedin zum bedeutendsten Erforscher dieser Region.

Die Entdeckung des Höhlentempels der ›Tausend Buddhas‹ durch Sir Aurel Stein gilt als eine der bedeutendsten archäologischen Forschungstaten in Asien. Es gelang Stein, dem Bewacher der Grotten rund 9000 Bilder und Handschriften abzuhandeln, die teils ins Londoner Britische Museum, teils nach Indien gelangten. Die wertvollen Dokumente stammen aus dem 5. bis 10. Jahrhundert und wurden vermutlich im 11. Jahrhundert in den Höhlen eingemauert.

John McDouall Stuart

*7. September 1815 Dysart; †5. Juni 1866 London

Schottischer Australienforscher

Stuart wanderte 1838 nach Südaustralien aus, wo er sich als Vermessungsfachmann und Farmer betätigte. 1844 begleitete er →*Charles Sturt* auf dessen Expedition in das Innere Australiens.

Von 1858 bis 1860 nahm er fünfmal vergebens Anlauf zu einer Süd-Nord-Durchquerung des Kontinents, für die die südaustralische Regierung 2000 Pfund ausgesetzt hatte, da man auf der Suche nach einer Trasse für eine transkontinentale Telephonlei-

Message, No. 20.

The Governor-in-Chief informs the House of Assembly, in reply to Address No. 12, of the 19th instant, that he has directed to be inserted on the Estimates for the year ending 30th June, 1860, the sum of Two Thousand Pounds (£2,000), as a reward to the first person who shall succeed in crossing through the country lately discovered by Mr. Stuart, to either the north or north-western shores of the Australian Continent, west of the 143 ° of east longitude, and north of the southern parallel of latitude $23\frac{1}{2}$ °.

RICHARD GRAVES MACDONNELL,

Government House, Adelaide, July 26, 1859. Governor.

1859 setzte der Gouverneur von Australien eine Prämie von 2000 Pfund für denjenigen aus, »dem es gelingen sollte, das kürzlich von Mr. Stuart entdeckte Land bis zur Nord- oder Nordwestküste des australischen Kontinents zu durchqueren«.

John McDouall Stuart, dem es nach mehreren gescheiterten Versuchen 1861 endlich gelang, den australischen Kontinent von Süden nach Norden zu durchqueren.

tung war. Wassermangel und feindselige Ureinwohner zwangen Stuart jedesmal zur Umkehr.

Immerhin gelang es ihm im April 1860, vom Eyre-See aus zum geographischen Zentrum Australiens vorzudringen. Am 22. April trug er in sein Tagebuch ein: »*Anhand meiner Sonnenbeobachtung stellte ich fest, daß ich jetzt im Mittelpunkt von Australien stehe. Etwa drei Meilen nordnordöstlich liegt ein Berg. Ich wünschte, er läge hier im Zentrum. Morgen werde ich hinübergehen und auf ihm ein Steinmal errichten, die britische Flagge hissen und ihn Central Mount Stuart nennen.*« Dieser Name hat sich bis heute auf den australischen Landkarten erhalten.

Ende 1861 brach Stuart in Adelaide zum letztenmal nach Norden auf, und nach einem ungeheuer strapaziösen Marsch erreichte er sieben Monate später die Mündung des Adelaide River an der Timor-See, unweit der heutigen Stadt Darwin. Die über 3000 km lange Rückreise hätte er beinahe nicht lebend überstanden. Fast blind und skorbutkrank erreichte er seinen Ausgangspunkt.

Auf der von Stuart erschlossenen Route wurde 1872 die geplante transkontinentale Telegraphenleitung verlegt, die Adelaide und Darwin miteinander verband.

Charles Sturt

*28. April 1795 Bengalen; †16. Juni 1869 Cheltenham
Englischer Australienforscher

Nach seinem Militärdienst in Europa kam Sturt im Mai 1827 nach Australien, wo er Sekretär und später Kriegsminister des Gouverneurs von Neu-Südwales, Sir Ralph Darling, wurde. 1828 erhielt er den Auftrag, die Flußsysteme im Südosten des Kontinents zu erforschen. Von Sydney aus folgte er dem Macquarie stromabwärts und entdeckte im Februar 1829 den nach seinem Gouverneur benannten salzhaltigen Darling River. Bei einem zweiten Vorstoß ins Landesinnere erkundete er 1830 den Murray bis zur Mündung und stellte fest, daß der Darling ein Nebenfluß des Murray ist.

Im Juni 1844 versuchte Sturt mit einer 15köpfigen Expedition von Adelaide aus in das Zentrum des australischen Kontinents vorzudringen. Er erreichte den Rand der Simpson-Wüste, wo ihn Hitze, Wassermangel und Krankheit zur Umkehr zwangen. Sturt leistete einen wesentlichen Beitrag zur geographischen und ethnographischen Erschließung des damals noch weithin unbekannten Kontinents und gilt als »Vater der Australienforschung«.

Otto Sverdrup

*31. Oktober 1854 Bindal/Helgeland; †26. November 1930 Oslo
Norwegischer Arktisforscher

Als Kapitän der *Fram* sammelte Sverdrup unter →*Fridtjof Nansen* 1893–1896 so reiche Arktiserfahrungen, daß er 1898 mit demselben Schiff eine Polarfahrt in eigener Regie unternehmen konnte. Längs der grönländischen Westküste erreichte er den Smith-Sund, wo die Eismassen die Weiterfahrt nach Norden vereitelten. Daraufhin erkundete er mit Schlittengespannen die große Ellesmere-Insel und fuhr im folgenden Jahr in den Jones-Sund ein, wo die Expedition dreimal überwinterte. Mit Schlitten drang Sverdrup weit nach Nordwesten vor und entdeckte dabei die Inseln jenes Archipels, der heute seinen Namen trägt. Erst 1902 konnte sich die *Fram* wieder aus dem Eis befreien und nach Norwegen zurückkehren.

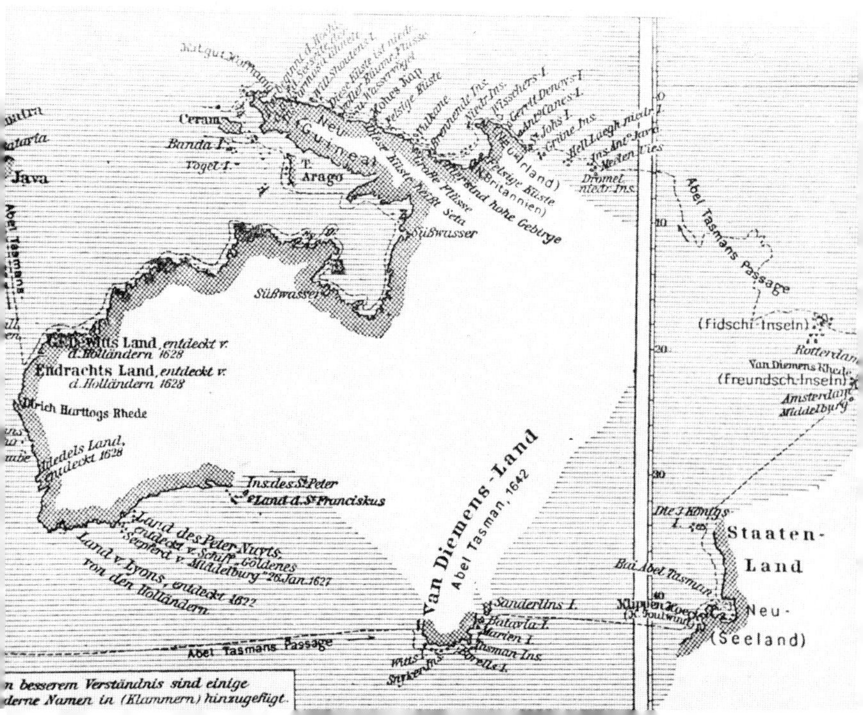

Diese Karte zeigt, wie unvollständig der Kontinent Australien noch im 17. Jahrhundert erschlossen war. Die Route der Tasman-Expedition ist eingezeichnet.

Abel Janszoon Tasman

*1603 Lutjegast; †Oktober 1669 Batavia
Niederländischer Seefahrer

1633 ließ sich Tasman in Niederländisch-Indien, dem heutigen Indonesien, nieder, und 1639 unternahm er eine erste Erkundungsfahrt in die südjapanischen Gewässer. Drei Jahre später erhielt er vom Generalgouverneur in Batavia (Djakarta, Java), Anton van Diemen, den Auftrag, das gerade entdeckte Neu-Holland (Australien) genauer zu erforschen. »*Alle Kontinente und Inseln, die Sie entdecken, berühren und betreten*«, so lautete seine Order, »*werden Sie... in Besitz nehmen.*« Vor allem sollte er auch klären, ob der neue Kontinent eine Landverbindung mit den Südpolargebieten hatte oder nicht.

Am 14. August 1642 verließ Tasman mit zwei Schiffen Batavia in Richtung Mauritius. Von dort segelte er nach Südosten und entdeckte eine große felsige Insel, die er *Van-Diemens-Land* nannte und die heute *Tasmanien* heißt. Er erkannte allerdings nicht den Inselcharakter Tasmaniens, sondern hielt das Land für einen Teil Australiens. Im weiten Bogen Australien umfahrend, entdeckte er nacheinander Neuseeland, die Tonga- und die Fidschi-Inseln. Bereits nach zehn Monaten traf er wieder in Batavia ein.

Obwohl van Diemen mit den Ergebnissen dieser »Blitzreise« nicht ganz zufrieden war, übertrug er Tasman die Leitung einer zweiten Expedition nach Süden. Tasman stach im Januar 1644 in See, erkundete die Südküste von Neuguinea, die er als einen Teil der australischen Westküste auffaßte, weil er die Torres-

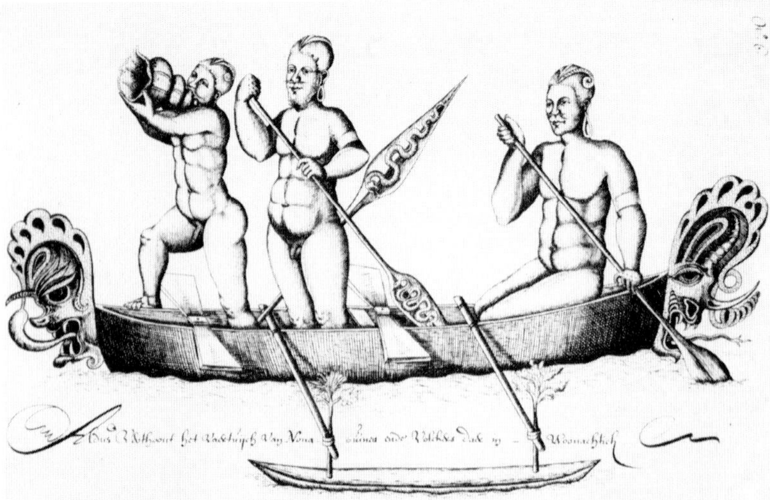

Tasman fertigte diese Zeichnung eines Auslegerbootes der Eingeborenen von Neuirland an. Vorder- und Achtersteven und die Paddel sind mit Schlangenmotiven reich geschnitzt. Der Mann im Bug bläst auf einem Tritonshorn, einem durchbohrten großen Meeresschneckengehäuse.

Straße irrtümlich für eine Bucht hielt, und kartierte den Carpentaria-Golf und die gesamte Nordostküste Australiens, bevor er nach Batavia zurücksegelte.

Abel Janszoon Tasman mit Frau und Tochter. Das Gemälde, das höchstwahrscheinlich in Batavia (Djakarta) entstand, beweist, daß die holländischen Kolonisatoren auch im fernen Java ihrem heimischen Lebensstil treu blieben.

David Thompson

*1770 London; †10. Februar 1857 Kanada
Englischer Nordamerikaforscher

1784 kam Thompson als »Lehrling« der *Hudson Bay Company* nach Nordamerika, in die Pelzhandelsstation Churchill am Westufer der Hudson-Bai. Er wurde Pelzhändler und zugleich Waldläufer und Vermessungsfachmann. Schon als junger Mann streifte er weit in den kanadischen Wäldern umher, studierte die Lebensgewohnheiten der Indianer und machte genaue Aufzeichnungen über seine geographischen, ethnographischen und meteorologischen Beobachtungen. Ab 1797 unternahm er im Auftrag der *Northwest-Company*, dem Konkurrenzunternehmen der *Hudson Bay Company*, ausgedehnte Expeditionen in das riesige Gebiet zwischen den Nordwestterritorien Kanadas, den Großen Seen, dem Mississippi/Missouri-Stromsystem und dem Pazifik. 1811 befuhr er als erster den ganzen Columbia bis zur Mündung.

1816–1826 vertrat Thompson Großbritannien in der Kommission, die die Grenzen zwischen Kanada und den USA vermaß und festlegte.

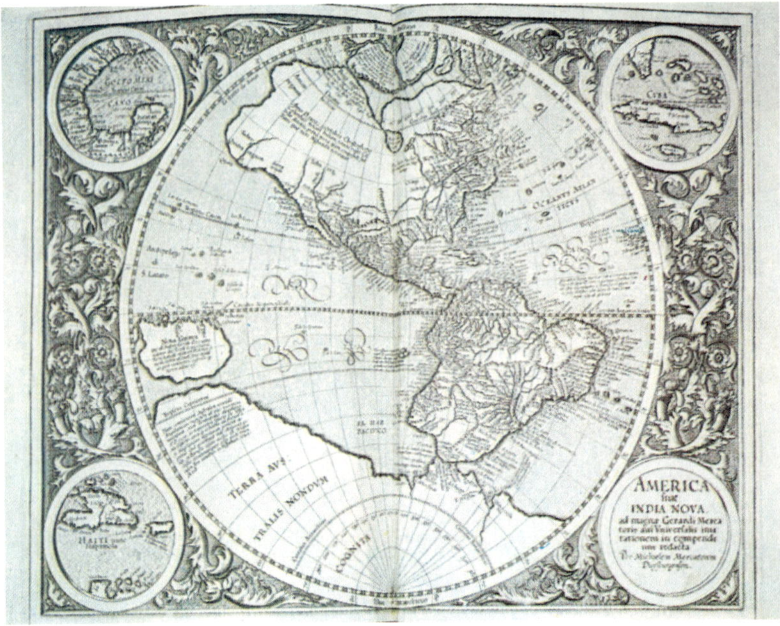

40 Jahre bevor Torres durch die nach ihm benannte Straße zwischen Australien und Neuguinea segelte, entstand diese Karte, auf der bereits die Meeresstraße eingezeichnet ist.

Luis Váez de Torres
16./17. Jahrhundert
Spanischer Seefahrer

Der Name Torres ist nur durch eine einzige, aber sehr wichtige Entdeckung bekannt, die er im Grunde einem Zufall verdankte. Er kommandierte eines der drei Schiffe, mit denen →*Pedro F. de Quirós* 1605 von Lima aus in See stach, um das geheimnisvolle »Südland« zu suchen. Als das Geschwader im Mai 1606 bei den Neuen Hebriden durch einen Sturm auseinandergerissen wurde, segelte Torres weiter nach Westen durch das Korallenmeer und wandte sich dann mehr nach Norden, um an der Nordküste Neuguineas entlang bis zu den Philippinen zu gelangen. Er fuhr aber versehentlich südlich an der Südostspitze der Insel vorbei und entdeckte auf diese Weise die Meerenge zwischen Australien und Neuguinea, die später *Torres-Straße* genannt wurde. Nach einer genauen Vermessung der bislang unbekannten Südküste Neuguineas traf er am 22. Mai 1607 in Manila ein.

George Vancouver
*1758 King's Lynn; †10. Mai 1798 Petersham
Englischer Seefahrer

Als junger Seemann fuhr Vancouver unter →*James Cook* auf dessen zweiter und dritter Pazifikexpedition zweimal um die Welt. Im März 1791 erhielt er den Auftrag, die nordamerikanische Westküste oberhalb des 30. Breitengrades zu vermessen und dort *»in aller Form das Territorium zurückzugewinnen, das sich die Spanier angeeignet hatten«*. Am 1. April stach er in See, umfuhr das Kap der Guten Hoffnung und erkundete die Südwestküste Australiens, wo er unter anderem den *König-George-Sund* und *Kap Hood* entdeckte und benannte. Über Neuseeland und Tahiti erreichte er die amerikanische Westküste. Zunächst erforschte er gründlich die Juan-de-Fuca-Straße und umschiffte die große Insel, die bis heute seinen Namen trägt. 1793 und 1794 setzte er, jeweils nach Winteraufenthalten in Hawaii, die Erforschung und genaue Kartierung der Küste von San Francisco bis hinauf nach Alaska fort und kehrte 1795 nach England zurück.

Giovanni da Verrazano

*1485 bei Florenz; †1528 Brasilien
Italienischer Seefahrer

1523 bot Verrazano dem französischen König Franz I. an, im Norden Amerikas eine Durchfahrt nach Kathai (China) zu suchen. Noch im selben Jahr überquerte er in französischen Diensten den Atlantik und erkundete die nordamerikanische Ostküste von Florida bis Neufundland, wo er 1524 eintraf und die

Aus der Mitte des 17. Jh.s stammt diese Karte von Manhattan (»Manhades«) und der Hudson-Mündung, die Verrazano wahrscheinlich bereits 1524 entdeckte – lange vor Henry Hudson, der dem Fluß den Namen gab und die Kolonisierung der Region vorbereitete.

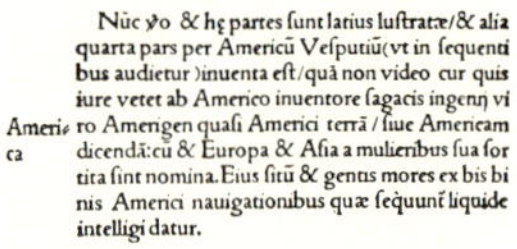
Nūc vero & hę partes sunt latius lustratæ/& alia quarta pars per Americū Vesputiū (vt in sequentibus audietur) inuenta est/quā non video cur quis iure vetet ab Americo inuentore sagacis ingenij viro Amerigen quasi Americi terrā/siue Americam dicendā: cū & Europa & Asia a mulieribus sua sortita sint nomina. Eius sitū & gentis mores ex bis binis Americi nauigationibus quæ sequunť liquide intelligi datur.

America

Vespuccis Vorname Amerigo wurde zu »America« und damit zur endgültigen Bezeichnung der Neuen Welt. Zum erstenmal taucht dieser Name auf der Weltkarte Waldseemüllers von 1507 und in dem dazugehörigen Begleittext auf, den die Abbildung zeigt.

Heimreise antrat. Er fand zwar keine Passage zum Pazifik, entdeckte aber, fast ein Jahrhundert vor →*Henry Hudson*, die Hudson-Mündung, an der später New York entstand. Diesem Küsteneinschnitt gab er den Namen *Vendôme*, wie er überhaupt verschiedene französische Benennungen einführte, die jedoch bald darauf durch englische Namen verdrängt wurden. Auf einer zweiten Expedition kam er 1528 an der Küste Brasiliens ums Leben.

Amerigo Vespucci

*9. März 1454 [?] Florenz; † 22. Februar 1512 Sevilla
Italienischer Seefahrer

Der florentinische Patriziersohn Vespucci kam wahrscheinlich schon vor 1490 nach Sevilla, wo er die Leitung des Handelshauses Berardi übernahm und 1497 die dritte Amerikaexpedition →*Christoph Columbus* vorbereitete. In diesem Jahr segelte er laut eigener Aussage, die allerdings als sehr fragwürdig gilt, im Auftrag des spanischen Königs selbst über den Atlantik und stieß dabei auf die Küste Südamerikas. Auf seiner besser belegten zweiten Fahrt erkundete er 1499 die Nordostküste Südamerikas und entdeckte unter anderem das Gebiet des Maracaibo-Sees, das er wegen der Pfahlbauten der dort lebenden Eingeborenen *Venezuela* (Klein-Venedig) nannte.

Amerigo Vespucci bestimmt das »Kreuz des Südens«. Zeitgenössischer Kupferstich.

1501/02 und 1503/04 nahm Vespucci an zwei portugiesischen Expeditionen teil, die einen größeren Abschnitt der brasilianischen Küste erforschten, angeblich sogar bis 52° südlicher Breite. Berühmt wurde Vespucci indes weniger durch seine umstrittenen Entdeckungsreisen als durch seinen Bericht über die *Terra nova* (Neue Welt), der 1504 in der lothringischen Stadt St. Dié erschien. Dort war eine »kosmographische Akademie« tätig, der auch der deutsche Geograph Martin Waldseemüller angehörte. 1507 gab Waldseemüller zusammen mit seinem Landsmann Matthias Ringmann eine große Weltkarte unter dem Titel *Universalis cosmographia* heraus, auf der die Neue Welt mit dem latinisierten Vornamen Vespuccis als *America* bezeichnet wird.

Oben: *Diese 1513 entstandene Karte von Waldseemüller zeigt Vespucci und die von ihm entdeckten Gebiete Südamerikas.*

Unten: *Paul-Emile Victor.*

Paul-Emile Victor
*1907 Genf
Französischer Polarforscher

Der wissenschaftlich vorgebildete Marineoffizier Victor kam 1934 mit →*Jean Charcot* nach Grönland und lebte ein Jahr lang unter den Eskimos an der Ostküste der Insel. 1936 führte er eine kleine Schlittenexpedition von Westen nach Osten über das grönländische Inlandeis und setzte anschließend die Erforschung der Eskimo-Lebensweise fort. 1947 übernahm

Oben: *Eduard Vogel, der im Wadai (Sahara) ermordet wurde. Stahlstich nach einem Ölporträt.*

Unten: *Vogel am Tschad-See in einer zeitgenössischen Zeichnung, die den Pflanzenwuchs der kargen Region sehr phantasievoll ausschmückt.*

er die Leitung der von ihm gegründeten Organisation *Expéditions polaires françaises*, die vor allem in Grönland und im antarktischen Adélie-Land wissenschaftliche Untersuchungen durchführte. 1948–1953 und 1955–1959 leitete Victor Forschungsprojekte in der Antarktis.

Eduard Vogel

*7. März 1829 Krefeld; † 8. Februar 1856 Wara/Wadai
Deutscher Afrikaforscher

Der promovierte Naturwissenschaftler Vogel war 1853 an der Londoner Sternwarte tätig, als er von der britischen Regierung beauftragt wurde, nach dem verschollenen und bereits als tot gemeldeten →*Heinrich Barth* zu forschen. Er brach von Tripolis nach Süden auf und traf – ein unglaublicher Zufall – Ende November 1854 in den Urwäldern westlich von Kuka (Kukawa) mit Barth zusammen. Nach einer zweistündigen Unterhaltung trennten sich die beiden wieder. Vogel zog mit seiner Expedition zunächst nach Südwesten und erreichte über Sokoto den Ort Yola am Benue, einem Nebenfluß des Nigers. Von dort wandte er sich nach Norden und gelangte über Kuka bis Wara, der Hauptstadt des Sultanats Wadai im Nordosten des Tschad-Sees. Hier erregte er durch sein auffälliges Verhalten und seine Neugier solches Aufsehen, daß man ihn als Spion verdächtigte. Wie spätere Nachforschungen ergaben, wurde er auf Befehl des Sultans hinterrücks ermordet.

Alfred Russel Wallace

*8. Januar 1823 Usk; †7. November 1913 Broadstone
Englischer Zoologe, Botaniker und Forschungsreisender

Wallace lernte 1844 →*Henry W. Bates* kennen, der ihn für die Entomologie begeisterte und mit dem er 1848 eine Forschungs- und Fangexpedition nach Südamerika unternahm. Vier Jahre lang studierte er die Fauna und Flora des Amazonas-Urwaldes, wobei er große Mengen wissenschaftliches Material zusammentrug. Unglücklicherweise verlor er auf der Rückreise nach England seine gesamte botanische und zoologische Sammlung und einen großen Teil seiner Aufzeichnungen durch eine Brandkatastrophe an Bord.

Nach einem Aufenthalt in London bereiste Wallace von 1854 bis Anfang 1862 sämtliche Inseln des Malaiischen Archipels, zum Teil sogar mehrmals. Dabei sammelte er eine Vielzahl von Pflanzen und Tieren und erforschte vor allem die geographische Verbreitung der Lebewesen. Auf ihn geht die *Wallace-Linie* zwischen Bali und Lombok zurück, jene Grenzscheide, bis zu der die Tiere vom südasiatischen Festland bzw. aus dem australischen Raum vorgestoßen sind. Wallace gilt nicht nur als Wegbereiter der modernen Tiergeographie, sondern auch als Mitbegründer der wissenschaftlichen Evolutionslehre, die er gleichzeitig mit →*Charles Darwin* formulierte.

Alfred Russel Wallace, der durch seine ausgedehnten Forschungsreisen in Südamerika und Südostasien zum Pionier der modernen Tiergeographie wurde und gleichzeitig mit Darwin die Evolutionstheorie formulierte.

Samuel Wallis

*1728 Fentonwoon; †21. Januar 1795 London
Englischer Seefahrer

Am 22. August 1766 stachen von Plymouth aus zwei Schiffe in See, die *Swallow* unter →*Philip Carteret* und die *Dolphin* unter Wallis, die den Pazifik erkunden und die Suche nach dem legendären »Südkontinent« fortsetzen sollten. Im April 1767, nach Durchfahrung der Magellan-Straße, trennten sich die beiden Schiffe und segelten auf unterschiedlichen Routen quer durch den Pazifischen Ozean. Wallis wurde schon bald nach Nordwesten abgetrieben, so daß er das Rätsel der *Terra australis* nicht lösen konnte. Dafür entdeckte er aber mehrere Inseln im Tuamotu- und Gesellschafts-Archipel, vor allem Tahiti, das er am 18. Juni anlief. Über Java und das Kap der Guten Hoffnung kehrte er schließlich nach England zurück, wo er am 18. Mai 1768 eintraf.

James Weddell

*24. August 1787 Ostende; †9. September 1834 London
Englischer Seefahrer

Weddell ging früh zur See und diente als Maat und Steuermann viele Jahre in der englischen Handelsma-

Oben: *Karl Weyprecht.*

Unten: *Nach einer Skizze von Weyprecht entstand diese Darstellung des Weihnachtsfestes, das die zweite Polarexpedition unter Weyprecht und von Payer 1874 im hohen Norden beging.*

rine. 1819 wurde er Kapitän eines Robbenfangschiffes, das wahrscheinlich noch im selben Jahr eine Fahrt in südliche Gewässer unternahm. 1822 verließ er England mit zwei Fangschiffen, die seinem Kommando unterstanden, und erkundete auf der Suche nach neuen Fanggründen die Falkland-Inseln, Kap Hoorn, die Süd-Shetlands, Südgeorgien und die Süd-Orkneys, die er bereits auf seiner ersten Reise entdeckt hatte. Überall führte er Vermessungen durch, die sich als besonders zuverlässig erwiesen. Da das Meer eisfrei war, segelte er weiter nach Süden und drang in das nach ihm benannte *Weddell-Meer* vor, wo er am 20. Februar 1823 den bis dahin südlichsten Punkt (74° 15'S) erreichte. Damit war er weiter als →*James Cook* in den Süden vorgedrungen.

Im Juli 1824 traf er wieder in seiner Heimat ein und veröffentlichte ein Jahr später einen Bericht über seine kühne Entdeckungsfahrt. Auch eine Robbenart, die *Weddell-Robbe*, trägt bis heute den Namen dieses frühen Antarktisforschers.

Karl Weyprecht

*8. September 1838 Bad König; †29. März 1881 Michelstadt

Österreichischer Polarforscher deutscher Abstammung

Der in österreichischen Diensten stehende Marineoffizier Weyprecht unternahm mit →*Julius von Payer* zwei bedeutende Forschungsexpeditionen in nordpolare Gewässer. Auf der ersten (1871) erkundeten die beiden die nördliche Barents-See, auf der zweiten (1872–1874) entdeckten sie im hohen Norden eine Inselgruppe, der sie den Namen *Franz-Josef-Land* gaben.

Wikinger

8.–12. Jahrhundert

Als Wikinger oder Normannen (»Nordmänner«) bezeichnen wir die germanischen Völker, die in Skandinavien und Dänemark heimisch waren und von dort aus seit dem Ende des 8. Jh.s mit ihren seetüchtigen Drachenschiffen (offene Kielboote mit Ruderern und breitem Segel) und Knorren oder Knarren (plumpere Frachtschiffe mit Vierecksegel) fast alljährlich weitere Erkundungs- und Eroberungsfahrten unternahmen. Ihre Motive waren sicherlich in erster Linie Landhunger, Expansionsdrang und Abenteuerlust, nicht »wissenschaftliches« Entdeckungsstreben. Dennoch spielen sie in der Entdeckungsgeschichte der Alten Welt eine wichtige Rolle, denn sie erschlossen viele neue Verbindungswege auf den Meeren und Flußläufen Europas, knüpften Kontakte zu fremden Ländern und Völkerschaften und gründeten überall an den europäischen Küsten Niederlassungen und »Staaten«. Dadurch haben sie das geographische Weltbild des frühen Mittelalters nachhaltig aufgehellt und geprägt.

Die ersten nachweisbaren Wikinger-Expeditionen fallen in das letzte Jahrzehnt des 8. Jh.s. Sie führten nach England, wo von Lindisfarne an der Nordostküste aus die schrittweise Erschließung und Eroberung von Südengland, Wales und Irland erfolgte.

Der zweite Vorstoß richtete sich gegen das europäische Festland. Ab 844 suchten die Wikinger Spanien heim, 845 zerstörten sie Hamburg, und um 860 begannen sie Frankreich und Italien unsicher zu machen. Ungefähr zur selben Zeit segelten sie erstmals nach Island, das allerdings schon gegen Ende des 8. Jh.s von einzelnen irischen Mönchen entdeckt worden war. Von Island aus gelangte dann →*Erik der Rote* 982 nach Grönland, das um das Jahr 1000 für Eriks Sohn Leif zum Sprungbrett für die Erstentdekkung des nordamerikanischen Festlandes wurde.

Im Osten Europas drangen schwedische Wikinger – die sogenannten Waräger oder Rus – im 9. und 10. Jh. auf den großen Strömen tief ins Landesinnere von Rußland vor und erreichten über ihre Hauptstützpunkte Nowgorod und Kiew das Schwarze und das Kaspische Meer. Bis zum Beginn des 12. Jh.s gelangten andere Wikinger-Expeditionen durch das Mittel-

Ein handfester Beweis dafür, daß die Wikinger nach Amerika gelangt und dort im Laufe von drei Jahrhunderten weit nach Westen vorgedrungen sind, ist ein Runenstein, der am Red River entdeckt wurde und sich seit 1948 im Nationalmuseum von Washington befindet. Die eingeritzte Runeninschrift konnte entziffert werden und lautet folgendermaßen: »[Wir sind] acht Schweden und zweiundzwanzig Norweger auf Suchfahrt von Vinland nach Westen. Wir hatten ein Lager an zwei Felsen aufgeschlagen, einige Tagereisen nördlich von diesem Stein. Wir waren unterwegs, um zu fischen. Als wir [ins Lager] zurückkehrten, fanden wir zehn unserer Gefährten in ihrem Blut und ohne Leben. Ave Maria, errette uns aus der Gefahr! Wir haben zehn Seeleute am Ufer des Meeres zur Bewachung unserer Schiffe zurückgelassen, vierzehn Tagesmärsche von dieser Insel entfernt. Im Jahre 1362.«

Das sogenannte Oseberg-Schiff, das sich heute im Schiffsmuseum von Oslo befindet, stammt ungefähr aus dem Jahre 800 n. Chr. und wurde nach seinem Fundort benannt, an dem es wohlbehalten im Schlick entdeckt wurde. In solchen und ähnlichen Schiffen setzten die Wikinger von Grönland nach Nordamerika über.

meer sogar zum Byzantinischen Reich in der heutigen Türkei und zum Orient.

Welches Aufsehen die kühnen Seefahrer aus dem hohen Norden in den fernen östlichen Weltgegenden erregten, verrät ein Augenzeugenbericht aus dem 10. Jh.. der von Ibn Fadhlan, einen zum Islam übergetretenen weitgereisten Griechen, stammt: »*Niemals habe ich so große Männer gesehen. Sie sind hoch wie Palmen, rotbackig und rothaarig. Sie tragen weder Rock noch Kaftan, sondern die Männer haben nur einen groben Mantel, den sie über die Schulter hängen, so daß eine Hand frei bleibt. Jeder Mann trägt eine Axt, ein Messer oder ein Schwert bei sich sich; ohne diese Waffen sieht man sie niemals. Ihre Schwerter sind breit, mit wellenförmigen Zieraten geschmückt und fränkische Arbeit. Auf der einen Seite des Schwertes, von der Spitze bis zum Griff, sind Bäume, Figuren oder ähnliches dargestellt. Die Frauen tragen auf der Brust eine Kapsel aus Eisen, Silber, Kupfer oder Gold, je nach dem Vermögen ihres Mannes. An der Kapsel ist ein Ring, und in diesem ist, ebenfalls auf der Brust, ein Messer befestigt. Um den Hals tragen sie goldene und silberne Ketten.*«

Spätestens im 12. Jh. erlahmte offensichtlich der Eroberungsdrang der Wikinger. Wegen ihrer geringen Zahl konnten sie sich in den eroberten fernen Regionen auf die Dauer nicht behaupten. Abgesehen von Island und den Färöer-Inseln, gingen sie fast überall in der jeweils eingesessenen Bevölkerung auf.

Sir George Hubert Wilkins

*31. Oktober 1888 Mount Bryan East/Australien; †1. Dezember 1958 Framingham/ USA

Australischer Polarforscher

Von 1913 bis 1917 nahm Wilkins an verschiedenen Arktisexpeditionen teil, 1921 an der von →*Earnest H. Shackleton* organisierten Antarktisexpedition. Bekannt wurde er jedoch erst durch seine kühnen Polarflüge. Nach verschiedenen Versuchen überflog er zusammen mit Carl Eielson am 16. April 1928 von Point Barrow (Alaska) aus Spitzbergen. Dabei bewältigte er in rund 20,5 Stunden eine Strecke von mehr als 3300 km.

Am 16. November desselben Jahres startete Wilkins zu einem Erkundungsflug zur westlichen Antarktis, wo die *Wilkins-Straße* und die *Wilkins-Küste* nach ihm benannt wurden. Auf diesem Flug machte er die ersten Luftaufnahmen vom Inneren des antarktischen Kontinents. 1931 versuchte er das schier Unmögliche: Er wollte mit dem amerikanischen U-Boot *Nautilus* den Nordpol erreichen, was ihm jedoch wegen der unzureichenden technischen Ausrüstung des Bootes nicht gelang.

Hermann von Wissmann
*4. September 1853 Frankfurt/Oder; †15. Juni 1905 Weißenbach/Steiermark
Deutscher Afrikaforscher und Kolonialpolitiker

Wissmann war zunächst Offizier und kam 1880 im Auftrag der »Afrikanischen Gesellschaft« erstmals nach Afrika. In den beiden folgenden Jahren durchquerte er Äquatorialafrika von Luanda bis zum oberen Kongo. 1883/84 leitete er eine vom belgischen König Leopold II. initiierte Expedition im Kongo-Stromgebiet und gründete am linken Nebenfluß Lulua die Station Luluabourg. In den Jahren 1886/87 setzte er die geographische Erforschung dieser Region fort.

Als Reichskommissar für Deutsch-Ostafrika schlug von Wissmann 1889 mit der ersten deutschen Schutztruppe einen Araberaufstand in der Kolonie nieder. 1895 wurde er Gouverneur von Deutsch-Ostafrika, mußte aber dieses Amt aus Gesundheitsgründen schon nach einem Jahr niederlegen.

Ferdinand Petrowitsch Baron von Wrangel
*9. Januar 1797 Pleskau; †6. Juni 1870 Dorpat
Russischer Marineoffizier und Arktisforscher

Nachdem Wrangel 1817 als Matrose an einer Erkundungsfahrt nach Alaska und in das Bering-Meer teilgenommen hatte, wurde er wegen seiner besonderen Verdienste zum Leutnant befördert und 1820 mit der Leitung einer Nordpolarexpedition betraut, die feststellen sollte, ob im hohen Norden ein »polarer Kontinent« existierte. Am 2. November verließ er St. Petersburg und segelte zunächst nach Nowaja Semlja, um die Nordspitze der Insel, das Kap Schelanija, exakt zu vermessen. Anschließend erforschte er die Bären-Insel und unternahm von dort aus einen Vorstoß in Richtung Nordpol. Nach einem 46tägigen Marsch über das Eis hatte er sich davon überzeugt, daß es in der Polgegend kein Festland gab.

1822 erkundete und kartierte von Wrangel die Nordküste Ostsibiriens im Umkreis der Kolyma-Mündung und das Gebiet der Tschuktschen. Dabei sichtete er 1823 die Insel, die heute seinen Namen trägt. 1847 wurde er Admiral und 1853–1858 sogar russischer Marineminister.

Ferdinand Petrowitsch Baron von Wrangel in der Uniform eines russischen Admirals.

Franz Xaver
*7. April 1506 Schloß Javier/Navarra; †3. Dezember 1552 Insel Sanzian bei Kanton
Spanischer Jesuitenmissionar und Asienreisender

Franz Xaver, dessen spanischer Name Francisco de Jassu y Javier (Xavier) lautete, schloß sich 1533 dem Kreis um Ignatius von Loyola an und gehörte zu den ersten Mitgliedern des ein Jahr später gegründeten Je-

Auf der Reise nach Japan (1549) soll Franz Xaver ein Wunder vollbracht haben: Er wird von einer Karacke aus mit den Füßen ins Meer hinabgelassen, um durch die Berührung das Salzwasser in trinkbares Süßwasser zu verwandeln.

suitenordens. Im Mai 1542 traf er als Missionar in Goa an der Westküste Indiens ein, wo er im Auftrag des Papstes und des portugiesischen Königs damit begann, die religiöse Situation im Fernen Osten zu untersuchen und die Christianisierung voranzutreiben.

Er erkundete die Malabarküste und reiste über Malakka zu den Molukken-Inseln, wo er 1546 eintraf. Auf dem Rückweg erhielt er 1548 in Malakka *»vielfältige Kunde von gewissen Inseln, die erst vor kurzem entdeckt wurden und die man Japan nannte«*. Als er einen jungen Japaner kennenlernte, den er zum Christentum bekehren konnte, beschloß er, zusammen mit diesem das geheimnisvolle Inselreich zu besuchen, das tatsächlich erst wenige Jahre vorher (1542) von portugiesischen Seeleuten entdeckt worden war, als sie auf ihrem Weg nach China bei der Insel Tanegashima, südlich von Kiuschu, Schiffbruch erlitten.

Franz Xaver, der am 15. August 1549 im Hafen von Kagoschima an der Südküste der japanischen Südinsel Kiuschu landete, wurde zum eigentlichen Entdekker Japans. In seinen Briefen berichtete er ausführlich und wahrheitsgetreu über das Land, das er zwei Jahre lang durchwanderte.

1551 kehrte er nach Indien zurück, um von dort aus die Missionierung Chinas in die Wege zu leiten. Auf der Fahrt ins Reich der Mitte machte er im September

Diese allegorische Darstellung aus dem Jahre 1653 zeigt den heiligen Franz Xaver, der wohlgefällig eine Karte Ostasiens, der Region seiner Missionsreisen, betrachtet.

auf der Insel Sanzian (heute Schangtschuan) vor der südchinesischen Küste Station. Dort starb er wenige Monate später, ohne sein letztes großes Ziel erreicht zu haben.

Sir Francis Edward Younghusband

*31. Mai 1863 Murree/Indien; † 31. Juli 1942 Lytchett Minster

Englischer Geograph und Forschungsreisender

Als junger Offizier in Indien unternahm Younghusband verschiedene Expeditionen zum Indus, in den Himalaja, in die Mandschurei und zur Quelle des Sungari. 1886 reiste er durch Südostchina. Am 4. April des folgenden Jahres verließ er Peking und zog in sieben Monaten auf weitgehend unbekannten Wegen durch die südliche Wüste Gobi, die Takla-Makan-Wüste und über den Mus-Tagh-Paß nach Rawalpindi. Ab 1889 erkundete er mehrere Jahre lang den Karakorum und Pamir und lieferte einen wesentlichen Beitrag zur geographischen Erschließung dieser Regionen.

Nach einem Zwischenspiel als »Times«-Korrespondent in Südafrika führte Younghusband 1903/04 eine Expedition nach Tibet und schloß in Lhasa eine Art Friedensvertrag zwischen England und dem Dalai Lama. 1919 wurde er Präsident der *Royal Geographic Society* in London.

Zeittafel

um 3000 v. Chr. Die alten Ägypter eröffnen den Handelsverkehr mit dem Land Punt (wahrscheinlich an der Somaliküste gelegen).

2000–1500 v. Chr. Kretische Seefahrer erkunden das gesamte Mittelmeer, gründen Kolonien in Spanien und stoßen durch die Straße von Gibraltar in den Atlantischen Ozean vor, möglicherweise bis Madeira und zu den Kanarischen Inseln.

um 1500 v. Chr. Die Phönizier lösen die Kreter als bedeutendstes Seefahrervolk der Antike ab. Ihre Vorherrschaft zur See währt bis zur Mitte des 1. Jahrtausends v. Chr.

1493–92 v. Chr. Durch Reliefdarstellungen in Theben belegte ägyptische See-Expedition nach Punt, im Auftrag der Königin Hatschepsut.

um 945 v. Chr. König Salomo rüstet zusammen mit seinem Verbündeten, dem Phönizierkönig Hiram I. von Tyros, eine Expedition in das Land Ophir (möglicherweise Ostsudan) aus.

um 800 v. Chr. Die Phönizier entdecken Madeira und die Kanarischen Inseln.

596–94 v. Chr. Phönizische Seefahrer sollen im Auftrag des Pharaos Necho II. vom Roten Meer aus ganz Afrika umrundet haben.

um 500 v. Chr. Der Karthager *Hanno* befährt die Westküste Afrikas und dringt vermutlich bis zum Golf von Biafra (Kamerunberg) vor.

4. Jh. v. Chr. Karthagische Seefahrer erreichen die Azoren.

334–23 v. Chr. *Alexander d. Gr.* stößt mit seinem Heer auf dem Landweg bis Indien vor.

325–21 v. Chr. Alexanders Admiral *Nearchos* befährt mit seiner Flotte die Südküste Asiens von der Indus-Mündung bis zum Persischen Golf.

um 325 v. Chr. *Pytheas* von Massilia unternimmt eine Entdeckungsreise nach Norden. Er umfährt Großbritannien und entdeckt weiter nördlich das sagenhafte Land Thule.

um 5 v. Chr. Eine römische Flotte erreicht die Küste von Südskandinavien.

7. Jh. n. Chr. Die Färöer-Inseln werden von Mönchen aus Irland entdeckt.

um 800 Irisch-schottische Mönche gelangen nach Island.

9.–12. Jh. Die *Wikinger* oder Normannen durchdringen von Skandinavien aus fast ganz Europa.

982 *Erik der Rote* beginnt von Island aus mit der Kolonisierung Grönlands.

um 1000 Leif Eriksson, der Sohn Eriks des Roten, entdeckt die östlichen Küstenregionen Nordamerikas.

um 1165–1173 Der spanische Rabbiner Bejamin de Tudela bereist die Mittelmeerländer, Vorderasien, Persien und Unterägypten.

1245–48 Eine Delegation unter dem Franziskanermönch *Giovanni di Piano Carpini* reist im Auftrag des Papstes nach Karakorum, der Residenz des Mongolenherrschers Güjük.

1253–56 Der Mönch *Wilhelm von Rubruk* besucht den Großkhan Mangu in Karakorum.

1271–95 *Marco Polo* reist mit seinem Vater Nicoló und seinem Onkel Maffeo zum Großkhan Khubilai und erforscht auf seinen ausgedehnten »Dienstfahrten« weite Teile des Reiches der Mitte.

1318–30 Der Missionar Odorico di Pordenone unternimmt eine große Asienreise durch Indien, China, Tibet und Afghanistan.

1325–49 Der arabische Globetrotter *Ibn Battuta* zieht auf vielerlei Umwegen durch Asien und kommt bis nach Peking.

1352–54 *Ibn Battuta* durchquert die Sahara und erreicht Timbuktu.

1402 *Jean de Béthencourt* beginnt mit der Kolonisierung der Kanarischen Inseln.

1419 *Heinrich der Seefahrer* gründet eine Seefahrtsschule am Kap São Vicente und organisiert von dort aus die portugiesischen Entdeckungsfahrten.

1434 Gil Eannes umrundet als erster das Kap Bojador an der westafrikanischen Küste.

1442 Nuño Tristão entdeckt das Kap Blanc.

1444 Dinis Días erreicht das Kap Verde.

1447 *Antonio Malfante*, ein genuesischer Kaufmann, stößt nach einer Sahara-Durchquerung bis Tuat am Niger vor.

1484 Diego Cão erreicht die Mündung des Kongo.

1488 *Bartolomeu Días* umsegelt als erster Europäer das Kap der Guten Hoffnung und landet östlich davon an der Mündung des Großen Fischflusses. Damit ist der Seeweg nach Indien endgültig frei.

1492 *Christoph Columbus* geht am Morgen des 12. Oktober auf der Insel San Salvador (sehr wahrscheinlich die Watling-Insel der Bahamas) an Land und wird damit zum Entdecker bzw. Wiederentdecker der Neuen Welt. Anschließend besucht er die Karibikinseln Kuba und Hispaniola (Haiti).

1493–96 *Columbus*' zweite Amerikareise. Er entdeckt unter anderem die Inseln Dominica, Jamaica, Antigua und Guadeloupe.

1494 Vertrag von Tordesillas. Gemäß einem Schiedsspruch des Papstes Alexander VI. werden die bereits entdeckten und die noch unentdeckten überseeischen Weltregionen zwischen Portugal und Spanien aufgeteilt.

1497 Der anglisierte Italiener *John Cabot* erreicht das nordamerikanische Festland.

1498 *Vasco da Gama* gelangt als erster Europäer auf dem Seeweg über das Kap der Guten Hoffnung und den Indischen Ozean nach Calicut an der Malabarküste. Er erschließt damit für Portugal die Schiffahrtsroute zu den Gewürzländern des Fernen Ostens.
Auf seiner dritten Reise erreicht *Columbus* erstmals den Norden des südamerikanischen Festlandes.

1499–1504 *Amerigo Vespucci* erkundet die Nord- und Ostküste Südamerikas.

1500 Im Januar erreicht der Spanier *Vicente Yánez Pinzón* die Ostspitze Brasiliens, die er für sein Land in Besitz nimmt.
Drei Monate später stößt der Portugiese *Pedro Alvares Cabral*, der auf der Fahrt zur Malabarküste im Südatlantik weit nach Westen verschlagen wurde, ebenfalls auf die Küste Brasiliens und vereinnahmt sie für Portugal.

1502–04 *Columbus* erkundet auf seiner vierten und letzten Reise die Ostküste Mittelamerikas.

1507 Der portugiesische Seefahrer Mascarenhas entdeckt die Maskarenen-Inseln Mauritius und Réunion.
Die Neue Welt erhält von dem deutschen Kartographen Waldseemüller den Namen Amerika (nach Vespuccis Vornamen Amerigo).

1510 *Affonso de Albuquerque* erobert Goa an der indischen Malabarküste für Portugal.

1513 Der spanische Konquistador *Vasco Nuñez de Balboa* durchquert von Osten aus das mittelamerikanische Festland und erblickt als erster Europäer den Pazifischen Ozean.

1519 Der spanische Konquistador *Hernán Cortés* landet in Mexiko und besetzt die Aztekenhauptstadt Tenochtitlán.

1519–22 Erste Erdumsegelung durch *Ferdinand Magellan*, der 1520 die Magellan-Straße entdeckt und ein Jahr später auf der Philippinen-Insel Mactan ermordet wird. Nach seinem Tod übernimmt sein Stellvertreter Juan Sebastián del Cano das Kommando; er kehrt mit nur einem Schiff nach Spanien zurück.

1520 In der Noche triste, der »traurigen Nacht« zum 1. Juli, werden die Spanier von den Azteken aus Tenochtitlán vertrieben.

1521 *Cortés* erobert Tenochtitlán zurück und unterwirft das gesamte Aztekenreich.

1524–28 Der Spanier *Francisco Pizarro* erkundet von Panama aus die Küste Perus und entdeckt das Reich der Inka.

1530 *Nikolaus Federmann,* Statthalter des Bankhauses der Welser in Venezuela, dringt von der Küste aus ins Landesinnere vor.

1533 Die spanischen Konquistadoren unter *Pizarro* erobern die Inkahauptstadt Cuzco und unterwerfen das gesamte Inkareich in Peru.

1535 Pizarros ehemaliger Gefährte Almagro dringt in das Gebiet des heutigen Chile vor.
Der französische Seefahrer *Jacques Cartier* erkundet den St.-Lorenz-Strom.

1539–41 Der Spanier *Hernando de Soto* landet in Florida, durchstreift den Südwesten Nordamerikas und erreicht den Mississippi.

1540 *Francisco Vásquez de Coronado* zieht mit seinem Expeditionskorps von Mexiko aus auf der Suche nach den legendären »Sieben Städten von Cibolá« über den Colorado River und den Grand Canyon bis zum Kansas River.

1542–44 *Francisco de Orellana* erforscht den Amazonas-Strom, der von ihm so benannt wird.

1549 Der spanische Jesuitenmissionar *Franz Xaver* landet in Kiuschu und wird zum eigentlichen Entdecker Japans.

1567 Der spanische Seefahrer *Alvaro de Mendaña* entdeckt die Salomon-Inseln, die er jedoch für einen Teil des sagenhaften Südlandes hält.

1576 *Sir Martin Frobisher* dringt auf der Suche nach der Nordwestpassage bis Baffinland vor.

1577–80 *Sir Francis Drake* unternimmt eine Kaper- und Entdeckungsfahrt rund um den Globus.

1581–82 *Timofejewitsch Jermak* erobert mit seinem Kosakenheer die Mongolenstadt Sibi (Tobolsk) und leitet die russische Kolonisierung Sibiriens ein.

1587 Bei seinem dritten Versuch, die Nordwestpassage zu finden, stößt der Engländer *John Davis* bis in die Baffin-Bai vor.

1594–97 Der holländische Seefahrer *Willem Barents* entdeckt auf der vergeblichen Suche nach der Nordostpassage Nowaja Semlja, die Bären-Insel und Spitzbergen.

1595 *Mendaña* entdeckt die Marquesas- und Santa-Cruz-Inseln.

1606 *Pedro Fernãndez de Quirós* entdeckt die Neuen Hebriden. Sein Landsmann *Luis Váez de Torres,* der ein Schiff der Quirós-Expedition befehligt, findet auf einer abweichenden Route die Torres-Straße.

1608 Der Franzose *Samuel de Champlain* gründet im von ihm erforschten und erschlossenen Kanada die Stadt Quebec.

1609 *Henry Hudson* erforscht nach dem gescheiterten Versuch, die Nordostpassage zu finden, den Unterlauf des Hudson River.

1610 *Hudson* entdeckt die Hudsonbai.

1616 Der Holländer *Jakob Le Maire* entdeckt Kap Hoorn und die südlich davon verlaufende Le-Maire-Straße.

1619 Der Norweger *Jens Munk* setzt im Auftrag des dänischen Königs die Suche nach der Nordwestpassage fort und dringt bis zu Hudsonbai vor.

1642–43 Der Holländer *Abel Janszoon Tasman* entdeckt Tasmanien und umsegelt Australien.

1647–48 Der russische Seefahrer *Semjon Iwanowitsch Deschnew* umsegelt die Ostspitze Sibiriens und durchfährt die Meerenge zwischen Asien und Amerika.

1673 Der französische Missionar *Jacques Marquette* erkundet von Kanada aus das obere Stromgebiet des Mississippi.

1680–82 Der *Cavalier de La Salle* befährt den Mississippi bis zum Delta und nimmt Louisiana für Frankreich in Besitz.

1690–92 Der Deutsche *Engelbert Kaempfer* erforscht Japan.

1699–1700 Der Engländer *William Dampier* erkundet die australische Westküste und findet die Durchfahrt zwischen Neubritannien und Neuguinea.

1722 Der Holländer *Jakob Roggeveen* entdeckt am Ostertag die Oster-Insel mit ihren geheimnisvollen Riesenstatuen.

1728 Der Däne *Vitus Bering* durchfährt die nach ihm benannte Bering-Straße.

1735–45 Der Franzose *La Condamine* leitet die erste große wissenschaftliche Expedition in Südamerika.

1761–67 Im Auftrag des dänischen Königs bereist der Deutsche *Carsten Niebuhr* die Arabische Halbinsel und Indien.

1766–69 *Louis Antoine de Bougainville*, der erste französische Erdumsegler, erforscht die Inselwelt des Pazifischen Ozeans.

1768–71 *James Cook* unternimmt seine erste Weltumsegelung. Er erforscht unter anderem Neuseeland und die Südostküste Australiens.

1768–74 In russischen Diensten erforscht der Deutsche *Peter Simon Pallas* ganz Sibirien.

1770 Der Schotte *James Bruce* erkundet das abessinische Hochland und stößt bis zur Quelle des Blauen Nil vor.

1771–72 Der englische Marineoffizier *Samuel Hearne*

erkundet den Coopermine River bis zur Mündung an der kanadischen Arktisküste.

1772–75 Auf seiner zweiten Weltreise dringt *Cook* weit in südpolare Gewässer vor und entlarvt damit den Traum vom »Südland« endgültig als Illusion.

1776–79 *Cooks* dritte Pazifikreise, von der er nicht mehr zurückkehrt.

1785–88 Der *Comte de La Pérouse* leitet eine wissenschaftliche Pazifik-Expedition. Seine beiden Schiffe gehen vor der Insel Vanikoro unter.

1792–93 Der Schotte *Sir Alexander Mackenzie* durchquert als erster Europäer das nordamerikanische Festland von Osten nach Westen.

1796 Der schottische Afrikaforscher *Mungo Park* erreicht als erster Weißer den Niger und erkennt in ihm ein eigenes Stromsystem.

1798 *Matthew Flinders* weist den Inselcharakter Tasmaniens nach und entdeckt die Bass-Straße.

1798–1801 Im Auftrag der »African Association« erforscht der Deutsche *Friedrich Konrad Hornemann* die westliche Sahara und gelangt wahrscheinlich bis zum Niger.

1799–1804 Zusammen mit seinem Freund Aimé Bonpland unternimmt *Alexander von Humboldt* seine überaus ertragreiche wissenschaftliche Südamerikaexpedition.

1803–06 Erste russische Weltumsegelung unter *Adam Johann von Krusenstern.*

1804–06 Die *Lewis and Clark Expedition* erkundet den nordamerikanischen Subkontinent bis zum Pazifik.

1814–15 Der Schweizer *Johann Ludwig Burckhardt* besucht Mekka und Medina.

1823 Die Engländer *Hugh Clapperton* und Dr. Walter Oudney dringen als erste Europäer bis zum Tschad-See vor.

1826 Der schottische Offizier *Alexander Gordon Laing* kann als erster Europäer die fremdenfeindliche Stadt Timbuktu betreten, wird aber auf dem Rückweg ermordet.

1828 Dem Franzosen *René Caillié* gelingt es erstmals, sich einige Zeit im Timbuktu aufzuhalten und nach Europa zurückzukehren.

1829 *Humboldt* leitet eine Expedition zum Ural, Altai und Kaspischen Meer.

1829–31 *Sir John Ross* unternimmt seine zweite Arktisexpedition und entdeckt die Boothia-Halbinsel und den magnetischen Nordpol.

1830 *Richard Lemon Lander* befährt mit seinem jüngeren Bruder John den Niger bis zur Mündung.

1831–36 Die Weltreise des englischen Vermessungsschiffs »Beagle«, das unter dem Kommando von

Robert Fitzroy vor allem die Küsten Südamerikas erkundet. An Bord befindet sich der junge Naturforscher *Charles Darwin*, der auf dieser Fahrt wesentliche Erkenntnisse für seine Evolutionstheorie gewinnt.

1839–43 *Sir James Clark Ross* erforscht die Antarktis. Er entdeckt die Ross-Insel und die Vulkane Mount Erebus und Mount Terror und dringt fast bis zum 80. südlichen Breitengrad vor.

1840 *Dumont d'Urville* stößt bis zur Küste Antarktikas vor und entdeckt Adélie-Land.

1840–41 Dem Engländer *Edward John Eyre* gelingt die erste Ost-West-Durchquerung Australiens.

1842–44 *John Charles Frémont* erreicht über den Missouri und die Rocky Mountains die Küste Kaliforniens.

1843–47 Große Südamerikaexpedition unter der Leitung des *Comte de Castelnau.*

1845 *Sir John Franklins* Suche nach der Nordwestpassage scheitert. Das spurlose Verschwinden des Forschers löst eine mehrjährige Suchaktion aus, an der sich mehrere bedeutende Seefahrer beteiligen.

1850–55 *Heinrich Barth* erforscht die gesamte westliche und mittlere Sahara und hält sich über ein halbes Jahr in Timbuktu auf.

1855–56 *David Livingstone* durchquert als erster den afrikanischen Kontinent von Westen nach Osten und entdeckt die Victoria-Fälle des Sambesi.

1858–64 Während seiner großangelegten, aber wenig erfolgreichen Sambesi-Expedition entdeckt *Livingstone* den Njassa-See.

1860–61 Der Ire *Robert O'Hara Burke* durchquert Australien von Süden nach Norden und stirbt auf dem Rückweg im Inneren des Kontinents.

1861–62 Dem Schotten *John McDouall Stuart* gelingt erstmals die Nord-Süd-Durchquerung Australiens in beiden Richtungen.

1862 *John Hanning Speke* löst das Rätsel der Nilquellen.

1864 *Sir Samuel White Baker* entdeckt den Albert-See.

1869–71 *Georg Schweinfurth* erkundet von Khartum aus das Stromgebiet von Nil und Kongo.

1869–74 *Gustav Nachtigal* erforscht die Sudan-Region.

1874–77 *Henry Morton Stanley* erforscht das ostafrikanische Seengebiet und den Kongo.

1878–80 Die Nordostpassage wird endlich von dem Schweden *Adolf Erik Nordenskiöld* bezwungen.

1893–96 *Fridtjof Nansens* Arktisexpedition: Driftfahrt der »Fram« und Nansens Vorstoß bis 86° 14′N.

1893–98 *Sven Hedin* unternimmt seine erste große Asienexpedition zum Tien-Schan-Gebirge, Pamir und durch die Wüste Takla-Makan.

1901–04 Auf seiner ersten Antarktisexpedition entdeckt *Robert Falcon Scott* das König-Edward-VII.-Land und erreicht bei 82° 17′S den bis dahin südlichsten Punkt der Erde.

1902–03 *Erich von Drygalski* entdeckt in der Antarktis das Kaiser-Wilhelm-II.-Land und den Gauß-Berg.

1903–06 Der Norweger *Roald Amundsen* bezwingt die Nordwestpassage.

1909 Der Amerikaner *Robert Edwin Peary* erreicht am 6. April den Nordpol.

1911 *Amundsen* bezwingt am 15. Dezember den Südpol.

1912 *Scott* und seine Begleiter treffen vier Wochen nach Amundsen am Südpol ein und sterben auf dem Rückweg.

1926 Der Amerikaner *Richard Evelyn Byrd* überfliegt mit einer Fokkermaschine als erster den Nordpol.

1929 *Byrd* leitet eine große Antarktisexpedition und überfliegt als erster den Südpol.

1934 Der amerikanische Zoologe *Charles William Beebe* erreicht mit seiner Tauchkugel bei den Bahamas eine Tiefe von 923 m.

1957–58 *Sir Vivian Ernest Fuchs* durchquert erstmals den antarktischen Kontinent auf dem Landweg über den Südpol.

1960 Der Schweizer *Jacques Piccard* stellt im westpazifischen Marianengraben mit 10 916 m den absoluten Tiefenrekord auf.

Kommentierte Bibliographie

Entdeckungsgeschichte (Gesamt- und Teildarstellungen)

Abenteuer der Entdeckungen in Farbe. 5 Gütersloh 1977 ▷ Nach Regionen gegliederte und reich illustrierte volkstümliche Gesamtdarstellung von verschiedenen Autoren

Allen, O. E. u. Redaktion der Time-Life-Bücher: *Die Entdeckung der Pazifik-Inseln.* Amsterdam 1981 ▷ Reich illustrierte Darstellung der Entdeckungen im Pazifik vom 16. bis 18. Jh.

Baker, J. N. L.: *A History of Geographical Discovery and Exploration.* Ldn. 1931 ▷ Grundlegende englische Entdeckungsgeschichte, empfehlenswert

Beck, H. (Hg.): *Quellen und Forschungen zur Geschichte der Geographie und der Reisen.* Stg. 1964 ff. ▷ Umfassende wissenschaftliche Quellensammlung

Bergius, C. C. (Hg.): *Die großen Entdecker.* Gütersloh 1974 ▷ Beiträge zur neueren Entdekkungsgeschichte von W. von Braun, H. Harrer, H. Hass u. a.

Bettex, A.: *Welten der Entdecker.* Mchn./Zürich 1960 ▷ Allgemeinverständliche Gesamtdarstellung

Bitterli, U. (Hg.): *Die Entdeckung und Eroberung der Welt.* Bd. I: *Amerika, Afrika.* Mchn. 1980. Bd. II: *Asien, Australien, Pazifik.* Mchn. 1981 ▷ Umfangreiche Quellen- und Dokumentensammlung zur neueren Entdeckungsgeschichte

Bitterli, U.: *Die Wilden und die Zivilisierten. Geistes- und Kulturgeschichte der europäisch-überseeischen Begegnung.* Mchn. 1976 (auch als dtv-Tb. 4396) ▷ Kritische, wissenschaftlich fundierte Darstellung

Born, A.: *Hinaus über das Ende der Welt. Hein-Born, A.: Hinaus über das Ende der Welt. Heinrich der Seefahrer.* Wien/Mchn. 1980 ▷ Populärwissenschaftliche Darstellung

Buschik, R.: *Die Eroberung der Erde.* Lpz. 1930 ▷ Ältere, aber noch immer informative und gut lesbare Gesamtdarstellung

Cameron, I.: *To the Farthest Ends of the Earth.* Ldn./Sydney 1980 ▷ Geschichte der Royal Geographical Society und ihrer Forschungsexpeditionen von 1830 bis 1980

Embacher, F.: *Lexikon der Reisen und Entdekkungen.* Lpz. 1882; Neudr. Amsterdam 1961 ▷ Zuverlässiges älteres Nachschlagewerk

Großer Weltatlas der Entdeckungsreisen. Köln 1975 ▷ Systematische populärwissenschaftliche Übersicht mit vielen Karten und Illustrationen

Hagen, V. W. von: *Südamerika ruft. Entdeckungsreisen großer Naturforscher.* Bln. 1959 ▷ Populärwissenschaftliche Darstellung der Expeditionen von Humboldt, Darwin, Spruce u. a.

Hagen, V. W. von: *Auf der Suche nach dem Goldenen Mann. Die Geschichte von El Dorado.* Reinbek 1979 (auch als Rowohlt-Tb. 7296)- ▷ Illustriertes, wissenschaftlich fundiertes Sachbuch

Hale, J. R.: *Die Reisen der Entdecker.* Reinbek 1971 ▷ Kurzgefaßte illustrierte Übersicht

Harrer, H. u. Pleticha, H.: *Entdeckungsgeschichte aus erster Hand. Berichte und Dokumente von Augenzeugen aus drei Jahrtausenden.* Würzburg ^{4}1976 ▷ Vor allem für jugendliche Leser gedachte Quellensammlung

Hennig, R.: *Terrae Incognitae.* 4 Bde. Leiden 1936–39, ^{2}1944–56 ▷ Sehr gründliche wissenschaftliche Darstellung, vor allem der älteren Entdeckungsgeschichte

Herrmann, P.: *Sieben vorbei und acht verweht. Das Abenteuer der frühen Entdeckungen.* Hbg. 1952

Herrmann, P.: *Zeigt mir Adams Testament. Wagnis und Abenteuer der Entdeckungen.* Hbg. 1956

Herrmann, P.: *Träumen, Wagen und Vollbringen. Das Abenteuer der neuen Entdeckungen.* Hbg. 1959 ▷ Diese drei Bände von P. Herrmann geben einen anschaulichen und durch zahlreiche Dokumente abgestützten Überblick über die gesamte Entdeckungsgeschichte

Herrmann, P.: *Das Große Buch der Entdeckungen. Wagemut und Abenteuer aus drei Jahrtausenden.* Reutlingen 1958 ▷ Ein fesselnd geschriebenes Jugendbuch, das die Entdekkungsgeschichte anhand exemplarischer Beispiele lebendig macht

Homann, H.: *Das Meer hat viele Ufer.* Stg. 1958 ▷ Eine Sammlung von Schiffstagebüchern und sonstigen Quellen zur Entdekkungsgeschichte

Humble, R. u. Redaktion der Time-Life-Bücher: *Die Entdecker.* Amsterdam 1979 ▷ Reich illustriertes Sachbuch über die portugiesischen und spanischen Entdeckungsreisen des 15. und 16. Jh.s

Jahn, J. (Hg.): *Wir nannten sie Wilde. Abenteuer in alten und neuen Reisebeschreibungen.* Mchn. 1964 ▷ Kritisch beleuchtete Textsammlung zum Problem der europäisch-überseeischen Begegnung

Kayser, K. (Hg.): *Die berühmten Entdecker und Erforscher der Erde.* Köln 1965 ▷ Volkstümliche Darstellung der wichtigsten Entdeckerpersönlichkeiten

Konetzke, R.: *Entdecker und Eroberer Amerikas.* Ffm. 1963 ▷ Wissenschaftlich orientierte Darstellung der Entdeckung Lateinamerikas von Columbus bis zu den Konquistadoren

Krämer, W. (Bearbeiter): *Die Entdeckung und Erforschung der Erde.* Lpzg. ³1961 ▷ Sorgfältige Neubearbeitung eines älteren populärwissenschaftlichen Standardwerks

Landström, B.: *Knaurs Buch der frühen Entdekkungen in Farbe.* Mchn. 1969 ▷ Reich illustrierte ältere Entdeckungsgeschichte, von der Antike bis zum 15. Jh.

Leithäuser, J. G.: *Ufer hinter dem Horizont.* Bln. 1953 ▷ Populäre historische Übersicht von Columbus bis zur Weltraumfahrt

Leithäuser, J. G.: *Mappae Mundi. Die geistige Eroberung der Welt.* Bln. 1958 ▷ Die Entwicklung der Kartographie im Zuge der fortschreitenden Weltentdeckung

Mary, G. T.: *Im schwarzen Erdteil. Die faszinierende Geschichte der Erforschung Afrikas.* Tübingen 1978 ▷ Illustrierte Gesamtdarstellung mit Originalaufsätzen deutscher Afrikaforscher

Miller, R. u. Redaktion der Time-Life-Bücher: *Die Ostindienfahrer.* Amsterdam 1981 ▷ Reich illustriertes, interessantess Sachbuch über die Entdeckung Südostasiens vom 16. bis 19. Jh.

Morris, E. et al.: *Auf den Spuren der Entdecker. Abenteurer – Forscher – Pioniere.* Stg. 1980 ▷ Anschaulich erzählte und reich dokumentierte Entdeckungsgeschichte

Narciß, G. A. (Hg.): *Forscher und Entdecker in Tibet, China, Japan und Korea 1689–1911.* Tübingen 1981 ▷ Zusammenstellung von Originaldokumenten

Owen, R.: *Die großen Weltentdecker.* Zollikon 1980 ▷ Illustriertes großformatiges Sachbuch

Parry, J. H.: *Das Zeitalter der Entdeckungen von 1450 bis 1630.* (Kindlers Kulturgeschichte des Abendlandes, Bd. 12), Mchn. 1978 ▷ Ausführliche, anspruchsvolle Übersichtsdarstellung

Pennington, P.: *The Great Explorers.* Ldn. 1979 ▷ Reich illustrierte und farbig erzählte Entdeckungsgeschichte

Peschel, O.: *Geschichte des Zeitalters der Entdeckungen.* Meersburg/Lpzg. ³1930 ▷ Neubearbeitung eines wissenschaftlichen Standardwerks, das gegen Ende des 19. Jh.s entstand

Plischke, H.: *Entdeckungsgeschichte vom Altertum bis zur Neuzeit.* Lpzg. 1933 ▷ Ältere, aber noch immer maßgebende historische Gesamtdarstellung

Rein, A.: *Die europäische Ausbreitung über die Erde.* Potsdam 1931 ▷ Älteres wissenschaftliches Standardwerk

Riverain, J.: *Dictionnaire des Explorations.* Paris 1966 ▷ Lexikon der wichtigsten Entdecker und Entdeckungsregionen im Taschenbuchformat

Ruge, S.: *Geschichte des Zeitalters der Entdekkungen.* Bln. 1881 ▷ Grundlegende ältere Gesamtdarstellung

Salentiny, F.: *Das Lexikon der Seefahrer und Entdecker.* Tübingen 1974 (auch als Fischer-Tb. 6371) ▷ Gründliches Nachschlagewerk mit guten Quellenangaben

Samhaber, E.: *Knaurs Geschichte der Entdekkungsreisen.* Mchn./Zürich 1955 (auch als Knaur-Tb. 241) ▷ Lebendig erzählte Entdeckungsgeschichte von der Antike bis zum 20. Jh.

Schiffers, H.: *Afrika als die Weißen kamen.* Düsseldorf 1967 ▷ Bild- und Textdokumente zur Entdeckungsgeschichte Afrikas

Seel, O.: *Antike Entdeckerfahrten.* Zürich 1961 ▷ Wissenschaftlich kommentierte antike Quellenberichte (bes. Hanno und Nearchos)

Sponsel, H.: *Macht euch die Erde untertan! Die Geschichte der Entdeckung der Welt.* Mchn. 1958 ▷ Volkstümliche Übersicht von der Vorgeschichte bis zur Gegenwart

Temming, R. L. (Hg.): *Entdecker, Forscher, Weltenbummler.* Ffm. 1974 ▷ Etwas willkürliche Zusammenstellung von Auszügen aus Reiseberichten von der Antike bis zur Gegenwart

Wood, P. u. Redaktion der Time-Life-Bücher: *Abenteuer der Karibik.* Amsterdam 1980 ▷ Reich illustriertes, empfehlenswertes Sachbuch über die Entdeckung Mittelamerikas vom 16. bis 18. Jh.

Einzelne Entdeckerpersönlichkeiten (Neuere Literatur)

ALEXANDER DER GROSSE

Bamm, P.: *Alexander oder die Verwandlung der Welt.* Mchn. 1970 ▷ Engagiert geschriebenes Sachbuch

Fox, R. L.: *Alexander der Große.* Düsseldorf 1974 (auch als Heyne-Tb. – Biographien 41) ▷ Umfassende Lebensbeschreibung

Lauffer, S.: *Alexander der Große.* Mchn. 1978 ▷ Wissenschaftlich fundierte Darstellung

Renault, M.: *Ein Weltreich zu erobern.* Wien 1974 (auch als Rowohlt-Tb. 4054) ▷ Breitangelegter historischer Roman

Wirth, G.: *Alexander der Große in Selbstzeugnissen und Bilddokumenten.* Reinbek 1973 ▷ Biographische Dokumentation im Taschenbuchformat

ROALD AMUNDSEN

Amundsen, R.: *Die Eroberung des Südpols 1910–1912.* Tübingen 1981 ▷ Auswahl der packendsten Aufzeichnungen mit zeitgenössischen Bilddokumenten

SAMUEL BAKER

Hall, R.: *Die Liebenden auf dem Nil.* Bln. 1981 ▷ Lebendig erzähltes, illustriertes Sachbuch über die Nil-Expedition von Samuel und Florence Baker

HEINRICH BARTH

Barth, H.: *Im Sattel durch Nord- und Zentralafrika. Reisen und Entdeckungen in den Jahren 1849–1855.* Hg. von R. Italiaander. Wiesbaden 1967 ▷ Gut getroffene Auswahl aus Barths Hauptwerk

Barth, H.: *Die große Reise. Forschungen und Abenteuer in Nord- und Zentralafrika 1849–1855.* Hg. von H. Schiffers. Tübingen 1977 ▷ Auszug aus Barths fünfbändigem Reisebericht

LOUIS ANTOINE DE BOUGAINVILLE

Bougainville, L. A. de: *Reise um die Welt.* Bln./DDR 1972 ▷ Vollständige und gut kommentierte deutsche Ausgabe des klassischen Reiseberichts

JOHANN LUDWIG BURCKHARDT

Burckhardt, J. L.: *Entdeckungen in Nubien 1813–1814.* Hg. von H. Arndt. Tübingen 1981 ▷ Kulturgeschichtlich aufschlußreicher Reisebericht

RICHARD EVELYN BYRD

Byrd, R. E.: *Allein.* Wiesbaden ^{5}1963 ▷ Bericht des Polarforschers über seinen halbjährigen »Alleingang« in der Antarktis

SAMUEL DE CHAMPLAIN

Meissner, H.-O.: *Kundschafter am St. Lorenzstrom. Die Abenteuer des Samuel de Champlain.* Stg. o. J. ▷ Illustrierte Nacherzählung alter Dokumente

CHRISTOPH COLUMBUS

Columbus Chr.: *Das Bordbuch 1492.* Hg. von R. Grün. Tübingen ^{3}1974 ▷ Mit zeitgenössischen Darstellungen illustrierte Dokumentation der ersten Amerikareise

Columbus, Chr.: *Schiffstagebuch.* Lpzg./Ffm. 1981 ▷ Vollständige Neuübersetzung des Tagebuchs der ersten Reise

Madariaga, S. de: *Kolumbus.* Mchn. 1964 (auch als Heyne-Tb.) ▷ Kenntnisreiche, gutbeschriebene Biographie

Rienits, R. u. T.: *The Voyages of Columbus.* Ldn. 1970 ▷ Wissenschaftlich fundierte Darstellung mit hervorragendem historischen Bildmaterial

Wassermann, J.: *Christoph Columbus, der Don Quichote des Ozeans.* Mchn. 1977 (auch als Fischer-Tb. 2219) ▷ Romanhafte Biographie

JAMES COOK

Cook, J.: *Entdeckungsfahrten im Pacific. Die Logbücher der Reisen von 1767–1779.* Tübingen ^{2}1972 (auch als Bastei-Lübbe-Tb. 64034) ▷ Mit zeitgenössischen Bildern und Karten reich illustrierte grundlegende Dokumentation, empfehlenswert

Forman, W. u. Syme, R.: *Captain Cook. Im Auftrag Seiner Majestät.* Mchn. 1971 ▷ Reich illustrierte populärwissenschaftliche Darstellung

Forster, G.: *Entdeckungsreisen nach Tahiti und in die Südsee 1771–1775.* Neu hg. von H. Homann. Tübingen 1979 ▷ Bedeutender Reisebericht des deutschen Naturforschers, der Cook auf dessen Weltreise begleitete

Forster, G. u. Lichtenberg, G. Chr.: *Cook der Entdecker.* Ffm. u. Lpz. 1976 ▷ Eine Zusammenstellung wichtiger zeitgenössischer Schriften über Cook

MacLean, A.: *Der Traum vom Südland. Die abenteuerlichen Entdeckerfahrten des Captain James Cook.* Mchn. 1973 (auch als Heyne-Tb. 7013) ▷ Lebendig erzählte Biographie mit vielen Abbildungen

Molsner, M.: *Auf der Suche nach dem Südland. Captain Cooks Entdeckungsreisen.* Gütersloh/Mchn. 1979 ▷ Illustriertes Sachbuch

Villiers, A.: *Captain James Cook, Seefahrer und Entdecker.* Herford 1971 ▷ Eine populärwissenschaftliche Würdigung der seefahrerischen Leistungen Cooks

Zimmermann, H.: *Reise um die Welt mit Captain Cook.* Hg. von H. Bender. Tübingen 1978 ▷ Neuausgabe des Berichts eines deutschen Seemanns, der die letzte Cook-Expedition mitmachte

FRANCISCO VASQUEZ DE CORONADO

Meissner, H.-O.: *Ich fand kein Gold in Arizona. Die Abenteuer des F. V. de Coronado.* Stg. 1967 ▷ Illustrierte Nacherzählung alter Dokumente

HERNAN CORTES

Cortés, H.: *Die Eroberung Mexikos 1520–1524. Eigenhändiger Bericht an Kaiser Karl V.* Neu hg. von H. Homann. Tübingen [2]1978 ▷ Kommentierte und illustrierte Dokumentensammlung

Blacker, I. R.: *Hernando Cortez. Die Eroberung Mexikos.* Hg. von H. Pleticha. Reutlingen 1966 ▷ Informatives, empfehlenswertes Jugendbuch

Johnson, W. W.: *Cortez. Die Eroberung und Zerstörung des Aztekenreichs.* Wiesbaden 1979 ▷ Anspruchsvolle historische Darstellung

Madariaga, S. de: *Cortés, Eroberer Mexikos.* Stg. 1956 ▷ Romanhafte Biographie

Meissner, H.-O.: *Meine Hand auf Mexiko. Die Abenteuer des Hernando Cortés.* Stg. 1970 ▷ Erzählende Darstellung auf der Grundlage zeitgenössischer Dokumente

WILLIAM DAMPIER

Dampier, W.: *Freibeuter 1683–1691.* Neu hg. von H. Walz. Tübingen 1970 ▷ Auswahl der Tagebuchberichte des Seefahrers

CHARLES DARWIN

Darwin, Ch.: *Reise eines Naturforschers um die Welt.* Stg. o. J. [1962] ▷ Vollständiger Text des klassischen Reisebuches

Darwin, Ch.: *Reise um die Welt 1831–1836.* Hg. von G. Giertz. Tübingen 1981 ▷ Reich illustrierte Auswahl der interessantesten Partien aus Darwins Reiseberichten

Die Reise von Charles Darwin. Eine Auswahl aus seinen Schriften, zusammengestellt von C. Ralling. Wiesbaden 1979 ▷ Eine auf das Wesentliche beschränkte Auslese mit zahlreichen Illustrationen

Darwin, Ch.: *Die Entstehung der Arten durch natürliche Zuchtwahl.* Stg. 1963 ▷ Darwins Hauptwerk in einer vollständigen Übersetzung

Hemleben, J.: *Charles Darwin in Selbstzeugnissen und Bilddokumenten.* Reinbek 1968 ▷ Eine sorgfältig gearbeitete Biographie im Taschenbuchformat

Moorehead, A.: *Darwins große Reise.* Köln 1982 ▷ Mit zahlreichen zeitgenössischen Darstellungen versehene Schilderung der *Beagle*-Reise

Schmitz, S. (Hg.): *Charles Darwin – Ein Leben.* Mchn. 1982 ▷ Darwins Autobiographie sowie eine Auswahl von Briefen und Dokumenten

ALEXANDRA DAVID-NEEL

David-Néel, A.: *Wanderer mit dem Wind. Reisetagebücher in Briefen 1904–1917.* Wiesbaden 1979 ▷ Selbstzeugnisse der französischen Asienforscherin

SIR FRANCIS DRAKE

Sir Francis Drake, Priat im Dienst der Queen. Berichte, Dokumente und Zeugnisse des Seehelden und seiner Zeitgenossen 1567–1596. Hg. von J. Hampden. Tübingen 1977 ▷ Mit zeitgenössischen Illustrationen versehene Dokumentation

VASCO DA GAMA

Vasco da Gama – Die Entdeckung des Seewegs nach Indien. Ein Augenzeugenbericht. Hg. von G. Giertz, Tübingen 1980 ▷ Berichte von Seeleuten, die da Gama auf seiner ersten und zweiten Indienreise begleiteten

HEINRICH HARRER

Harrer, H.: *Sieben Jahre in Tibet.* Bln. 1952 (auch als Ullstein-Tb. 3336) ▷ Harrers Bericht über seine Flucht nach Tibet und sein Leben am Hof des Dalai Lama

Harrer, H.: *Huka Huka. Bei den Xingu-Indianern im Amazonasgebiet.* Bln. 1968 (auch als Ullstein-Tb. 33004) ▷ Südamerikanischer Expeditionsbericht

Harrer, H.: *Ich komme aus der Steinzeit.* Ffm. 1976 (auch als Fischer-Tb. 3506) ▷ Ethnographisch aufschlußreicher Bericht über eine Südsee-Expedition

Harrer, H.: *Unter Papuas.* Ffm. 1976 ▷ Interessanter Bericht über eine Expedition zu den steinzeitlichen Eingeborenenstämmen Neuguineas

SAMUEL HEARNE

Hearne, S.: *Abenteuer im arktischen Kanada. Auf der Suche nach der Nordwestpassage 1769–1772.* Hg. von V. Matthies. Tübingen 1981 ▷ Vor allem ethnographisch aufschlußreiche Dokumentation

SVEN HEDIN

Hedin, S.: *Durch Asiens Wüsten.* Wiesbaden [12]1978 ▷ Kurzfassung des klassischen Berichts über die Expeditionen im Pamir, zum Lob Nuur, in China und Tibet

Hedin, S.: *Transhimalaja.* Wiesbaden [5]1979 ▷ Schilderung der abenteuerlichen Entdeckungsreise durch das von Hedin erstmals kartierte Transhimalaja-Gebirge

Hedin, S.: *Von Pol zu Pol.* 2 Bde. Neuausgabe der Erstausgabe von 1911/12. Wiesbaden 1980 ▷ Kulturhistorisch interessante Reiseberichte aus verschiedenen Erdteilen, vor allem für jugendliche Leser geschrieben

Wennerholm, E.: *Sven Hedin.* Wiesbaden 1978 ▷ Eine mit Fotos und Zeichnungen Hedins illustrierte biographische Darstellung

Heinrich der Seefahrer

Ure, J.: *Heinrich der Seefahrer. Der Aufbruch ins Zeitalter der Entdeckungen.* Wiesbaden 1979 ▷ Wissenschaftlich fundierte Darstellung

Alexander von Humboldt

Humboldt, A. von: *Südamerikanische Reise. Ideen über Ansichten der Natur.* Bln. 1976 ▷ Reich illustrierte Auswahl aus Humboldts Hauptwerken

Humboldt, A. von: *Vom Orinoko zum Amazonas.* Hg. von A. Meyer-Abich. Wiesbaden [7]1978 ▷ Gute Auswahl aus den südamerikanischen Reiseberichten

Humboldt, A. von: *Ansichten der Natur.* Hg. von A. Meyer-Abich. Stg. 1969 ▷ Leicht gekürzte Fassung dieses wichtigen Werks

Humboldt, A. von: *Abenteuer eines Weltreisenden.* Hg. von R. Santner, Wien 1980 ▷ Populäre Auswahl aus Humboldts Reiseschriften

Botting, D.: *Alexander von Humboldt. Biographie eines großen Forschungsreisenden.* Mchn. 1974 ▷ Lebendig erzählte und mit zahlreichen zeitgenössischen Bilddokumenten illustrierte Lebensbeschreibung

Meyer-Abich, A.: *Alexander von Humboldt.* Reinbek 1973 ▷ Gründlich dokumentierte und wissenschaftlich fundierte Biographie im Taschenbuchformat

Ibn Battuta

Ibn Battuta: *Reisen ans Ende der Welt 1325–1353.* Neu hg. von H. D. Leicht. Tübingen 1974 ▷ Illustrierte Auswahl aus Battutas Reiseberichten

Engelbert Kaempfer

Kaempfer, E.: *Am Hofe des persischen Großkönigs 1684–1685.* Hg. von W. Hinz. Tübingen 1977 ▷ Deutsche Teilausgabe des lateinischen Reiseberichts *Amoenitates exoticae*

Otto von Kotzebue

Chamisso, A. von: *Reise um die Welt.* In: *Sämtliche Werke,* Bd. II. Mchn. 1975 ▷ Vollständige Ausgabe des Reiseberichts über die Forschungsexpedition Kotzebues mit der »Rjurik«

Robert de La Salle

Meissner, H.-O.: *Louisiana für meinen König. Die Abenteuer des Robert de La Salle.* Stg. 1966 ▷ Illustrierte Nacherzählung alter Dokumente

David Livingstone

Livingstone, D.: *Zum Sambesi und quer durchs südliche Afrika 1849–1856.* Hg. von H. Pleticha. Tübingen 1981 ▷ Zusammenstellung von Livingstones Berichten über seine frühen Afrikaexpeditionen

Elsing, J. M.: *Livingstones letzte Fahrt.* Zürich 1955 ▷ Volkstümliche Nacherzählung der letzten Zentralafrika-Expedition Livingstones

Alexander Mackenzie

Meissner, H.-O.: *Immer noch 1000 Meilen zum Pazifik. Die Abenteuer des Alexander Makkenzie.* Stg. 1966 ▷ Illustrierte Nacherzählung alter Dokumente

Ferdinand Magellan

Pigafetta, A.: *Die erste Reise um die Erde. Ein Augenzeugenbericht von der Weltumsegelung Magellans 1519–1522.* Hg. von R. Grün. Tübingen [4]1979 ▷ Tagebuch des Italieners Pigafetta, der Magellan auf seiner entscheidenden Reise begleitete

Cameron, I.: *Magellan und die erste Weltumsegelung.* Wiesbaden 1977 (auch als Bastei-Lübbe-Tb. 64039) ▷ Wissenschaftlich fundierte Darstellung mit zahlreichen Illustrationen

Schreiber, H.: *Magellan und die Meere der Welt.* Heidelberg 1978 ▷ Lesenswertes Jugendbuch

Zweig, St.: *Magellan. Der Mann und seine Tat.* 1937 (als Fischer-Tb. 1830) ▷ Essayistische Biographie

Jens Munk

Munk, J.: *Über den Nordpol nach China? Auf der Suche nach der Nordwestpassage.* Dargestellt von Th. Hansen. Tübingen 1974 ▷ Illustrierte Dokumentation eines tragischen Entdekkerschicksals

Gustav Nachtigal

Nachtigal, G.: *Tibesti. Die Entdeckung der Riesenkrater und die Erstdurchquerung des Sudan 1868–1874.* Hg. von H. Schiffers. Tübingen 1978 ▷ Gute Auswahl aus Nachtigals Reiseberichten

Fridtjof Nansen

Bauer, W.: *Fridtjof Nansen. Humanität als Abenteuer.* Mchn. 1956 ▷ Eine engagierte Biographie des Polarforschers und Humanisten Nansen

CARSTEN NIEBUHR

Niebuhr, C.: *Entdeckungen im Orient. Reise nach Arabien und anderen Ländern 1761–1767.* Hg. von R. u. E. Grün. Tübingen 1973 ▷Bearbeitete Neuausgabe des Reiseberichts mit den Stichen der Erstausgabe

MUNGO PARK

Park, M.: *Reisen ins innerste Afrika 1795–1806.* Neu hg. von H. Pleticha. Tübingen 1976 ▷Neuausgabe der interessanten Aufzeichnungen und Berichte über Parks beide Afrika-Expeditionen

Lupton, K.: *Mungo Park.* Wiesbaden 1980 ▷Biographische Darstellung

ROBERT EDWIN PEARY

Peary, R. E.: *Die Entdeckung des Nordpols 1908–1909.* Tübingen 1981 ▷Illustrierte Neuausgabe des Originalberichts

AUGUSTE u. JACQUES PICCARD

Piccard, J.: *Logbuch aus der Meerestiefe.* Stg. 1975 (auch als Fischer-Tb. 3513) ▷Reich illustrierter Bericht über die Tauchfahrten von A. und J. Piccard

MARCO POLO

Polo, M.: *Von Venedig nach China.* Hg. von T. Knust. Tübingen [4]1974 ▷Illustrierte und kommentierte Ausgabe von M. Polos Reisebericht

Die Reisen des Venezianers Marco Polo. Übers. u. hg. von H. E. Rübesamen. Mchn. 1969 ▷Vollständige, zuverlässige Neuübersetzung des Reiseberichts

Forman, W. u. Burland, C.: *Marco Polo. Realität und Mythos mit den Augen des Kaufmanns.* Mchn. 1970 ▷Wissenschaftlich-kritische Bestandsaufnahme

Schreiber, H.: *Marco Polo. Karawanen nach Peking.* Heidelberg 1974 ▷Fesselnd geschriebenes Jugendbuch

NIKOLAJ M. PRZEWALSKIJ

Rayfield, D.: *Lhasa war sein Traum. Die Entdekkungsreisen von N. Prschewalskij in Zentralasien.* Wiesbaden 1977 ▷Populärwissenschaftliche Übersicht über die wichtigsten Entdeckungstaten des russischen Asienforschers

GERHARD ROHLFS

Meissner, H.-O.: *Durch die sengende Glut der Sahara. Die Abenteuer des Gerhard Rohlfs.* Stg. 1968 ▷Illustrierte Nacherzählung alter Dokumente

EDUARD SCHNITZER (EMIN PASCHA)

Meissner, H.-O.: *An den Quellen des Nils. Die Abenteuer des Emin Pascha.* Stg. o. J. ▷Illustrierte Nacherzählung alter Dokumente

HERNANDO DE SOTO

Meissner, H.-O.: *Der Kaiser schenkt mir Florida. Die Abenteuer des Hernando de Soto.* Stg. 1967 ▷Illustrierte Nacherzählung alter Dokumente

ROBERT F. SCOTT

Scott, R. F.: *Letzte Fahrt. Scotts Tagebuch.* Wiesbaden [9]1973 ▷Das erschütternde Selbstzeugnis des Polbezwingers

Brent, P.: *Captain Scott – Die Tragödie in der Antarktis.* Wiesbaden 1977 (auch als Heyne-Tb. 7138) ▷Populärwissenschaftliche Biographie mit zahlreichen Bilddokumenten

Holt, K.: *Scott-Amundsen. Wettlauf zum Pol.* Wien 1976 (auch als Bastei-Lübbe-Tb. 65014)- ▷Lebendig erzähltes Sachbuch

HENRY MORTON STANLEY

Stanley, H. M.: *Wie ich Livingstone fand. Der Bericht über die Suchexpedition zum Tanganjika-See 1871.* Hg. von H. Pleticha. Tübingen 1981 ▷Tagebuchbericht über Stanleys erste Afrikaexpedition

Stanley, H. M.: *Die Entdeckung des Kongo.* Hg. von H. Pleticha. Tübingen 1979 ▷Gute Auswahl aus Stanleys Reiseberichten

Falk-Ronne, A.: *Auf Stanleys Spuren durch Afrika.* Graz 1972 ▷Populärwissenschaftliche Übersichtsdarstellung

Hetmann, F.: *Ins dunkle Afrika. Das abenteuerliche Leben des H. M. Stanley.* Bayreuth 1979 ▷Lesenswerte Biographie in Form eines Jugendbuchs

Meissner, H.-O.: *Der Kongo gibt sein Geheimnis preis. Die Abenteuer des H. M. Stanley.* Stg. 1968 ▷Gut dokumentierte Schilderung der Kongo-Expedition

WIKINGER

Carter, S.: *Nordmänner und Drachenschiffe. Die Wikinger und ihre große Zeit.* Düsseldorf 1976 ▷Lesenswertes Jugendbuch

Madsen, O.: *Die Welt der Wikinger.* Mchn. o. J. ▷Reich illustriertes, gut geschriebenes Sachbuch

Norwich, J. J.: *Die Wikinger im Mittelmeer. Das Südreich der Normannen 1016–1130.* Wiesbaden 1968 ▷Gutgeschriebene populärwissenschaftliche Darstellung

Oxenstierna, E.: *Die Wikinger.* Stg. [3]1979 ▷Wissenschaftlich fundiertes Standardwerk

Pörtner, R.: *Die Wikinger-Saga.* Düsseldorf 1971 (auch als Knaur-Tb. 3337) ▷Lebendig erzähltes und reich illustriertes Sachbuch

Bildnachweis

Archiv für Kunst und Geschichte, Berlin: Seite 43, 71, 75, 175. Associated Press, Frankfurt/M.: Seite 57. dpa: Seite 58 unten, 121, 156 oben, 171 215 unten. Historia-Photo, Hamburg: Seite 26, 27, 28 oben, 30, 36 oben, 40, 44, 46, 51 oben, 54 oben, 55, 59, 60, 64, 65, 74, 78, 89 unten, 94, 98 oben, 102, 109 oben, 115 unten, 127, 131, 143 unten, 145, 147, 154, 156 unten, 158, 161, 163, 165, 167, 168, 172, 174, 180, 182, 188, 191, 194 oben, 195, 197, 200, 204, 205, 209, 214, 217, 218 unten, 223. Joachim Jeske, Höchberg: Seite 99 oben.

Bildarchiv Preußischer Kulturbesitz, Berlin: Seite 24, 29, 34, 35, 36 unten, 38 oben, 45, 50, 54 unten, 68, 72/73 (auch Schutzumschlag-Vorderseite), 76, 77, 81, 86, 101, 104, 108, 112, 113, 123 oben, 128, 137, 140, 144 unten, 148, 151, 155, 159, 160, 162, 166 unten, 173, 189, 190, 194 unten, 196, 198 unten, 215 oben, 216 oben, 218 oben.

Die Karten wurden von Karlheinz Steffel, München, angefertigt. Alle übrigen Aufnahmen stammen aus dem Verlagsarchiv.